河北省社会科学基金项目（项目编号：HB16MK036）

“互联网＋”时代
高校思想政治教育创新研究

徐　原　陆　颖　韩晓欧　著

燕山大学出版社
·秦皇岛·

图书在版编目（CIP）数据

“互联网＋”时代高校思想政治教育创新研究 / 徐原，陆颖，韩晓欧著．—2 版．—秦皇岛：燕山大学出版社，2022.1

ISBN 978-7-5761-0282-6

Ⅰ．①互… Ⅱ．①徐… ②陆… ③韩… Ⅲ．①高等学校－思想政治教育－教学研究－中国 Ⅳ．①G641

中国版本图书馆 CIP 数据核字（2021）第 281327 号

“互联网＋”时代高校思想政治教育创新研究

徐原　陆颖　韩晓欧 著

出 版 人：陈　玉
策划编辑：朱红波
责任编辑：朱红波
封面设计：朱玉慧
出版发行：燕山大学出版社 YANSHAN UNIVERSITY PRESS
地　　址：河北省秦皇岛市河北大街西段 438 号
邮政编码：066004
电　　话：0335-8387555
印　　刷：英格拉姆印刷(固安)有限公司
经　　销：全国新华书店

开　　本：700mm×1000mm　1/16　　印　　张：17.25　　字　　数：273 千字
版　　次：2022 年 1 月第 2 版　　印　　次：2022 年 1 月第 1 次印刷
书　　号：ISBN 978-7-5761-0282-6
定　　价：48.00 元

前　　言

“互联网 +”时代是互联网与传统行业深度结合的时代，是高校思想政治教育无法回避的新环境。习近平总书记在全国高校思想政治工作会议上指出：“要运用新媒体新技术使工作活起来，推动思想政治工作传统优势同信息技术高度融合，增强时代感和吸引力。”面对“互联网 +”的时代背景，如何在大学生价值取向引导、行为方式引领与思维模式塑造等方面进一步创新思想政治教育工作方法，成为摆在思想政治教育工作者面前的一道考题。

“互联网 +”时代的信息传播在速度、范围、密度等方面都与传统思想政治教育方式有本质不同。如果将马克思主义理论比作是高校思想政治教育的理论弹药，那么“互联网 +”模式下的思想政治教育则是传输理论的高科技、高精尖武器。要将网络技术与先进理论相结合，创新思想政治教育工作载体，践行全员、全过程、全方位育人的初衷。

本书共分为八章，主要以“互联网 +”时代高校思想政治教育探讨为主，分别从“互联网 +”时代高校思想政治教育概述、“互联网 +”时代高校思想政治教育观念创新、“互联网 +”时代高校思想政治教育发展、“互联网 +”时代高校思想政治教育改革、“互联网 +”时代与高校思想政治教育的融合、“互联网 +”时代高校思想政治理论课教学、“互联网 +”时代高校思想政治教育体系以及“互联网 +”时代高校思想政治教育工作模式八个方面进行深入研究。

本书由燕山大学艺术与设计学院徐原、陆颖与韩晓欧撰写。具体编写分工如下：徐原编写第三章、第四章、第七章、第八章（共计约 10.8 万字）；陆颖编写前言、目录、第二章中的第二节和第三节、第五章（共计约 8.8 万字）；韩晓欧编写第一章、第二章中的第一节、第六章（共计约 7.7 万字），全书由徐原和韩晓欧负责统稿。

本书在写作过程中，借鉴了很多相关的研究成果及著作、期刊、论文等，在此对有关的学者、作者表示诚挚的感谢。“互联网＋”时代高校思想政治教育创新研究是一个不断探索与完善的过程，因此书中可能还有很多缺漏和不足之处，恳请广大读者积极给予指正，以期完善本书。

目　　录

第一章

“互联网 +”时代高校思想政治教育概述

本章主要从“互联网 +”教育概述、“互联网 +”时代的到来以及“互联网 +”时代的思想政治教育变革三方面进行研究。

第一节 “互联网 +”教育概述

互联网，在全球范围内掀起一场影响人类思想、行为、活动等方方面面的深刻变革，这使得人类站在了新的时代——知识经济时代、互联网时代、大数据时代，也使得人类教育进入了革新时代。本节主要从“互联网 +”教育起源、内涵、特征几个方面进行研究。

一、“互联网 +”教育的起源

互联网作为大众创业、万众创新的新工具，它不仅仅是中国经济提质增效升级的“新引擎”，更是高校大学生创新创业教育的“引航器”，对于高校的创新创业教育具有深远意义。

互联网的出现缩短了时空距离，应运而生的产物——大数据产业也给不同国家和地区的发展带来了机遇。不难发现，“互联网 +”和大数据密不可分，借助“互联网 +”大数据我们可以从数据中更好地读懂学生学情，可以发挥更大的信息传播功能，还可以更好地将传统课堂与网络课堂、社会课堂、实践课堂、创业创新课堂相融合，将高校的公共课教学与专业教学、科学研究、实践教学、校园文化、互联网应用相融合。

二、“互联网 +”教育的内涵

（一）“互联网 +”的内涵

“互联网 +”是以互联网为主的一整套信息技术在经济、社会生活中各部门的扩散应用过程。其中，云计算、大数据与新分工网络是“互联网 +”的动力。具体可分为以下几点：一是要把"互联网 +"当作更具生态性的要素来看待，即把"互联网 +"看作是现代人们生活、环境不可分割的存在；二是说明对"互联网 +"的理解因人而异、因时而异，具有动态性，认为互联网和互联网主体的时间、空间、生活、事业、行为、关系、现实世界与虚拟世界交织在一起；三是指明"互联网 +"的特质是"跨界融合、连接一切"；四是强调"互联网 +"是具有很强协同性、全局性、系统性的生态要素。

综上所述，对于"互联网 +"我们可以这样定论：基于互联网平台，尊重人类的现实需求和可能愿景，运用信息技术（移动互联网、云计算、大数据技术等）建立一切可能的连接，实现人类社会政治、经济、文化、生态各个领域的突破和创新。

（二）"互联网 +"教育的内涵

"互联网 +"在改变着人们的思维方式、生产方式、消费方式、生活方式的同时，也改变了人们固有的教育模式，包括教育思维、教育理念以及教学方式。"互联网 +"教育内涵丰富，是丰富多彩的网络课堂、陶冶情操的教育环境、不断革新的教育流程以及科学教育链形成的创新教育网，更是以人为本的教育，引起了教育理念、环境、技术、流程、价值链等各方面的变革。

1. 创新育人教育理念

创新育人是创新型教师借助创新平台、利用创新环境和工具教育创新型学生的过程，因此创新型教师是创新育人的关键。由此可见，推动教育改革的创新，教师也是关键。教师的责任是办好令人民满意的教育，承担教书育人的重任。同时，作为推动教育改革的主力军，亦是创新育人的火炬手。"互联网 +"创新教育是通过教师的创新教学、创新育人，引导和激励学生树立创新意识，培养学生具有创新思维、创新精神、创新能力，这些便是信息化教育的重要内容和目标。人们把青年看成中国创新的"梦之队"，那么创新型教师就是"梦之队"的教练和引路人。随着"互联网 +"的不断发展，教师和学生的界限逐渐模糊，教师需要不断转换身份，从而提高学习能力和创新能力。

2. 基于学生成长需求的跨界融合教育

"大数据"一词成为社会浪潮，影响着社会、生活的各个方面。而一堂好课必须坚持以育人为本，其核心应是“以学生为中心，以学生为主体”。根据大数据的分析和挖掘可以有效地帮助教师更好地了解学生的需求，教学可以做到有的放矢，通过“互联网 +”，学生接受的历史教育和现实需求有效地结合在一起，还能跨界联合，最终形成教育联盟。

教书育人、管理育人、服务育人必须各守其职、有机融合，更应充分发挥团队的优势。事实上，形成跨界融合的教育大联盟是一种新的教育模式，以培育“四有新人”为目标，播下种子，培养建设者，形成“思政课教学与专业课教学、理论教学与实践教学、传统教学与信息教学、课堂教学与日常教学、线上教育与线下教育”的德育大联盟。

3. 全时空“创新育人 +”环境

学校通过互联网平台，将创新育人贯穿于课堂教学、实习实训、社团活动、社会实践以及校园环境、宿舍布置、人际关系等育人全过程，创设全时空“创新育人 +”环境。

4.“三大课堂”联动的教育流程

三大课堂即传统课堂、实践课堂和微课堂，其中传统课堂注重的是知识的传授，实践课堂注重的是能力的培养，而微课堂重视的则是素质的提高。但是现在的大学课程都存在内容多、课时少，理论讲授多、实践练习少这样的普遍问题。化解这些问题，就要借助于微课堂和实践课堂。只有三大课堂三位一体，教师既充分利用了资源，又能够指导学生网络学习和实践学习，不管是课前、课中，还是课后的每个环节，都能做到将“知识传授、能力培养、素质提升、智慧开发”渗透其中，给学生阳光般的温暖，为他们的学习、生活、实践提供更多的正能量，才能在强化知识、提升能力、培养技能、提高素质的基础上，进一步帮助学生健康成长，启迪学生的人生智慧，让学生进行创新性学习。

三、“互联网 +”教育的特征

“互联网 +”的特征可概括为跨界融合、创新驱动、重塑结构、尊重人性、开放生态、连接一切，而“互联网 +”教育在“互联网 +”的六大特征基础上也有其独特的表现。

（一）跨界融合之线上线下教育联盟

在互联网高速发展的当今时代下，一方面，在线平台通过线下实体增强自身的口碑力度，吸附更多优质访问量；另一方面，优质线下资源通过完善的线上平台得到了最大化的释放，迅速提升知名度，形成了新型合作融合模式。

跨界，需跨越思维观念之“界”，“互联网 +”为针对问题痛点、体验空白、价值盲区所实现的跨界融合带来了很多亮点，状态切换是新旧力量的角力，是心智与习惯的转变，需要时间的考验，更要经受质疑和唱衰的煎熬。跨界，应该成为一种行为方式。

“互联网 +”教育也是如此，以哲学与科学为例，哲学孕育了科学，而科学则推动了哲学的发展，两者相辅相成，在任何时候都不可偏废。笛卡尔说过：知识好比是大树，哲学是树根，科学则是树枝。各个学科之间、各门课程之间、教育环节之间、线上线下都存在着割不断的必然联系。然而，大千世界带来的新奇色彩，容易使处于成长期的高校学生缺乏主流观念和理想。互联网也是一种价值观的传播，对于企业来说，互联网可以让用户带来用户，让口碑赢得口碑；而对于教育来说，身教重于言传，互联网可以化技术为能力，也可以化腐朽为神奇，化知识为力量。

在互联网时代，学校并不是学生学习的唯一途径。而作为人才摇篮的高校，要借助“互联网 +”将立德树人贯穿于各学科、各专业的教学环节中，渗透于各种文化教育和主题活动中，传播于各种载体和媒介中，强化于各种社会实践、专业实践、网络实践和校园实践中，将培育和践行社会主义核心价值观融入教育全过程。线上线下的教育大联盟，让每个教育者和受教育者自觉地将培育和践行社会主义核心价值观变成一种行为方式。

（二）重塑结构之网上网下资源整合

互联网时代是一个开放、合作、共赢、众创的时代。互联网使得现实时空得到了延伸，地理边界得到了改变，关系结构也得到了变迁，让社会结构随时面对不确定性，为教育结构的重塑和整合提供了更大的空间。“因材施教"主要是教育要从受教育者的实际现状出发，依据学生的认知水平、性格特点、学习能力以及自身素质，展开针对性的教学，促进学生的全面发展。互联网、大数据能够更科学地分析学生的学情和实际需要，而"互联网+"的资源能够整合所有的教育主体形成教育合力，对学生进行立体式的全方位教育。在线教育要想蓬勃发展，最大限度做好有针对性的教育资源整合、创造优质资源、深挖资源价值才是生存和发展之道。

如何帮助学生进行信息处理并引导他们积极传播正能量，是互联网时代教育必须解决的课题。互联网、社群、分享大行其道，这使得教育的途径不断得到丰富和发展。学生的需求越来越多地发生在移动互联网上，如学习需求、成长需求、传播需求、娱乐需求、购物需求、创业需求等。网络、广播、电视等自媒体的运行为他们打开了看世界的眼睛。互联网和大数据的结合做到了在充分了解用户的基础上，不断提高其理解能力，采用喜闻乐见的方式与之对话、交互、交流，在此过程中传播和渗透核心价值观。互联网还能打通用户的关联，使分享更直接、评价更真实，这有利于教育者不断提高教学能力和水平。互联网是大众智慧的集合体，在互联网教育中，学生就是用户，学生用户可以参与设计、参与创新、参与传播、参与内容创造，通过评价教学内容、教学设计、教学形式、教学案例、教学方法和教学手段来参与管理。众包、众筹、众创、众挖等互联网"众"经济，不仅是社会的新结构、商业的新格局，还是生活的新方式、经济的新范式、教育的新途径。"以众智促创新，以众包促变革，以众扶促创业，以众筹促融资"，这是我国形成创新驱动发展新格局的基本要求。我国的传统教育历史悠久，在线教育作为教育的一种新形式，在发挥自身优势的同时需从传统教育中借鉴和吸收经验，这样可以少走弯路和岔路。

现实和虚拟的世界有时变得分裂而有时又无缝融合，"互联网+"最终描述的还是一个智能社会，不仅能让大家更加高效、节能、舒适地在这个社会里生存，而且还为人类社会的资源重组提供了非常大的便利。借助互联网和移动互联网，通过跨界融合，将长期的文明进化和教育实践中所创造积累的教育知识、教育经验、教育技能、教育资产、教育费用、教育制度、教育品牌、教育人格、教育理念、教育设施以及教育领域内外人际关系等有效地组合在一起，最大限度地发挥教育的价值。

所以，从本质上来看，“互联网 +”对教育的影响主要体现在教育资源的重新配置和整合上。

（三）尊重人性之学生核心育人为本

“互联网 +”带来的不仅是技术的变革，更是一场思维的变革。互联网思维颠覆了传统思维，强调用户思维、简约思维、极致思维、迭代思维、流量思维、社会化思维、大数据思维、平台思维和跨界思维。其中，“用户思维”是核心，它对高等教育提出全新的挑战，高等教育应完成由“教师中心”向“学生中心”的转变，教育对象不再是被动接受的对象，而是整个知识传播的中心。教育需要以“学生”为核心进行教育体系的重新设置，同时要求传统的理论化教学、普遍化技能知识向社会岗位化知识转型；传统课堂空间向社交媒体空间转型，使得教师与学生形成平等交流关系；同时将校内资源和校外资源融合，建立学校、企业、社会的动态连接；将传统的灌输式教育转型为探讨式教育，最终达到团队协同塑造式教育，营造开放快乐的教育氛围。

“+”是价值创新和价值实现的要素，通过大数据技术建立互联网信息卡、信用记录卡，沉淀大量信任关系，重构信任关系，建立动态连接交互分享系统，发展社群与管道，以别人的能动性为主导，来放大他们的梦想，提供梦想实现的生态条件支持，创造推动进步的土壤，做到以学生为中心、以育人为根本。在大数据时代，鉴于“海量 + 多样化 + 快速处理”成为常态，导致数据的挖掘和应用成为核心，从而保证了全时性传播内容和受众服务的质量，进一步创新了数据的挖掘、析出和应用，有助于教师根据数据分析对学生可能出现的心理困惑和理解困难进行前瞻性的设计，这使得教育能更有效引导学生树立科学的世界观、人生观、价值观。

具有科学性、针对性的导学方案，可帮助学生树立与时俱进的学习理念。用数据挖掘和数据分析的技术可帮助学生分析问题和解决问题，丰富他们的学习方式，为他们提供更有效、直接、全时空的互联网学习指导和工具。建立以学生为中心，包含导学方案、学习理念、技术支撑、学习方式、学习工具五个元素，实施先学后教、学情分析、小组评价、教师总结、能力拓展五项策略，最终形成以三高效、三调动、三大量、三倡导、三创新为特征的高效课堂。

（四）开放生态之互联网生态教育圈

生态是"互联网+"非常重要的特征，生态本身就意味着开放，无论是跨界融合、创新驱动，还是重塑结构、连接一切，都需要营造开放的生态环境，只有在一个开放的生态系统里，才能找到一些与外部其他要素之间的共同点。不管是数据开放、云平台还是提供连接，都是把更多的信息孤岛连接到各自的生态体系，一起共生、发展，让各自生态体系的用户获得更高的品质，促进良性竞争。

教育行业已经逐步构建了一个全新的生态圈——"互联网+"教育生态圈，这一生态圈将学生学习、学生评价、教师评价、教师专业发展、大数据分析的反馈等进行联合，推动教育教学改革与实践。互联网时代提供了一个智能服务，以学科为载体，构建现代信息技术与新兴的学生学习评价、教师专业发展网络平台，在师生学习发展方面，由单纯的资源提供向师生自主参与、互动反馈的双向互动转变。通过互联网，学生能真正实现自主学习、参与测试评价、对自身学习情况进行反馈等目的，从而获得更有针对性的学习策略，实现"提优补差、因材施教"的效果。除此之外，教师也可以自行测试自己的专业知识，不断提升自己的专业素养。互联网还能通过收集学生学习、测试的数据，教师测试的数据，以及相应的背景信息的大数据，进行全面的数据分析，为使用者提供宏观的规划和建议，为教育行政管理部门、学校的管理者提供科学决策的依据。

这样的生态教育圈既尊重了教育的"育人为本"，又将信息技术形成封闭教育圈，体现了教育在线上线下的结合、网上网下的协同作战，使得"互联网+"敲开了教育原本封闭的大门，同时也加速了教育的不断自我进化。人人既是教育的生产者，又是教育的消费者，这种新型的教育生态必然会更加适应社会的发展。不断优化生态是推动"互联网+"的重要手段，良好的生态激活创造性，放大创造力，孕育创意，促进转化，尊重人性，把孤岛式创新连接起来，形成"互联网+"生态圈，带来社会价值创新。

创新创业教育亦是如此，互联网、生态化降低了门槛，提供了多种合作、协作的可能性，激发教育"群体智能"即大众智慧、大众协作有可操作的空间。"互联网 +"提供了新的人际组合、交互、融合方式，熟人分享、社群交互都成为催生群体智能的可能因素，同时也为我们开阔了"互联网 +"教育的新视野——"互联网 +"生态教育圈。

（五）连接一切之织成教育联动网络

连接一切，是将一切可以产生信息并具有信息交互可能性或相互影响的因素，利用信息通信技术特别是智能化的方法连接在一起的过程和状态。连接是互联网的未来，更是"互联网 +"的核心。

互联网时代的教育也同样如此。对于"互联网 +"教育来说，就是要借助能借助的一切力量和资源进行创新育人、育创新人，就是要搭建数据云平台，融合各种教育资源和力量。利用信息通信技术特别是智能化的方法，通过各种媒介和载体将教育者和受教育者更好地连接在一起，建立纵横两条线的动态"细胞级连接"，织成教育联动网络。

借助"互联网 +"，通过数据开放、云平台提供连接，就可以把一个学生从他出生起到学前教育、基础教育、高中教育、大学教育等更多的信息孤岛连接到受教育者分析的生态体系，这样就能够对学生确定不同的解决方案。

"互联网 +"既然是连接一切，除了要做到国民教育全过程网络连接即教育网络的纵式教育链，更要在同一阶段综合各种教育资源，建立家庭教育、学校教育、社会教育、网络教育、自我教育的连接平台，还要做实、做细、做小，把任何一个空间的教育资源建立连接，形成教育途径的"线上线下"移动互联、教学力量的"学校教育、家庭教育、社会教育、网络教育、自我教育"五位一体、教育形式的"课堂教学、实践教学、网络教学、文化滋养、主题活动"五位一体的"合力育人"教育模式，从而建成立体全时空多维协作连接。而立体全时空多维协作连接的建立需要注意以下几个方面：

首先，"学校教育、家庭教育、社会教育、网络教育、自我教育"教学力量目标统一，那就是用社会主义核心价值观引领各个层次、各种形式的教育，培育中国特色社会主义合格建设者和接班人。要帮助学生建立创新学习和合作学习的理念，重视培养学生的创新能力和合作能力。

其次，要敢于突破陈旧的思维定式，学会创新学习，不断激发自己的创新意识，培养自己的创造性思维，不断提高创新能力，为将来的创造性工作和创业打下良好的基础。合作学习有助于学生之间在学业上相互启发、相互促进、取长补短、共同提高，还能在合作中培养良好的交往能力、合作精神和团队意识。

最后，自我教育才是最有价值的教育。要形成比较完善的现代国民教育体系和全民学习、终身学习的学习型社会，促进人的全面发展。

第二节 “互联网 +”时代的到来

“互联网 +”是互联网思维的实践成果，突破了“时间和空间”的限制，最终将全球“连接”了起来。要想深入了解“互联网 +”，就要对互联网思维以及“互联网 +”时代的特征进行深入研究。

一、互联网思维

思维是通过媒介的作用认识客观事物，借助于已有的知识、经验和已知的条件来推测未知事物的一种人脑反映方式。在互联网时代，网络飞快地渗透并深入到人们的工作、生活中，促使人们在生活中逐渐学会了借助网络工具及网络技术对自身的生存与发展自觉做出思考，从而自觉形成了一种新的思维方式——互联网思维。伴随着互联网的广泛应用，“互联网思维”逐步被人们认可，以一种观念存在于当今社会之中，成为人类社会进入网络信息化时代出现的一种新的思维方式。

一是用户思维。这是互联网思维里最重要的一种思维，是“以用户为中心”去考虑问题的，主要包含的内容有：满足用户需求，互联网背景下各行各业要按照用户的习惯和需求推出产品来吸引用户的关注和参与；用户高度参与，随着互联网的发展，网民的网络地位是平等的，用户掌握着主动权；追求完美的用户体验，将产品与用户满意度紧密联系起来，确保极佳的用户体验，这成了互联网思维的一大亮点。

二是简约思维。在互联网时代，信息的爆炸以及产品种类的增多，使用户的选择太多，而选择时间太短，导致用户越来越没有耐心。如何能在短时间内抓住用户，避免用户的流失，成为考验企业的一大难题。面对这一难题，专注和简约成为必胜的法宝，即用简化的方式解决复杂的难以置信的问题，让人意识不到解决方案的存在，感觉不到最终被解决的问题的困难性。其中苹果的成功就是典型的例子。

三是极致思维。把产品、服务和用户体验做到极致，超越用户预期。极致思维打造的极致产品，需要抓准用户的痛点、痒点或兴奋点，不断挑战自己能力的极限，同时还要盯紧管理，做好极致服务，才能打造出让用户尖叫的产品，带给用户惊喜的服务体验。互联网企业要用极致的思维来实现创新和提升用户体验。

四是迭代思维。其本质是要及时甚至实时地把握用户需求，并能够根据用户需求进行动态的产品调整，是一种以人为核心，迭代、循序渐进的开发方法，允许有所不足，不断试错，在持续迭代中完善产品。在互联网时代，企业通过一次又一次的快速迭代，让产品更早地出现在用户面前，收集用户反馈，让产品的功能不断丰满，使得用户需求痛点不断被刺激，从而实现用户更高的忠诚度，扩大市场份额。

五是社会化思维。随着Web2.0的到来，互联网为人们提供了足够多的空间将每个人与除他自身以外的所有人联结起来。这种联结是人基于价值观、兴趣和社会关系联结在一起的。社会化思维让人们意识到互联网将整个社会紧密联系起来，使用户从被动转向主动，从单向接受信息转向双向交流信息。

六是大数据思维。核心就是理解数据的价值，通过数据处理为企业决策提供依据，创造商业价值。在大数据支撑下的教育，将根据每个人的特点，解放每个人本来就有的学习能力和天赋，让个性化教育成为可能。

七是跨界思维。随着互联网和高科技产品的发展，各种交叉学科不断出现，各学科的知识高度融合。跨界思维就是要具备用户思维，懂得从始至终关注用户需求和用户体验，在此基础上，敢于自我颠覆、主动跨界，在轰轰烈烈的互联网变革浪潮中，敢于自我否定、自我变革，拥抱变化，才能赢得未来。

总之，不管互联网思维如何丰富多彩、千变万化，其核心思想还是"用户至上"，本质上也就是"以人为本"的创新，要更快、更细微、更懂得用户在想什么。

二、"互联网+"时代的特征

"互联网+"时代是一个相对概念。互联网已不再是简单的工具，从提供方法、提高效率、建立平台到打造生态，它已经演化为人类社会重要的组成部分。在这个时代里，互联网正在用连接一切的方式改造传统行业，对生产要素的配置进行优化和集成，提升实体经济的创新力和生产力，形成更广泛的以互联网为基础设施和实现工具的经济发展新形态，为大众创业、创新提供新的环境和条件。“互联网 +”时代的特征主要有以下几点：

一是普遍连接。互联网的本质是连接，在互联网发展的进程中，其连接能力越来越强，时空维度也不断拓展。Web2.0 实现了人与人之间双向的互动，网民和网站、网民和网民、网站和网站可主动进行信息的交流互动，开启了用户生成内容的时代。“互联网 +”时代注定是我们每个个体时刻联网、实时互动的时代，是万物皆可互联的时代。

二是尊重人性。“互联网 +”时代的信息生产和传播是多点对多点的多向传播，而在这整个信息产生和传播的过程中，互联网的核心是人。因此，人性才是智能化的最大入口，智能化高度发展的前提就是深入剖析人性并对其充满敬畏。“以用户为中心”“让用户参与到产品创新中”等理念，无不彰显了这个时代更加尊重人性的特征。

三是开放生态。“互联网 +”时代，信息越来越趋向公开、免费与共享。移动互联网的发展，更是让人们查询信息、分享信息、生成信息的手段变得极为便利，让原本散落的信息越来越容易被大众所获取和认知，知识量以比以往更快的速度积累和增长。“互联网 +”时代的开放生态，让互联网成为人类智慧及身体的延伸。

第三节　“互联网 +”时代的思想政治教育变革

“互联网 +”时代的思想政治教育变革，主要从“互联网 +”时代的教育变革以及“互联网 +”时代思想政治教育的变革两方面进行研究。

一、“互联网 +”时代的教育变革

“互联网 +”开辟了全新的教育发展空间和改革视角。“互联网 +”让教育资源能够更加充分地流动，让学习者随心所欲地选择在任何时空自由学习。互联网成为学习者学习的利器，使其有能力在浩瀚的知识海洋中搜索知识、发现问题、寻找解决途径，认知学习的主观能动性也得以强化。

“互联网 +”时代，学习者需要对知识在碎片化的基础上进行认知的加工建构，确保对知识的正确理解和深入思考，因此，需要借助互联网改变人类基本的认知方式，来适应越来越复杂的社会。“互联网 +”突破了传统意义上教育的限制，并将固有的教育内容、教育方法、教育模式等进行重新设计和组合，使教育资源更加充分地流动。

此外，“互联网 +”能很好地促使教育资源重新配置和整合，达到最大优化和公开化，提升教育资源的共享程度，促进教育公平。“互联网 + 教育”可以最大限度地放大已有优质教育资源的价值和作用。“互联网 + 教育”的跨界融合，让教育可以实现跨行业、跨地区、跨时间的合作交流，最大限度地实现教育民主和教育公平，有利于弥补教育资源不均造成的教育水平差距。

在“互联网 +”时代，一切皆可数据化，让数据成为学校最重要的资产，成为核心生产要素，成为学校最有价值和最需要投入的地方。大数据时代的到来让各个平台可以自动记录学习者的学习行为，还可以通过预测性分析，为学生的学习作出辅助判断，帮助学习者深入了解自己，支持学习者制订更加适合自己的学习计划和学习内容，推荐合适的课程。

随着“互联网＋”成为国家战略，教育领域改革浪潮的涌动催生了形形色色的在线教育新产品，并给教育带来很多实质性的变化。教育信息化是利用信息技术对当前教育进行改革，使其跟上信息革命的步伐，适应正在到来的信息化社会的变革。教师在教育过程中，将更加注重教育资源的设计，重视通过与学习者的互动，引导学生自主、探究与合作式学习。

在“互联网＋”时代，创新将不仅包括教学目标、教学工具、教学内容等方面的创新，还将包括教育思想、教育体制、教育评价等全方位的整体创新，创新将为传统教学组织形式带来革命性的变化。需要注意的是，互联网是一柄双刃剑。一方面，通过互联网建立的虚拟社交平台给师生交流带来了便捷性；另一方面，互联网丰富多元的信息也意味着信息的泛滥和学生选择的困难，对学生而言，如果没有教师的引导，很容易在浩瀚的知识海洋中迷航，难以掌握学科知识的总体脉络和主线，学习效果也会大打折扣。事实上，无论形势如何灵活多变，“互联网＋教育”的核心和本质其实都不会变。因此，“互联网＋教育”并不是对传统教育的彻底颠覆，而是转型升级。

总之，面对“互联网＋”的挑战，教育不能坚守避战、故步自封，抵制现代化的教育浪潮，而是需要保持冷静清醒的头脑，从教育变革的真正需求出发，抓住机遇，直面挑战。

二、“互联网＋”时代思想政治教育的变革研究

一是“互联网＋”时代思想政治教育面临的机遇与挑战。互联网的发展和日益普及，使得人们的信息获取方式、交往方式和思维方式都发生了极大的改变，也促使思想政治教育的领域和途径得以拓展，思想政治教育的现代化和网络化成为必然趋势，这也是网络社会中人的全面发展的客观要求。

当前，思想政治教育正在面临革新，而“互联网＋”为思想政治教育带来了更多的创新发展空间和机遇。首先，“互联网＋”为丰富思想政治教育内容提供了基础。互联网上的文字、图片、音频、视频等信息的多渠道传递和

广泛互联，为思想政治教育带来更加生动、及时、前沿和生活化的教育内容，为思想政治教育注入了全新的活力。其次，“互联网 +”拓宽了思想政治教育的视野。互联网作为信息快速传播的主要工具，改变了人类的认知方式，拓宽了思想政治教育的空间，丰富了思想政治教育的内容和资源，拓宽了思想政治教育的手段和途径。最后，“互联网 +”促进了思想政治教育方式的现代化。移动互联网的极速发展，进一步拓宽了思想政治教育的途径，增强了思想政治教育的趣味性和时效性。

“互联网 +”时代“连接一切”的特征，增加了思想政治教育管理的难度，也冲击了传统的思想政治教育。传统的思想政治教育主要依靠课堂、教材等载体，而在“互联网 +”时代，移动互联网技术的发展，使得信息全时段、全方位覆盖，也导致教育工作者的权威性受到挑战。

二是“互联网 +”时代思想政治教育思维的转变。“互联网 +”是思想政治教育成长的营养源，为思想政治教育发展提供了资源。与此同时，在“互联网 +”发展浪潮下，各种形式新颖、内容丰富的网站层出不穷，消耗了大众过多的注意力，而一些思想政治教育网站内容更新迟缓，缺乏创新，对学生缺乏吸引力和影响力，不能很好地满足学生的学习需求。

“互联网 +”时代“尊重人性”的特征，改变了思想政治教育者与受教育者的定向关系。受教育者可以根据自己的需要和兴趣任意选择互联网信息，开展自我教育，甚至有时受教育者在最新信息的获得上往往还会超过教育者，传统的教育方式和教育者的信息与知识权威性受到了前所未有的挑战，为定向性的思想政治教育增加了难度。因而在“互联网 +”时代，教育者和受教育者已不再是简单的定向关系。思想政治教育者既要做好教育者，还要做好信息的传播者，同时更要引导大学生做好社会正能量的传播者。

第二章

“互联网 +”时代高校思想政治教育观念创新

本章主要从高校思想政治教育观念体系的创新、高校思想政治教育观念创新的实践以及高校思想政治教育质量提升三方面进行研究。

第一节 高校思想政治教育观念体系的创新

社会的不断发展和开放程度的加大，使不同人群之间的社会观念冲突越来越明显，为高校思想政治教育带来了挑战；经济水平的不断提升和社会改革的不断加深，为高校思想政治教育带来新机遇的同时，也带来了新的挑战。因此，高校思想政治教育要不断适应形势的发展，摒弃不适应社会发展规律的旧传统和旧观念，创造出适应社会现代化事业的新观念。

思想政治教育有其深厚的理论基础、紧密的内在逻辑和充分的现实依据，而在社会转型期的当前，社会结构的动荡和多元价值的碰撞给思想政治教育带来了困境，思想政治教育话语面临大众话语和流行话语的冲击，思想政治教育观念面临市场经济价值观的挑战。因此，改革创新是高校思想政治教育发展的必然途径。

一、思想政治教育创新的原则

随着"互联网"的发展，人类进入知识经济时代，新的思想观念更新和替代了工业经济时代下形成的思想观念，为新的社会发展模式提出了新的人才培养要求。我们需要针对高校思想政治教育的主体、客体和内容进行调整和变革，通过创新来解决其面临的问题，同时也要对高校思想政治教育的理论进行调整和变革，让高校思想政治教育与时俱进。

（一）知识经济时代发展需要高校思想政治教育的创新

知识经济以知识为动力进行发展，标志着人们的创造能力得到了高度发展，特别是精神创造能力得到了空前提高，其中智力、知识、主观能动性和思想水平等的提高，不是自然就能形成的，而是通过教育和培训等措施来实现的。

思想水平的培养可以通过思想政治教育来实现，培养要求的不断提高也给思想政治教育提出了难题。尤其是互联网的兴起大大提高了知识传播的速度和范围，学生获取信息的途径大大增加，高校思想政治教育难以形成往日的权威。坚持传统的权威教育模式显然是故步自封，只有创新才是高校发展思想政治教育的最佳途径。

（二）通过创新来解决高校思想政治教育面临的问题

传统高校思想政治教育工作存在诸多弊病，如：观念故步自封，缺乏实践，甚至不符合实践需求；以教育者为主体的灌输式的教育方法严重降低了学生的自主选择能力，使学生无心进行探究活动，从而使教学效果低下；教学手段单一化，思想政治教育只存在于课堂上，难以处理不断涌现的新情况和新问题；思想政治教育学科发展受阻，传统思想政治教育过分强调了政治性，局限于意识形态领域的宣传教育，忽视了学生自主性的培养。而这些问题，只有通过改革创新才能真正解决。

首先，改革创新是事物发展的主要动力。任何事物都是处于不断的新陈代谢之中，思想政治教育也不例外。改革是改造事物的结构层次和运行规律，在适应社会发展的基础上扬优弃劣；创新是创造高技术水平和高知识水平的新事物。改革与创新结合，能够去除事物的弊病，注入新动力，推动事物的前进和发展。

其次，各个学科的发展成果为思想政治工作的创新提供了理论基础。“互联网 +”时代下，生产力水平得到了空前的提高，各项科学获得了广阔的发展空间。社会科学和自然科学发展至今，已经形成了相当完备和全面的理论系统，为大学生思想政治教育创新提供了科学依据。与此同时，新的研究方式也为思想政治教育提供了新的研究方向。

最后，我国不断进行的高等教育改革和创新为思想政治教育创新提供了良好的环境基础。思想政治教育是高等教育重要的一环，关系到大学生的思维水平和思想道德修养。可以说，思想政治教育的创新与高等教育的创新步调一致。因此，思想政治教育工作者要把握好这个机遇，逐步完成对教育教学和思想理论的创新。

（三）坚持继承与创新相统一的原则

思想政治教育不能丢掉中国五千年来传统文化的宝贵积淀。虽然当前思想政治教育是服务于社会需要的，是从中国的实际情况出发，以培养具有高尚爱国主义情操和思想道德修养的社会主义接班人为目的，但传统文化仍是思想政治教育创新的不竭源泉。只有深深扎根于传统文化的土壤中，思想政治教育才具有长久的生命力。

文化在人类发展过程中被创造出来，是人类文明的结晶，经过时间的洗涤，具有旺盛的生命力。思想政治教育必须参考借鉴民族传统文化中的优秀部分，运用马克思主义进行批判的继承，并不断改造，促进其与时代的结合，创造出符合我国国情的文化。

在继承发扬我国传统文化的同时，还要善于借鉴世界其他各国的先进文化。西方资本主义社会发展了几百年，创造了巨大的财富和科技文化，极大地推动了人类文明的进程。我们要以海纳百川的胸怀及高瞻远瞩的目光充分吸收西方社会的优秀理念，用全人类的知识财富武装自己的大脑，推动我国思想政治教育的研究领域、研究方向和研究方法向深层次发展，增进我们的理论深度。

二、教育观念及其创新

高校思想政治教育观念的创新是改革创新的重要内容。下面主要从观念和教育观念、教育观念创新两方面进行研究。

（一）观念和教育观念

观念是指对人们所持有的事物有一定程度的认知和感知，它是人脑对于客观事物的主观反映。教育观念是在教育实践中形成的系统性客观知识。高校教育观指的是狭义上的教育观体系，是针对教育中的一些基本问题而产生的观念，主要包括教育本质观、教育价值观、教育实践观和教育质量观四部分。教育本质观提出教育的本质是将人培养成符合社会发展需要的人才，教育价值观提出教育的价值在于促进人与社会的和谐统一，教育实践观提出教育的实践要统筹兼顾，教育质量观提出教育要把人培养为具有高技术能力、高水平思维和高品质思想道德的人才。

（二）教育观念创新

时代的发展推动了教育观念的创新，体现了教育发展的必要性，同时也带来了挑战。

1. 教育观念创新的概念

创新是指在特定的环境下，在原有事物的基础上，利用新的知识和技术，对原有事物进行改进的过程。创新通常要运用新的指导理论，着重强调引入新的概念与变革，创造出新的事物、构成和方法等，并对事物进行重新排列组合和挖掘提炼。它的目的是满足社会发展的需要，从中获取更大的收益和价值。

教育的初衷是要培养全面发展而富有个性的学生，既要德才兼备又要保持个性。教育观念要不断根据社会的发展需要进行创新，要深刻反思现有的教育理论，重新制定人才培养的目标、方式、教育方法和内容等。教育观念的创新要在实践的基础上，不断分析和解决出现的新情况和新问题，要不断研究新的教育增长点，深化创新，通过创新突破旧的教育理念，促进教育改革和发展。

2. 教育观念创新的现实基础

（1）教育观念创新是必要的。观念的形成是一个长期的过程，从另一方面讲，社会环境具有相对的稳定性，才能形成一个观念，这就意味着观念很难在短时间内做出巨大的改变。用马克思唯物主义哲学的观点来看，观念是一定社会形态下的人类精神的产物，而社会形态是处于不断运动和变化过程中的，没有什么一成不变的事物，观念也必然不断发展和变化。随着社会的发展，生产力水平和社会结构都在变化，某些反映特定阶段的观念可能不再反映客观实际，跟不上社会发展的进度，甚至阻碍社会发展。因此教育观念的创新迫在眉睫。

（2）教育观念创新的任务是艰巨的。一般来说，教育观念受到主观因素和客观因素的影响。主观因素是人的因素，包括个人的身心发展水平、理论素养和实践经验等；客观因素是社会因素，包括社会发展水平、传统观念及文化、国家发展战略、域外国家的影响等。

深化教育改革，全面推进素质教育不仅要培养现代化人才，还要培养具有前瞻性思维、敢于创新的教师。教育过程中，教师是实施教育的一方，是教育的最前线，教师队伍的质量直接影响着教育的质量，他们的教育观念创新是重中之重。教师队伍整体素养较高，容易接受新事物新理念，才能够成为教育观念创新的引路人。因此，教师要鼓足改革创新的勇气，站在时代的前沿，在实践中发现问题、分析问题，把握教育规律，建立起现代化的教育观念。

（3）教育观念创新具有紧迫性。当今世界的两大主题是和平与发展，而创新和可持续发展是人类发展的主题。随着知识经济时代的到来，科学技术迅猛发展，生产力不断提高，国与国之间的竞争日趋激烈，而国与国之间的竞争归根结底是人才的竞争。我国的传统教育是典型的应试教育，分数是衡量学生学习水平的唯一标准，呆板的权威式管理制度和填鸭式的灌输教学方法，极大地限制了学生自主学习能力的发展。如果这些现象不从根本上解决，就难以培养出适应社会发展的创新型人才。面对21世纪的各种变化和严峻形势，我们迫切需要进行教育观念的改革创新。

3. 教育观念创新的基本条件

创新能够推动教育主体的思想创新与重构，能够推动教育主体摒弃思维定式，达到新的理论境界。一般来说，创新是弃旧从新的过程，不仅仅是新事物的建立，还是旧事物的去除。但对待旧事物，不能全盘摒弃，因为旧事物中也有适合社会发展的部分。创新就是在对旧事物批判继承的基础之上，创造出新的符合社会发展的思维方式和技术方法。要善于从前人的智慧结晶中汲取精华，提炼出适合时代的科研成果和客观规律，最后形成科学的概念与体系。总之，创新不是完全反对传统，它们之间既存在着差异，又存在着千丝万缕的联系。

教育创新要鼓励教师对教学内容、教学方法以及教学理论进行创新，用新的教育学理论对教师进行武装，掌握教育发展的最新动向，推动精品课程传播和发展。将精品课程作为教学改革的龙头，可以带动其他课程发展，推动课程建设与课堂教育改革。大力推进"课堂内外一体化"建设，将课堂教学与课外教学结合起来，创造出集课堂教学与学习汇报、交流感悟于一体的平台，不仅能给学生创造在课堂上实践所学知识的机会，也能提高教师的职业技能。

在教学实践中，教师要加强和培养自己的教学研究意识和能力，充分考虑到不同课程之间的差异，用不同的激励方法和项目活动进行统一的学科管理与运作。

4. 教育观念创新的具体做法

（1）教育观念创新要与教学实际密切结合，要以教学实际为出发点。只有真正了解教学的实际情况，才能把握教学的具体细节和问题，不断强化教学理论和教学内容的针对性与时效性，更好地领悟学科教学内容以及出色地驾驭教学实践活动。只有这样，才能培养出能够深刻认识学习规律，将理论与实践高度结合的高素质人才。

（2）建设新的教育体制，包括建立新的教学机制、开拓新的学科和推进新课程的开发。教育体制要在提高教育质量和教育效果的指导下，敢于尝试，不能因循守旧，要调动教师的积极性，让他们有精力、有动力投身到教育创新中去，例如成立校董会、创办校际联合体等。课程设置要灵活多样，要在教学实际的基础上进行灵活配置，切忌墨守成规，不知变通。学科建设要多方位覆盖，适应社会发展的需要。

（3）我们应该注重培养和提高教师的学习能力，使他们具备扎实的专业理论基础和独立研究的能力。学习技能的提高不能局限于教学设计、课堂教学、教学媒体的应用和教学研究等，还应着眼于如何培养教师开发新课程、研究新教学理论的能力。

（4）加强教育与社会的联系。教育的本质是为社会提供优质人才，服务社会发展，教师应多与家长沟通，引导学生积极参加社会实践活动，如开展问卷调查、宣传社区环境知识等。这些社会活动可以帮助学生了解社会环境，以便他们日后能够更好、更快地融入社会。

（5）教育观念创新要与我国社会的改革开放步调一致。只有了解了我国改革实践的经验，才能厘清我国改革的现实基础和理论基础，才能进行适应我国社会现代化发展的教育创新。

三、高校思想政治教育观念体系的创新

社会水平的提高促进了人才培养水平的提高，作为培养学生思想素质层面的思想政治教育，自然也有新的要求。

（1）价值观的创新。大学生思想政治教育价值创新的主要目的是树立个人价值与社会价值内在统一的新价值观。在市场经济条件下，追逐利益最大化难免成为个人价值观的重要部分。从人生存发展的角度来说，物质是人维持生活的基础，也是获得其他发展的前提，个人的逐利行为无可厚非。这是当前思想政治教育工作无法回避的一点，尤其是市场竞争机制充分激发出人们获取个人利益的欲望，如果仍然对物质利益避而不谈，思想政治工作不仅难以取得成果，而且还会让人感到厌烦。

在过去高度集中的计划经济体制下，个体对社会和国家绝对服从，人们丧失了个体自主性，更谈不上对物质利益的追求。在当时的社会环境下，人为地、片面地将社会价值和个人价值对立起来，强调社会价值，忽略或完全否定个人价值，导致了相当长的时期里思想政治教育只培育社会价值观的片面观点。思想政治教育功能只强调促进社会发展的功能，忽略或贬损个人发展的功能；思想政治教育只求社会发展，而不管个人发展；思想政治教育的内容只讲个人对国家和社会相关利益的服从，而不提对个人利益的保护。这一切都导致思想政治教育损害了个人的积极性与主动性，不可避免地受到人们的冷遇。

同时，随着我国市场经济制度的不断完善和经济水平的不断提高，社会中还出现了只强调个人价值而无视社会价值的问题。这种思想蔓延到高校，使得思想政治教育工作出现了只追求满足人的需要，而忽略社会要求的倾向，严重削弱了思想政治教育的影响。

从根本上说，社会和国家的集体利益是人民的根本利益。个人利益和社会利益应该是有机的融合体，不应该对立起来。因此在我国，个人与社会是辩证统一的。个人的全面发展是以社会发展的各个方面为基础的，社会和国家要为个人的全面发展提供最有利的环境，保障个人的合法权益，达到个人

自由的目标，必须处在社会共同体之中。同时，个人的全面发展又能促进社会的全面发展。这就使得我们确立个人价值和社会价值内在相互统一的新价值观时，既要满足社会发展要求，也要防范片面的唯社会价值观。要按照社会发展的需要，主动服从并维护社会和国家的利益，克服片面的唯社会价值观，实现自己的价值。

（2）方法观的创新。思想政治教育方法应该是把教育者和受教育者结合起来，教育工作者应从思想政治教育方法的选择和运用入手，在教育者自身优势的充分发挥的基础之上，充分调动受教育者的积极性。

（3）主体观的创新。传统思想政治教育中，受教育者的主动性和积极性受到了严重压抑。事实上，思想政治教育的过程不仅是教育者积极筹备以及实施教育的过程，也是受教育者根据自身的认知水平和发展需要开展自我学习的过程。

（4）质量观的创新。创新思想政治教育质量观的主要目的是促进思想道德素质和科学文化素质全面发展。如果只重视科学文化而不重视思想道德素质，科学研究就会失去方向和规范，丧失人的主体性；如果只重视思想道德素质而不重视科学文化，那么培养出的人才就不能适应社会发展的需要，不能服务于我国提高生产力的要求，甚至使我国发展停滞。思想政治教育要坚持以人为本，充分发挥思想政治教育的双重功能，促进人和社会的全面发展。

第二节　高校思想政治教育观念创新的实践

大学生思想政治教育在整个教育工作中占有重要的地位，它是培养学生思想道德素质的重要途径，是一项长期而系统的工作。在中国特色社会主义发展的新形势下，大学生思想政治教育要与社会发展要求结合起来，摒弃旧思想，树立新思想，谋求长远发展。

一、素质培养意识的确立

随着世界全球化的加深，国与国之间的联系越来越紧密，竞争也越来越激烈。各国综合实力的竞争，从根本来讲，是国民素质的竞争，尤其是人才的竞争。大学生是祖国未来的接班人，必须努力提高大学生的综合素质。因此，思想政治教育工作者应与社会各界人士联合起来，积极培养大学生的文化素质、科技素质和道德素质，让大学生树立合作意识、竞争意识，积极为社会发展做贡献。

素质教育意识的确立，是现代教育理论中的一个重要命题，也是新时期思想政治教育理论研究的创造发明。人才综合素质不仅决定了社会的发展动力，也决定了社会的文明程度。

素质分为先天素质和后天素质，先天素质在一定程度上制约着人才的综合素质，但起非决定性的作用。人们通过后天学习和实践获取的素质，可以改善素质的先天缺陷。思想政治教育担负着培养学生后天素质的责任，致力于将学生培养为"德、智、体、美"全面发展的高素质人才。

（一）树立现代意识

以前，思想政治教育工作过分强调了政治性，给人们的印象就是关注时事政治或者熟练背诵马列主义等经典著作，并强调社会性在思想政治教育工作中的主导地位，而忽略了人们的主体发展需要。长此以往，思想政治教育被束之高阁，严重脱离实践，给学生的感觉是“高不可攀”。事实上，思想政治教育要注重培养学生的主体性，鼓励个人素质的发展，让学生树立以社会主义思想为核心的现代意识。

1. 主动意识

现阶段思想政治教育的发展应把握发展趋势，突出战略层面的主动性特征。但以往思想政治教育的效果并不理想，从根本上说，是因为工作不积极，问题难以解决。要改变这种不利局面，就必须增强思想政治教育工作者的主动意识。

（1）了解个体需要，满足个体需要。要将思想政治教育的理论与实践结合起来，根据学生思想的变化及时调整和优化工作。

（2）积极顺应形势，根据时代发展的要求，不断调整工作方式和内容，以适应国内外形势变化。

（3）因材施教。要对学生的身心发展水平和思想道德素养有一个基本的了解，根据不同对象的不同特点，针对性地采取一系列措施，以满足不同对象的需要。

2. 全民意识

思想政治教育不仅要面向大学生，更要面向全体人民，是全体人民的共同事业。中华民族伟大复兴的事业要靠人才去实现，我们需要认识到加强思想政治教育的紧迫性和必要性，让全社会的成员积极参与进来并融为一体，在全社会形成有效的管理和运行机制，实现思想政治教育与社会实践的有机共生。

3. 预测意识

思想政治教育要具备预测意识，不仅要关注当下的理论和实践，也要能够预测未来的发展趋势。一是要超前研究人民群众关注点的发展趋势，努力把思想政治教育与人民群众的需要和愿望结合起来；二是要客观准确地预测自然科学和社会科学的发展给人们思想道德建设带来的影响；三是要预测社会改革给人们带来的思想变化。只有做出科学、准确的预测，思想政治教育才能适应形势的变化，而不被时代摒弃。

4. 价值意识

在中国特色社会主义制度下，个人价值和社会价值是高度辩证统一的。社会价值是个人价值的基础，个人价值又促进社会价值的发展。

虽然当前大学生的整体素质在不断提高和完善，但仍然存在着诸多问题，甚至背离了社会现代化的发展进程，诚信缺失、不守规则、行事浮躁等问题屡见不鲜。因此强化大学生思想政治价值意识就显得格外重要，要让学生把个人价值与社会价值结合起来，真正从服务社会的角度去实现个人价值。高校可开展相关活动，组织、引导学生进行有意识、有目标的素质训练。

5. 时代意识

时代意识是指大学生思想政治教育要始终把握时代的脉搏，从时代的角度全局性地掌握学生的培养目标。

（1）要树立创新意识。现代社会高强度的竞争，成为创新意识的现实土壤。思想政治教育要在马克思主义的指导下，把课堂教育与社会实践结合在一起，创造性地开展实践活动，而不应该仅仅专注于开办讲座、做研究、做解释。

思想政治教育内容要实现行为和思想的高度协调，实际和理论的密切结合。思想政治教育效果的评价，可以引入绩效评价体系，积极激发人的主观能动性，最大限度地提高人的潜能。

（2）要树立发展意识。世界上所有事物都处于不断发展变化之中，在经济全球化的大背景下，各国政治、经济和文化都处于不断的竞争和融合之中。因此，思想政治教育要顺应时代发展的潮流，努力培养适合社会发展需要的现代化人才。

（3）要树立开放意识。随着自然科学和社会科学的发展，各个学科的边界越来越模糊。思想政治教育不是闭门造车，应以开放的态度，借鉴其他学科研究成果，创建新的教育体系和教育观念。

（4）要树立多样化意识。在当前社会条件下，思想政治教育的教育者和受教育者还存在着对立和矛盾，灌输式的教育模式依然存在。只有增强受教育者的自主性、独立性和可选择性才能提高受教育者的积极性，要运用多样化的方式方法，提高教学手段的艺术性和趣味性。

（二）前瞻心态的形成

前瞻心态就是思想政治工作要“面向未来”，要激起学生对未来的美好向往，激发大学生的积极性、主动性，让学生脚踏实地地学习科学文化知识，提高思想道德修养，不断向新时期社会对人才素质的要求和标准靠拢。

前瞻意识是当前思想政治教育的一个重要方面。学生生长在不同的家庭环境和社会环境中，在身心发展水平、思维方式、思想素质和道德修养方面存在着巨大的差异，这决定了他们在对待问题的态度和处理问题的方式方法上的不同。即便处在同一个校园环境中的学生，也可能具有不同的思想状态，所以就出现了多元化的发展方向。有些学生遇到问题倾向于寻求朋友的帮助，有些倾向于寻求家长帮助，而有些倾向于在互联网上咨询。

思想政治教育工作者要正确、有效地分析和解决问题，就要考虑这种情况。如果对一些情况有具体的了解，就能够超前地预测可能出现的各种状况，预先想到学生能想到的或可能会想到的各种问题并进行分析，从而及时有效地进行解决，甚至可以在问题的萌芽期就积极遏止。

（三）开放视野的扩大

在互联网时代，信息爆炸、科学技术迅猛发展，国际交流频繁，国与国之间的竞争日益激烈，如果没有国际视野，就很难跟上时代发展的潮流。思想政治工作也必须引领学生面向国际、面向世界，用国际视角看待问题。在这样一个开放的时代，西方国家的文化和价值观不断入侵，如果我们不树立本国文化的主导地位，就难以树立民族自尊心。思想政治教育工作者肩负着培养社会主义接班人的重要责任，必须将思想政治教育深深扎根于优秀传统文化，才能以从容不迫的姿态走向世界。

为了迎接时代的挑战，我们要加强对新技术、新知识、新事物的敏感度，提高创新能力，提高综合国力。还要学习西方国家的先进文化，吸收科技文化知识的精华来进行人才的培养。学习外语，提高与世界沟通的能力，在国际上展现中华民族的风采。

（四）增强人本意识

在思想政治教育工作中强调人本意识，就是强调以学生为本，是在不违背人才培养目标和教育质量的前提下，提高思想政治工作的人文意识，将学生作为工作开展的中心，把学生的思想素养和政治素养放在首位，兼顾人文精神和自主性的培养。

（五）现代观念的强化

强化现代观念是指思想政治教育要运用现代化的科学理念和技术手段，包括教学设备、教学理念、师资队伍建设水平、教育方法和教学管理制度等的现代化。

现阶段，强化现代观念是在深化历史意义的基础上，对中国特色社会主义现代化理论和实践的全面推广。强化现代观念首先要树立开放意识，无论理论上还是实践中，封闭都不能成为高校思想政治工作的一种方法，要在党的路线、方针和政策的指导下，逐步打开各种学科的大门，广泛借鉴各个学科的知识，提高高校思想政治理论的多样性和深度。其次，要加大教育费用的投入，加强师资力量和教学设备建设，提高教学效率和质量。再次，推进建设现代化的教学管理制度。最后，要转变思想政治工作的思维方式，实现工作技能的现代化。

当然，思维方式的现代化也是开展思想政治工作所必不可少的条件。人们三要以科学的思维方式理解客观世界，只有具备完备的理论思维体系，才能在思想政治工作中摸索出新的方法和途径，才能让中华民族屹立于世界民族之林。

二、注重培养创新能力

思想政治教育要注重创新能力的培养。事实上，创新是人的本性，是人的第一需要，也是最高层次的需要。只有在创造活动中，一个人才能获得真正的自由，才能成为一个真正的人。

我国传统教育过分强调集体教育，缺乏对学生自主性的培养，更谈不上培养创新能力和创业意识，这正是我国科技水平落后的主要原因。创新一方面能推动人创造能力的发展，另一方面也会对社会的进步和发展产生重大意义。

国家的创造力决定着一个国家的命运和地位。培养学生的创新能力是信息爆炸时代下的全球共识，也是提高我国综合国力的关键。我国将培养创新意识作为提高全民素质的历史任务。因此，思想政治教育工作应该着重培养大学生的创新意识、创新精神和创业意识，鼓励学生开展发明创造和自主创业等实践活动，让学生在实践活动中自觉提高自己的创新能力。还要培养学生的主体性，激发学生自主学习的能力，鼓励学生提出自己的想法和意见，并敢于坚持真理。

三、强化道德认知与道德实践

当前我们开展思想政治教育工作的目的是培养大学生的道德修养和思想品质，并付诸实践。现在的思想政治教育以灌输为主，纯理论形式进行空洞地说教，强迫所有学生接受。因此，思想政治教育开展时，一方面，要向大学生系统讲解道德真理；另一方面，要在积极正当的引导下鼓励其深入思考，得出正确的道德判断。

以往的思想政治教育忽视了社会这一最重要的切入点，学生缺少实践经验，不能领悟思想政治观点的深刻性。只有为学生创造合作环境和实践参与机会，让学生真正地参与现实生活，体验深刻的情感，把自律与他律密切结合，才能将道德理论转化为道德认知与理性选择。

目前，一些国家的道德教育已经从简单传播知识转向开展社会活动，大力培养青年知识分子的社会实践能力和道德思维能力，将教学的核心目标和中心任务确定为培养青年学生的道德判断力和认知模式。

四、思想政治教育观念创新的注意方面

一是要注意摆脱传统工业文明带来的负面影响，逐步培养大学生具备以

高尚的思想道德为基础的新的生态文明意识，帮助他们树立以人为本、关爱自然的态度，达到人与自然和谐发展的新境界。

二是引导学生主动学习与思考。只有使学生掌握正确的学习方式，才能缓解甚至解决知识增长与知识接受度不足的矛盾。思想政治教育应使受教育者树立独立思考和主动学习的意识，才能适应世界的变化。

三是要注意以人为本。人是思想政治教育工作的对象，人的思维方式、心理品质修养、思想道德修养和行事方式等是大学生思想政治教育工作的主要内容。我国思想政治教育应培养适合我国社会发展的社会主义现代化人才，要具有强烈的自我意识和民主意识、高水平的科学文化素养、高尚的品德、远大的志向以及正确的法治观念、创新意识和创业意识等。

第三节　高校思想政治教育质量提升研究

大学生思想政治教育质量的提升，具有广泛而深刻的研究意义，它是能够促进中国特色社会主义发展、提高国民的综合素质、实现国家长治久安的基础和保障。大学生思想政治教育是顺应时代发展的精神和心理的教育，必须坚持以人为本的发展理念，解放人的思想，注重人文关怀。

人文主义教育的思想在任何国家的任何时期都有其存在的位置和价值。人文主义的思想在世界各个国家都有体现，它是西方教育思想史上始终贯彻的核心思想。我国坚持的以人为本的科学发展观，也是对人文主义思想的落实和发展。

科学发展观的重要核心是坚持以人为本。大学生思想政治教育对人和人的心理的关注，正是思想政治教育坚持科学发展观的根本体现。近几年来，党和人民在以习近平同志为核心的党中央的领导下，坚持建设服务型的政府，实现"中国梦"的伟大远景，其中的核心思想也是建设为人民服务的政府，实现人民的价值。

一、人文关怀和心理疏导的方式意义

古希腊的雅典政治民主氛围很强。古罗马时期，人文主义教育思想得到了进一步的发展和成长。"人文"这个词也是在这一时期产生的，它广泛存在于希腊和罗马时期的各种文学、艺术、哲学等著作中，体现着对人自身价值和尊严的尊重，是人权主义的最早体现。

中国传统文化中也有对人文强调的各种文学作品。这些文学作品都非常关注人的精神和思想方面。《诗》《书》《礼》《易》《乐》《春秋》都是人本身与文化的相互融合的重要体现。文化是一个民族、一个国家整体精神及价值观的具体表现。人文则是文化与人的高度的融合，一般指社会发展中具有先进性、科学性、规律性的客观或主观的存在，其核心是先进的价值观，内容则是先进的规范。

（一）人文关怀和心理疏导提出的意义

1. 人文关怀和心理疏导模式提出的必要性

人文是人类文化中摈弃糟粕后留下的具有引导性、价值性、文化性的精神、物体、规范等。关怀就是关心爱护之意，即一种关注之意，不忽视之意。人文关怀，总的来说就是对人的整体精神、心理、身体、成长的关怀。人文关怀，最早认为是开始于西方国家，其重点就是肯定人的价值，重视人的个性和思想，强调人与人之间是自由、和谐、友爱、平等的，即一种民主化的状态。我国的思想政治教育强调的人文关怀是指尊重人的主人公地位和保护、满足个人需求，促进个人价值的实现。 大学生思想政治教育工作中的人文关怀，是指一种针对大学生本身个性、心理、权利、尊严、个人价值、社会价值的关怀，对主体对象的地位、需求、生存状态以及成长教育的关切，是对大学生人生观、世界观、价值观养成与提升的一种情感关注。我国大学生思想政治教育人文关怀的本质就是时刻把大学生放在教育的突出地位，尊重他、关心他、理解他、帮助他。

心理疏导是关系到心理安慰的方法，是对有心理问题的人实施排解、缓解，帮助其克服心理障碍的方法。心理疏导的方式有很多种，一般来说就是简单地沟通交流，这样的方式有解释排解、理解同情、鼓励支持等，主要是通过话语的表达来起到开导的作用，达到解除心理问题、排解不良心理状态的目的。除此之外，还可以找专业的心理学专家，通过心理问答与情绪关注，运用心理治疗的方法和理论对求助者进行帮助，以缓解或消除心理问题或人格障碍，促进其人格健康、协调发展。目前的大学生都普遍存在着茫然、疑惑、无措的感觉，常常陷入空虚、压抑、紧张的状态，这是对未来社会和自身的不充分认识造成的，职业的选择、个人生活的状况、个人的成长问题等都是造成心理问题的因素，这是各国学生都存在的现象。

大学生思想政治教育课程必须对学生的这种状态开展及时有效的心理疏

导，避免产生偏激行为，影响大学生的健康成长。大学生群体正处在人生观、世界观、价值观塑造的关键时期，因此注重心理疏导是大学生思想政治教育质量提升的必然选择。在教育理论指导下，根据大学生思想政治教育的现状，从教育的内容、教育的方式、教育所达成的目标手段等方面来加大人文关怀和心理疏导的教学任务。把人文关怀和心理疏导的理念、内容、方法和手段相结合，作为一条主线贯穿于大学生思想政治教育工作的始终。

纵观我国教育界，在人文关怀和心理疏导这方面所涉及的内容和规定非常少，以目前的状况来看，很大程度上不能满足人民的物质文化的需求。大学生思想政治教育人文关怀和心理疏导模式的提出，符合时代的发展，是经济大背景下对大学生所产生的各种负面影响的一种应对机制，它是党和国家的教育工作的一个整体的认知表现，更是对今后大学生思想政治教育的方向性的研究。因此，如何能在具体的教育中，加大对人文关怀和心理疏导的关注度，是提升大学生思想政治教育质量的重要课题。

2. 大学生思想政治教育人文关怀和心理疏导模式的提出

思想政治教育工作是党留下来的优良传统。它具有教育人民、净化心灵的作用，时刻为党和国家、人民指引道路。思想政治教育工作与当代的教育工作是一脉相承又加以创新的，思想路线必须与时俱进，以此适应不断发展与变化的世界大环境。思想政治教育工作要求适应新的经济形势，树立创新思维意识，按照科学发展观和事物的一般发展规律，运用新的方法和机制，不断改进大学的教育工作。近年来，党中央关于思想政治工作的提法和要求呈现新的特点。从"十四大"的重视思想政治工作在社会主义建设中的重要性到"十六大"的调解人民内部矛盾需要做好思想政治工作，我们可以看出国家开始重视对人民的思想政治教育的工作，体现的是思想政治工作的地位和作用以及宏观性要求。从"十七大"中广泛开展群众性精神文明创建活动到"十八大"开始注重人文关怀和心理疏导，我们可以看出此时的思想政治教育工作开始向人本身价值方面发展，体现了对具体层面的要求，注重的是该通过哪些方法和途径来提高国民的思想政治水平。这其中的不断发展变化，是一个不断整合、完善、升华的过程，是党和国家领导人对思想政治工作的高度认识的具体体现。

我国当前的教育界对学生的思想政治素质还没有一个较为清楚的认识，

教育体制仍然存在着弊端，突出地表现就是人文关怀和心理疏导这一环节非常薄弱，仍需不断地改进和加强。我国每年召开的工作会议中不断提出要加强思想政治教育。那么薄弱在哪里呢？突出表现在重视对各种专业课程的学习和后期的学分考核上，轻视对学生心理和思想的培养，还有就是在教育内容上重大众化的要求，轻个性的发展，在教育组织上重教师、轻学生。多年的研究发现，我国大学生思想政治教育一直在强调学生要具有为社会服务和奉献的意识，努力培养的是为国家做贡献的人才，这样的教育方法是对大学生个体心理和思想的忽视，培养的学生都是一个标准、一个模式和规格，他们没有了个性和需求，成为没有思想的机器。国家需要的是人才，是能将社会价值和个人价值有机结合的人才，只符合国家的要求，没有个人爱好、兴趣、追求的人，他是不能真的为国家做贡献的。在教学的内容方面，我国大学往往强调的是共同理想信念、社会道德、行为规范的教育，却很少涉及人性方面的内容。

思想政治教育中的老师和学生的主动性和创新性都应得到充分的尊重和发挥。实际中的思想教育工作往往过于强调老师的主导性和权威性，忽视学生的主体性和选择性，作为学生自己的需求没有得到有效尊重，这样的教学模式往往容易引发大学生的逆反心理，完全违背人文关怀理念的教学方法是导致大学生思想政治教育的质量得不到有效提升的制约因素。学生表面上服从，内心并没有真正认同，更谈不上有效内化和付诸实践。因此探索一种新教学模式，是大学生思想政治教育质量提升的关键。

（二）人文关怀和心理疏导模式的呼求

1. 思想政治教育的内在要求决定了必须对大学生进行人文关怀和心理疏导

人文关怀和心理疏导强调发挥学生的主观能动性，坚持以学生为教育根本的理念，尊重其作为一个受教育者的地位和个性需求，遵循思想活动规律和思想教育规律，解决学生心理与思想方面的问题。注重人文关怀和心理疏导，是教育界的根本要求，也是大学生自身价值实现的诉求。

大学生思想政治教育的主体是教师和学生，教师和学生在教育与被教育的过程中，是一个有机统一的整体，也是其各自实现自己人生价值的过程。教育应坚持以人为本的核心，把大学生真正作为教育的主角，时刻体现其能动性。大学生思想政治教育不可盲目地跟随变化而变化，它应该在教育学生的时候有所创新，这个创新不是盲目的创新，而应该是有依有据的创新，要具体问题具体分析，根据具体的思想变化，解决个体的心理问题，促进大学生思想政治素养的全面发展。引起大学生各种思想问题的根源就是心理不健全，所以，应该重视和保护大学生的心理健康，开展专业化的心理疏导，从各种有益身心的方面去激励、提升大学生的个人价值，让其充分认识自己作为一个人的重要性。

提升大学生思想政治教育质量的现实需要也要求我们必须重视人文关怀和心理疏导。大学生作为一个特殊的群体，其所承受的压力也是非常大的，其中包括就业、学习、生活、思想等，这些都是经济全球化的飞速发展和社会竞争的日益加剧所引起的。因此关心和帮助学生解决这些切身问题，是现实对大学生思想政治教育提出的新要求和新课题。

2. 思想政治教育的方向性决定了必须对大学生进行人文关怀和心理疏导

大学生思想政治教育中的人文关怀和心理疏导是一个新的必要性的课题。创新意识是任何事物都必须有的，它是大学生思想政治教育的源泉和动力。思想政治教育质量的提高，关键是一定要在创新上面做文章，并以此作为今后工作的创新基点。我们的大学，在教授学生专业课知识的时候，应当重视对大学生综合素质的培养，保证其个人人生观、价值观、世界观的形成。随着科学技术的发展和社会竞争的加剧，大学生在社会的各个方面遇到的问题和困惑越来越多。因此，在教育中添加创新型的人文关怀理念，是创新型国家的必然要求，也是培养创新型人才所提出的内在要求。国际国内环境的变化和大学生的思想现状和实际困难，都呼吁大学生思想政治教育的创新。

高等教育中的优秀合格的人才是我国能够实现中国特色社会主义现代化建设的关键。创新是一个人能够不断适应社会变化的关键。提升大学生的创新能力和创新意识，既是社会主义大环境的要求，也是受教育者个人的需要。大学生思想政治教育应遵循社会的发展和变化，改变思维、运用创新思维方法，为社会主义现代化建设做贡献。

（三）如何加强大学生的人文关怀和心理疏导

大学生思想政治教育必然会涉及各个方面，其中，政策的导向、坚持以人为本的理念、对民主化思想的学习等都有助于大学生思想政治教育的学习。以人为本的理念应该贯穿大学生教育的过程中，真正做到把学生放在思想道德教育的第一位。

1. 坚持以人为本的教学理念

建设中国特色社会主义的思想就是坚持以人为本的指导思想，包括邓小平理论、“三个代表”等重要的指导思想。坚持以人为本的教学理念是符合中国国情的办学理念。科学发展观应当是以尊重人的平等权利为本位的发展。贯彻落实科学发展观就要注重人文关怀和心理疏导，把这种理念贯穿于思想政治教育始终。

思政教育工作是以人为基础的社会实践活动，不论主体与客体都是人，而且是随着人的需求变化而不断变化着。大学生思想政治教育的长期发展需要整合国内外、校园内外、传统与现代等思想政治资源，综合分析研究大学生的心理问题，建立一种可以长期存在和发展的制度，提升大学生的自我教育能力。

2. 尊重个人自身价值

人的价值分为个人价值和社会价值。个人价值是一个人自身状态的很好表现，它是能达到自己对自己满足的一种状态。个人的社会价值是指个人对社会的贡献。社会价值是一个人作为社会的一个自然存在，其实现自身价值的同时为社会带来的好的方面的体现。尊重个人的自身价值，就要求社会关注、承认一个人的正常利益和权益。

3. 实现平等化的思想政治教育模式

传统的思政教育工作以强制灌输为主，但是大学生正值青春年少时期，这种强制灌输的方式很容易让大学生产生抵触的情绪。在构建人文关怀和心理疏导模式时，必须尊重大学生在思想政治教育中的主体地位、维护其选择权利。教育双方地位平等、自由民主、双向互动是思想政治教育工作的规范性要求，除此之外也包括教育过程和谐、教育效果良好。思学生所思，使大学生的权利得到实现，这是对大学生主体性和选择性的尊重。教育者与受教育者双方心灵、情感交融，在问题的看法上能产生共鸣，把大学生的自觉意识融入思想政治教育，在实际行动中得以实现。关于教育方面，应该是开放性、鲜活性、先进性和创新性的。大学生的主动选择权不能丧失，教师应该牢固地把握话语权、主动权和主导权，以开放性的视野、先进性的理念、科学性的目标、真理性和艺术性的教育参加到思想政治教育活动中。大学生的选择权应该是条件，教师的主导权是根据，两者在思想政治教育过程中相互促进和发展。

4. 坚持务实型的思想政治工作作风

思想政治教育工作应求真务实，注重人文关怀和心理疏导，把帮助大学生解决思想问题最终落到实处。人的需求可分为：生理上的、情感上的、归属感上的，也包括对自我价值实现的需求。思想政治教育工作应该在实际工作中融入人文关怀和心理疏导的理念，把帮助大学生解决其切身问题提上议程，这是对大学生价值诉求、现实需求等的深入思考。大学生思想政治教育应该把树立德业作为培养人才、开展教育的根本任务。大学生的思想活动规律、思想政治规律等实际问题会引起大学生的思想问题的变动，解决好实际问题，才能从根本上解决大学生的心理问题。

5. 专业化和常规化建设是思想政治教育开展的基础

大学生心理疏导的重点是对教师队伍的优化和重建。其中包括，建立一种专业与非专业相结合的模式，以教师为主、以辅导员为辅的教育团队，保障咨询工作与专业性相结合。在常规化工作方面，把大学生的心理测试和健康档案管理作为一种具体的制度来建立，建立入学前新生的心理测试制度，开设一个专业化的对心理方面进行研究和咨询的中心，开展心理教育课，把团体心理辅导的多种技能方法以及原则运用到思政教育中对学生定期开展个性化的心理疏导等，健全心理疏导工作的体制化和常态化。同时，对于个别经济困难学生和行为异常的学生应跟踪观察，及时化解其心理危机，消除心理障碍。

6. 提高大学生自我成长的能力

古语有云，授之以鱼不如授之以渔，所以教育是把学习的方法教给学生，而不是把现成的东西交给学生。帮助解决大学生的思想问题，包括增强自觉性和自律能力，还有就是自主解决问题的能力。教育意识和能力提高的具体表现是：面对问题时思考能力的提高、解决问题时能力的提高、综合分析问题时能力的提高。

在教学的过程中，知识要传授，但也要重视对方法和能力的培养。对大学生发现和解决问题的能力进行考察，积极性和创造性的行为习惯应该作为大学生考核的内容。教育应该寓事说理，这样的方法使大学生容易接受，容易理解，教育成果显著。大学生思想政治教育的整体出发点是教给大学生应对问题、分析问题、解决问题的态度和方法，帮助他们形成创造性地解决问题的能力与习惯。

（四）互联网环境下大学生心理健康教育工作探析

网络技术的运用与普及，给大学生心理健康教育工作带来很大的影响，这些影响既有积极方面的，也有消极方面的。为了避免网络给心理健康教育工作带来的消极影响，要不断挖掘网络环境中的优势，并充分利用这些优势，增强心理健康教育工作的成效。

1. 互联网环境给大学生心理健康工作带来的优势

一是网络环境给教育工作带来便捷。在传统教育中，高校对大学生的心理健康教育工作主要是以课程、讲座以及心理咨询门诊为主，而这些教育方式只能被限制在某个空间，无法很好地传播开来，不能够对有相似需求的大学生产生积极影响；再者传统的心理健康教育工作应变能力差，很多大学生不能根据自己的需求来选择学习的内容，不能有针对性地开展。但是随着计算机网络的发展，互联网不仅蕴含丰富的信息资源，而且传播的速度非常快，逐渐成为高校心理健康教育工作的重要平台，心理健康教育工作者通过运用网络这一传播手段，及时地向学生传授相关知识，从而引导学生树立正确的观念，还可以充分地利用网络手段，随时随地与学生进行沟通，有针对性地对每个学生进行指导，增强心理健康教育工作的时效性。

二是互联网拓宽了师生的视野。随着社会的发展，大学生心理健康的需求日益增长，原有心理健康教育资源已经不能满足大学生的心理需求，而互联网可以将全球范围以内的优秀心理健康知识资源有效地串联起来，为心理健康指导工作提供丰富的信息资源保障，拓展高校师生的视野。心理健康教育工作者可以通过网上查询心理健康指导需要的信息与知识，借鉴国内外心理健康专家的讲座，与自身的教育工作相比较，找出自身的不足，增强心理教育的效果，学生也可以从网上获取对自身有用的心理健康教育的知识。

三是网络有利于提高教育工作的准确性。受传统观念的影响，人们对于心理健康问题的认识存在着偏见，这造成大学生不愿意正视心理发展中遇到的问题，心理健康教育工作者也很难找准大学生的心理问题，而网络营造的是一种虚拟世界，而且这属于一种新生事物，很容易引起学生的兴趣。在网络中学生可以使用匿名的方式倾诉自己的苦恼，而教育工作者可以从中分析，找出具体解决的方法，从而对大学生进行有针对性的指导，促使学生树立正确的价值观念，提高教育工作的准确性。

四是网络环境提升了心理健康教育工作的成效。在网络环境中，不管是学生还是教师都处于平等的地位，传统的强制灌输理念被摒弃，而学生成为受教育的主体，这样的教育方式比较容易被学生接受，这就促使学生主动接受心理健康教育，从而使心理健康教育工作的成效得到提升；另外，在网络环境下，心理健康教育工作者可以随时随地地了解学生心理发展所遇到的问题，并有针对性地进行指导教育，从而增强工作的成效。

2. 互联网环境下大学生心理健康教育工作的新思路

一是引导大学生树立正确的观念。首先，要培养大学生的政治觉悟以及信息鉴别能力，进而促使大学生自觉地抵制不良的信息，从另一方面来说，让大学生充分地认识网络，也能很好地预防大学生迷恋上网络。其次，对大学生加强网络法制教育。随着网络技术的普及，网上犯罪越来越多，为了避免大学生被不法分子利用，就要加强大学生网络法制教育，从而促使大学生提高网络法制观念，遵守网络规则，进而减少网络犯罪事件的发生。

二是建设心理健康教育网络平台。目前传统的心理健康教育已经不能满足大学生的需求，网络平台的建设可以有效地缓解这一问题。首先要能引起广大师生的兴趣，网络平台的建设应该拓宽辐射面，从而吸引更多的师生加入其中；其次，在网络平台的内容选择上应当充分地考虑广大师生的心理需求，并最大限度地满足这种需求，进而提升网络平台的利用率；再次，心理健康教育网络平台要与传统教育有效结合，使网络平台为心理健康教育工作者、大学生以及家长之间的沟通提供更多的便利，把网络平台与传统教育相结合，促使教师、学生、家长之间成为无话不谈的朋友，减少大学生把电脑当成是倾诉对象的机会，促使大学生身心健康的发展；除此之外，还要开展网络心理咨询，设立学生心理健康档案以及进行网络教学，进而不断提升大学生心理健康教育工作的成效。

三是加强心理健康教育工作者的综合素质能力。网络环境给心理健康教育工作增大了难度。首先，给心理健康教育工作者带来更大的挑战，需要心理健康教育工作者既要掌握好专业的心理教育专业知识理论以及专业技能，还要熟练地掌握与运用网络技术，在运用网络对大学生进行心理健康教育工作时，也要求他们既要具有较高的政治觉悟以及政治鉴别能力，又要具有责任意识等；其次，在现实中很多心理健康教育工作者由于计算机网络的基本操作能力不足，造成心理健康知识获取的不及时，这就造成教师在学生心目当中失去了权威。为了杜绝这一情况的出现，心理健康教育工作者应该熟练地掌握计算机的相关知识与技能，从而充分地利用网络对大学生进行心理健康教育；最后，构建一支网络化的心理健康教育工作者的教师队伍，通过招聘既有网络技能又懂心理健康教育的工作者充实这支队伍，或者是经常性地开展相关培训，从而提升教师队伍的素质水平与业务能力，进而提高心理健康教育工作的实效性。

二、文化型思想政治教育质量提升

适时根据全面建成小康社会和建设文化强国的新要求，提升大学生思想政治质量的根本要求是对大学生文化层次、文化品质与文化特性的要求，要增强思想政治教育界的文化软实力，努力探索符合国情的思想政治教育模式。

（一）对文化型的思想政治教育质量提升模式的解释

1. 文化型的大学生思想政治教育的内涵

思想政治教育的特征之一就是特有的文化性，文化性是思想政治教育本身所固有的特性。广义性的文化是指人类在具体的活动过程中所获得的物质类的、精神类的财富的总和。精神生产力和精神产品是文化的一般性解释，包括自然类、技术类、科学类、人文类、艺术类等各种的意识形式。文化性是一个国家、民族、个人在长期的生产生活过程中所形成的一种习惯，这种习惯准确地说是基本的文化素质的表现。

思想政治教育包括社会生活的方方面面，它主要涉及意识形态的教育，它是某个组织为了稳固其对整个组织的统治而开展的符合本组织根本利益的教育。模式的特点是常态化、常规化。文化型也是思想政治教育的一般模式，它有异于其他模式的显著特点。大学生思想政治教育的文化特性充分表现在：提高人的思想文化素质，促进人的思想水平的提高，是思想政治教育的价值选择；丰富文化内涵、凝聚文化力量是思想政治教育的功能效用；提升国民的整体文化素质，增强教育的共鸣性是思想政治教育的主体责任。思想政治教育本身属于文化范畴，因此其主要的表现形态是各种行为表现，内容必须包括意识形态、价值观、思想道德等行为，该行为的作用是增强人们的文化品位。思想政治教育提升的渠道、主体、形式也应被赋予文化的内涵和文化的形态，以适应大学生较高的文化层次和不断增强的文化需求。提升大学生的文化品位，适时展现文化的各种形态，突出文化魅力是思想政治教育的文化性决定和赋予的，这也是提升大学生思想政治教育质量的有效模式。

2. 文化型思想政治教育质量提升模式提出的必要性

社会主义文化建设的提出决定了必须把大学生思想政治教育模式向文化型方向转变。改革开放以来，市场经济方面逐渐呈现繁荣的态势，坚持以市场为导向的经济改革体制使我国经济建设取得了举世瞩目的成就，与此同时，文化体制方面提出了发展文化的新口号，突破制度性障碍，解放文化生产力发展，开创文化发展繁荣新局面。在文化体制不断发展变化的过程中，我国国家领导人对社会主义文化建设方面进行了不断的探索，涉及文化的内容、本质、形式、基本发展规律等。从以邓小平同志为核心的党的领导集体提出社会主义物质文明与精神文明的建设到以习近平同志为核心的党的领导集体提出建设服务型的政府和实现中国梦，这些都是对中国特色社会主义文化建设的不断探索，这都充分体现了文化建设的重要性。

十七届六中全会召开，首次将“文化建设”确定为会议讨论的主题，这是一次集中的、全面的讨论文化建设的大会，会议还提出了必须坚持马克思主义的基本原理，在坚持中国特色社会主义的情况下，加强重点学科和教材的建设，加强和改进思想政治教育。除此之外，也对组织和职能部门进行了规定，规定要把文化建设摆在工作的重要位置，及时研究文化的新特点和新问题、改革发展的重大问题，把握思想意识的主导权，掌握文化改革发展领导权。

（二）思想政治教育质量需要文化性的提升

1. 思想政治教育质量不可缺少文化性

文化本身具有教育的功能，思想政治教育的各个方面都会受到文化的约束，比如在方式、过程和目标上。任何事物都是矛盾的集合体。任何事物本身都是一个运动发展的过程。思想政治教育本身也是主流思想与个体思想之间的矛盾集合体，思想教育的运动过程实际上是文化对个体思想的影响与改造的过程，其包含了教育的内容、教育的方式和教育的对象，这些内容都会在一定程度上被赋予文化的意义，传承着时代文化的精髓，顺应时代的变迁和发展。思想政治教育不能脱离文化而单独存在。思想政治教育的重要任务就是优化人们的价值观。文化的教育必须以价值观为导向，文化是主流意识和核心价值观的桥梁和纽带，通过文化的影响，才能把主流意识和核心价值观转化为社会成员的认知和行动。

大学生作为拥有高层次文化水平的群体，会有各种的思想问题，这些问题很多是由文化冲突引起的。人类社会也是一个矛盾体，会呈现和谐与冲突两种状态。社会开放性是社会的基本特征，文化多元性是社会发展的基本趋势，社会的大环境决定了我们的大学生会受到来自国内外不同类型、不同内容的文化的冲击，处在这样的文化环境中，大学生应该通过调整自己的思想，逐步养成完美人格。文化的冲突，既有其弊端也有其好处，它开阔了大学生的视野、提高了大学生的综合素质和能力，但同时也给大学生带来了各种各样的困惑和认知上的迷失。对于大学生来说，文化有其一定的魅力，它决定了大学生解决问题的方式也应该是高层次的，所以说，如果在大学生的思想道德教育中没有文化性，那么就意味着当代大学生思想政治教育工作没有做到实处，文化教育的吸引力和凝聚力会大大降低，其本身的价值也得不到体现，也就没有了文化育人的功效。

2. 思想政治教育质量内在要求文化性的回归

我国的大学生作为文化层次较高的社会群体，其本身的数量仍然非常少，纵使我国高等教育已经进入大众化的普及阶段，但与外国相比，还没有超过50%的入学率，这就造成我国后期人力资源的紧缺。思想政治教育内容的文化内涵、教师队伍的文化素养、教学方式的各个方面都应该时刻体现文化魅力和文化特征，这是提升大学生思想政治教育质量的内在要求。

思想政治教育的文化性贯穿于大学生成长的各个方面。全面建成小康社会是中共十八大提出的奋斗目标，建成小康社会的重大举措和标志是促进文化大发展、大繁荣和建设文化强国。从当代中国基本经济发展方式和基本国情来看，文化已经成为民族创新力和发展力的源泉，也成为国与国之间竞争的重要因素，成为经济发展的重要支柱，也是人民精神文化要求提高的表现。文化需要创新，学校在文化创新中担当重要的责任。高等学校在引领社会思潮、凝聚社会力量方面发挥着重要的带动作用。大学生思想政治教育的根本任务就是，在课堂学习中融入中国特色社会主义理论体系，顺应时代发展潮流，不断丰富新内容，探索新模式。

思想政治教育质量在空间方面的拓展要求文化性。从总体上来看，大学生思想政治教育的整体状况是良好的，为我国社会主义的现代化提供了很多优秀的建设者和接班人，在对大学生思想和精神的培养方面起到了一定的作用，但是，如果要与时代发展和人才需求的变化相适应，大学生思想政治教育在质量上还有待提高。

3. 文化型思想政治教育质量提升的根本道路

在全面建成小康社会和构建文化强国的要求下，为了提升教育的质量、促进教学模式的创新，我们必须构建文化型的思想政治教育模式。创新既是实践的问题，又是理论的问题。创新型的思想政治教育模式也是文化型的教育模式。文化型的教育模式从理念到要素都体现了文化性。

一是理念指导教育。理念是行动的先导。对于企业来说，公司的领导人一般都具有极强的竞争意识和冒险精神。冒险精神和竞争意识会直接作为公司的理念转化为企业行为。先进的理念指导是构建文化型思想政治教育模式的需求，它可以体现文化的属性，展现文化魅力，最终有效地提升教育质量。

对文化的改革进行的部署，是指导我国文化发展的纲领性文件，它充分体现了党在形势判断方面的准确性，在精神文明建设方面的高度自觉性。坚持以人为本的先进理念并结合思想政治教育的基本现状，是构建文化型的思想政治教育模式的内在要求。从构建文化型的大学生思想政治教育模式的视角来看，以文“化”人的内涵，主要体现在：坚持科学发展观，遵循教育规律，体现文化的特性，运用文化的方式，实现以文“化”人的教育。

大学生思想政治教育应坚持以人为本的教育理念：在实践上，应坚持促进思想政治素质的全面发展，把政治性和文化性统一在一起；在内容上，彰显内涵、品位，增强吸引力与凝聚力；在方式上，倡导渗透性教学；在队伍建设上，提升教育者的文化素养，构建长效的文化育人新模式。

二是提高教师的综合能力。教育队伍质量的提升是思想政治教育质量提升的保证。教师素养是综合性的，具有高品质、全方位、立体化的特点。影响大学生思想政治教育的客观因素就是教师的文化实力不强、魅力不足。

思想政治教育工作者必须具有一定的知识积累和求知欲望，还必须具有丰富的文化素养和良好的个人魅力，只有提高个人修养和魅力才能吸引学生追随自己，成为学生的良师益友。高校的领导组织、有关思政方面的任课老师是思想政治教育工作的主体，因此他们应是知识丰富、修养深厚、有坚定的立场和较高觉悟的人，只有这样才能充分展现政治理论成熟的魅力和文化艺术修养的魅力。

三是寓教育于无形。潜移默化的教育，使受教育者在不动声色中受到影响。隐性教育与显性教育适用的对象都是学生，只是教育方式不同，作用互补。大学生思想政治教育的隐性教育是通过在大学生的具体生活中找寻富有教育意义的内容和哲理，以学生可以接受的形式和方法，来达到无意识的教育熏陶，最终影响他们三观的形成及素质的提高。隐性思想政治教育因其重要地位和作用，而愈来愈受到人们的重视和利用。隐性教育除了具有渗透性、间接性外，还有开放性和持续性等特点，关于文化方面的思想政治教育因为具备隐性教育的特点，所以更容易被认同和接受。

高校思想政治理论课应该在课程的设计上彰显文化品位，应坚持把政治理论课当作思想政治教育的主途径，课程的内容上应保持政治功能与文化功能处在同一水平线上，同时借鉴优秀的文化；课程的讲解过程中应该以魅力为引导，而不是一味地说教。同时，应该在大学的各个学科中都融入思想政治教育，使大学生在任何的学习阶段都能受到文化的教育，从而达到思想政治教育效果。大学的思想政治教育还可以把各种的校园文化活动作为载体，做到娱乐性和文化性相结合，使思想政治教育在活动中得以开展。

四是以文化为载体的思想政治教育方式。文化载体是指各种文化产品。以文化为载体的思想政治教育方式有利于增强吸引力和渗透力，提升思想政治教育质量。

精神是一种价值取向，它可以给人的日常活动提供指导、信念和准则。精神是无形的，大学精神文化的表现形式有办学理念、思想定位以及学风、教风等。大学生应重视大学精神文化的总结与提炼、传承和创新，形成独具特色的个性发展。

以物质文化为载体，形成大学生思想政治教育的文化氛围。大学物质文化可以丰富大学生的精神世界，大学物质文化能够提高大学生的内在修养和审美水平。在大学物质文化建设中，应该重视硬件和软件相结合，做好长远规划，重视建筑风格的内涵和价值，让大学所有的“物化”对象都体现一种文化、精神和品位。

大学生思想政治教育需以制度文化为正确导向。大学制度文化是一种激励环境与氛围，包括制度、准则、纪律以及组织。制度文化具有价值导向作用，大学的制度文化是建设思想政治教育的方式和途径，它与思想政治教育的目标较为一致。文化制度的建设，应该把握时代性和实行性，把社会主义核心价值观与制度内容建设有机结合。在实践中应充分发挥制度文化的隐性教育功能，提升大学生思想政治教育质量。

虚拟文化是近年来深受大学生欢迎的网络文化，它具有可塑性、生动性、丰富性、灵活性的特点。大学生思想政治教育工作者应该在心理上重视和接纳虚拟文化对学生思想政治教育质量的影响，紧跟时代潮流，了解科技发展新态势，把虚拟文化作为大学生思想政治教育的新课题。虚拟文化的学习形式可以采取自学和培训相结合的方式，提高思想政治教育工作者的科技水平。

五是构建网络化的思想政治教育平台。人们在信息化时代可以对信息加以支配，信息可以经过人的选择、运用和创造，在量变和质变的不断发展变化中引起新思想、新知识、新科技的层出不穷。信息是一把“双刃剑”，其中包含有利信息和有害信息，丰富多彩的信息中往往也包含低级庸俗的内容，信息交流使生活方式缤纷但也造成了各种隐患。人类信息的异化是人类社会面临的崭新问题，人们所创造的信息成为了奴役和支配人类的手段，这违背了事物发展的一般规律。互联网中的负面影响，便是信息异化的表现。网络技术使信息体现着不同的意识、信仰和价值观，它被人们所浏览和利用的时候加速了信息的交流、知识的创新，推动了经济的发展，但是，信息异化也造成了很多负面影响，其中最严重的就是对大学生的三观构建方面的影响。网络信息技术的发展，既促进大学生世界观、人生观、价值观的形成，也因信息的复杂化和多样化，使大学生面临着很多难题。信息恐慌、信息依赖、信息崇拜、信息毒害、信息犯罪是大学生信息异化的表现。信息的多样性和丰富性，使得很多大学生只是拼命地查阅资料，不注重思考的重要性，久而久之就会习惯于网络的查询，认为一切胜利都归功于掌控信息。大学的学习时期是学生正确的世界观、人生观和价值观形成的重要时期，如果长期依赖信息，没有很好的信息辨别能力，就很容易受有害信息所诱惑，进而在思想和价值观的养成方面没有了主见。

人是信息异化的主要根源。做好大学生思想政治教育是防止信息异化的关键，我们要加强网络教育，充分地认识到网络信息的多样性，使学生能够科学地获取和利用信息，将信息整合、转化，转变成对自己有利的信息，促进自身的全面、可持续发展，避免信息异化带来的危害。主体意识的加强可以使学生认识其在信息化社会中的地位。人创造的信息要为人所用，人应当主动地选择和运用信息，为人的发展服务，而不是让信息改变人。大学生网络思想政治教育应把培养大学生的主体意识作为教学的主体目标，使其明白主体与客体的关系，掌握在信息社会中学习、发展和成才的主动权。

增强明辨是非的能力，使大学生在快捷享受网络信息的同时，能够有一个正确的认知态度。提高大学生的思想道德素质，必须坚持党的方针的正确领导，增加大学生的法治知识的学习，培养优良品格和高尚情操，抵制诱惑，自觉遵守有关信息与网络方面的法律制度，做遵纪守法的优秀“网民”。加强高校网络化建设，用先进文化引导校园潮流，坚决抵制腐朽的、有低级趣味的文化垃圾。高校要加强校园网络建设，净化校园上网环境，防止信息异化，构建网络思想政治教育阵地。要提高大学生信息技术水平，培养信息使用能力，用法律的强制力来约束信息活动。

三、开放式的思想政治教育质量提升

当今的社会是一个开放性与融合性相结合的社会，大学生的思想政治教育也面临着一个空前的挑战。大学生的思想政治教育关系其个人的成才成功，也关系着祖国的现代化建设，因此，大学生的思想政治教育在发展方面必须与经济和文化的发展相适应，与社会进步相协调，在观念方面，应坚持开放式的教育理念，形成开放式的教育模式，培养适应社会主义现代化建设的接班人。

（一）开放式思想政治教育质量提升模式的解释

1. 开放式的大学生思想政治教育质量提升模式的含义

与传统的封闭式的教育相反的教育模式是开放性的教育，美国是最早盛行开放式思想政治教育的国家，这种教育模式现在已在世界各地传播开来。开放式的教育是以学生为中心，利用教育资源和社会环境，借助社会力量通过自由民主、和谐互动的教育方法来完成培养人的全面发展的教育。

思想政治教育的最终目的是使人们对自身和社会有一个正确的认识，它是涉及世界观、人生观和价值观的教育。开放式的思想政治教育模式就是指在开放多元的社会环境中，通过建立开放、包容的教育理念，利用各种教育资源，促进个人和社会的全面发展。

大学生思想政治教育的包容性是大学生思想政治教育开放性的一个重要特征。思想政治教育的开放性的具体表现是，应该做到传统与现代、隐性与显性、纵向与横向、课内与课外的教育相结合。除此之外，思想政治教育环境的复杂性与选择性、教育目标的先进性与层次性、内容的主导性与丰富性，都要求教育必须有开放性的特征。

富强、民主、文明、自由的社会主义现代化建设决定了大学生思想政治教育应走民主性和自主性的路线。民主性和自主性的大学生思想政治教育以发挥大学生的主体作用为前提，以建立良好的师生关系为基础，师生在和谐的环境中相互学习、共同探讨、双向互动、共同进步。在这种环境中，学生的能动性、积极性和创造性才可以充分发挥出来。自主性的学习是大学生提高自己对课程价值的整体认知，在老师的指导下和在教学目标的引导下，自由地通过目标、内容、方法的选择来完成自己学习的过程。民主性和自主性的思想政治教育是大学生课堂教育改革的重点。

开放式的思想政治教育是相对于传统的大学生思想政治教育而言的，创新性的大学生思想政治教育应该是开放性的、多元性的、变化性的，它是对以往东西的推陈出新，要改变内容的陈旧性、方法的落后性、成果的简单性等。当今社会全球化现象明显加强，经济飞速发展、文化交融复杂，处在大环境影响下的大学生无时无刻不受到影响，如果想在变化中生存下来，大学生思想政治教育必须立足时代，放眼未来，通过创新思维方法，促进创新发展。

2. 开放式的大学生思想政治教育质量提升模式提出的必要性

政治多极化、经济全球化、文化多样化的特点决定了当今的世界是开放性的世界。开放性是一个国家发展的推动力，封闭性的国家不可能在全球化的形势下得到有效的发展。纵观美国、英国、日本的历史发展状态，横观我国的发展过程，我们可以看到：开放性可以为国家获得发展的资源和信息，封闭与落后只会让国家倒退和止足不前。我国改革开放的实践表明，改革和科学发展观等思想是中国特色社会主义发展的必由之路，开放性的建设决定中国命运。

思想政治教育是开放性的教育。开放是强国、富民之路，开放的姿态、思想境界、观念、方法等都是大学生思想政治教育质量提升的关键。开放性的教育应该在教学过程中培养学生开放性的视野、开放性的理念、开放性的学习方法等，这也是提升大学生思想政治教育质量的必然要求，是摆在大学生思想政治教育工作者面前的重要课题。

（二）开放式的大学生思想政治教育质量构建模式的呼求

1. 对传统教育的深刻反思

我国的大学生思想政治教育在培养人才方面，为社会主义现代化建设做出了巨大贡献，但是，细究其在教育的观点、方法和内容方面，还存在着一定的片面性，总体来说是因为教育的封闭性。首先，国与国沟通与交流的不充分，致使教育的沟通也欠缺，教育视角的封闭性是因为思想不够解放，视野不够开阔，过分地强调国情和意识，国与国之间交流得少，最重要的是教师学习的机会少，不注重学习和借鉴国外的前沿信息、经验，以至于在教育的角度上与世界脱轨。其次，在教育的内容方面，过多地强调内容的社会需要和社会价值，忽视了对大学生作为社会个体的个性发展、内容效能要求的排他性，往往用只有少数先进分子才能达到的先进标准作为唯一标准去教育、要求与衡量所有大学生；对外来的思潮不加分析，过多地批判和否定，甚至视为不可接触的“洪水猛兽”；内容表现形式单一，主旋律“丰满”，多样化“骨感”，往往停留在一般性的理论分析和口号式的宣教上，不能就社会重大问题和热点问题进行深入全面、令人信服的阐释。

闭塞的大学生思想政治教育，造成大学生毕业后很难适应社会的需求，他们不能经受考验和打击，往往一遇到问题，就会感到手足无措、无所适从，这是大学教育的不完善性造成的后果。我国的高等教育应该深刻分析教育体制，把开放式的大学生思想政治教育作为学校培养学生的立足点，用开放式的教育方法和内容来培养学生，让学生在校园中就能接受到先进思想的熏陶，从而在后期走向社会时可以更快地接受各种观念。

2. 时代对人才的需求

世界是开放共荣的世界，文化与思想也一定是开放与共荣的。当今世界呈现出一种多样化的发展趋势，而且这种趋势日渐明显，体现在政治、经济、文化、科技的各个方面。随着国际化的发展，中国与世界各国的各种利益方面休戚相关，呈现出一荣共荣、一损俱损的状况。

意识一直被认为是支配人的一切行动的先导。国内的高等学校是大学生培养各种先进的思想和意识的基地。当前，我国的整体国情是正处于改革开放的重大发展时期，与社会的不断接轨和交流，使社会上下处在一个国内外各个方面相互交融的关键时期，其中包括各种矛盾的激化、经济发展方式和职业选择的多样化等。大学生在各种各样环境的影响下，其自身的思想认识和价值取向也呈现出复杂多变的特点。

当今世界的发展呈现出开放和包容的特点，这也是世界各国发展的大趋势。世界各国都必须顺应时代发展的潮流，找寻适合自己发展的道路。大学的思想政治教育也应该在坚持开放与包容的情况下，自觉地摸索适合本院校和学生的开放性的教育方法，使大学生在校形成开放、包容、和谐共存的理念，为毕业后走向社会和国际化的大舞台作铺垫。

（三）提升开放式的大学生思想政治教育质量的根本道路

1. 培养开放式的观念

观念是一个人对事与物的看法，也是行动的先导。开放式的教育观念主要是针对当代大学生思想政治教育的培养方面来说的。建立开放式的大学生思想政治教育必须首先建立一套开放式的育人观念。

开放式的育人观念，首先就是应该打破传统的教育思想的禁锢，树立新的顺应时代潮流的创新型的教育理念。新的教育理念应该涉及民主、平等、公正、法制等理念。大学生思想政治教育应该坚持创新型的思想理念，突破以往循规蹈矩的教育理念，以开放和创新的思想观念，顺应新的时代背景，在知识点、创新思维、创新能力、综合素质等各个方面培养学生开放性的观念。改革开放使我国的政治、经济、科技、文化各方面的发展都有了长足的进步，大学生思想政治教育也应坚持走改革的道路，用开放性的眼光和思维认真对待国内和国外的教育理念，寻找一条符合中国国情的思想政治教育新模式。我国是一个民主、平等的国家，教师与学生之间应该建立一种平等友好的关系，教师亦师亦友，与学生和平友好相处，相互之间无话不谈，在这种平等交流探讨的关系下，才能提升思想政治教育质量。大学生的思想政治教育必须发挥学生的主观能动性，把发挥其个人价值作为教育的目标，培养学生的主人翁意识，把教育与学生真正统一起来。法制也是构建开放型的教育模式应该关注的，开放即是自由，但自由不是绝对的，开放式的教育模式也应该尊重法律，在法律的范围内开展。

2. 明确开放式教育的方向

任何事物的发展都有一定的方向性，方向指引着人的一切行为，具有一定的指导性。党的一切工作的出发点都有其明确的方向，党的思想政治教育工作是保持党的工作的先进性的前提。明确的教育方向也是大学生思想政治教育的基本前提，方向就是动力，方向就是明灯，方向就是目标，没有了方向的船只，只是大海上的一片树叶，随波逐流。确定大学生思想政治教育方向的主要依据是国家的发展战略和大学生的思想实际。大学生思想政治教育模式的开放性决定了教育的方向也应该是开放的。

方向具有一定的多样性和层次性。大学生思想政治教育方向同样具有层次性。大学生的思想方向必须符合党和国家的基本要求，必须符合党的政治教育的目标，同时应该满足大学生思想政治教育的整体目标，既要实现共产主义的思想，又要成为德、智、体、美全面发展的人才，必须把这两个方向有机地结合起来。教育方向的多样性还包括我国的基本国情、基本的经济发展方式等客观存在。开放式的大学生思想政治教育方向应该与社会的发展相适应。社会价值与个人目标的统一决定了我国大学生思想政治教育方向应该是社会与个人的统一。

3. 充实的内容

实现教育目标的重要依据是意识、价值观、品德等具有思想性的东西。思想政治教育各个方面的要求主要表现在思想政治教育自身、目标的一步步实现以及对受教育者本身的要求等，它们共同体现了思想政治教育内容的逻辑性和多样性、时代感和层次感等特点。我国大学生思想政治教育坚持以思想性教育为核心，培养大学生在综合学习了爱国主义的教育、创新性的思想、基本道德规范的基础上，形成自己正确的世界观、人生观和价值观。

大学生思想政治教育其中重要的一个特点就是开放性，改革开放的要求决定了思想政治教育内容必须是开放的、兼容并包的。

世界是开放、兼容并包的，大学生的思想政治教育也应该顺应世界潮流，在继承和发展中国优秀文化的同时，批判地吸收、借鉴、学习世界各国的先进文化。当今世界呈现出文化交融、碰撞的特点，各种文化之间互相融合和吸收，这也就决定了大学生的思想政治教育内容也呈现出多种文化的交相呼应，所以，我们应该坚持核心的价值，在学习各种文化的时候，时刻在心中坚持主旋律的地位。大学生思想政治教育的内容除了应该遵循事物发展的一般规律外，同时也应该是随机应变的，一成不变的教育内容不符合教育的本质要求。教育的内容应该是改变的、创新的、发展的各种思想和理论的融合。

4. 开放式的教育方法

大学生思想政治教育的方法是对大学生进行思想政治教育所使用的一套包含了学习思想和授课方式的方法。教育的本质就是对思想的教育。授之以鱼不如授之以渔的原理就是教育的原理。具体问题具体分析这是一个普遍存在的道理，但是，大学生的思想政治教育不可能将其毕业后遇到的一切问题都一一解决，所以，在大学生的教育中，教育者应该也必须建立一套综合解决问题的方法，让大学生以后解决各种问题时都可以以此为蓝本。

大学生的大学教育应该是理论和方法相统一的教育。大学生开放式的思想政治教育也应该坚持理论和方法的统一。做任何一件事情，都应该有一定的方法，大学生在大学思想政治教育的学习中也会形成自己的一套方法，同时，在认识、创造世界的时候也会有一套自己的理论化、体系化的方法论。大学生的思想政治教育工作的重点一是应该加强思想上的理论学习，二是教给大学生具体解决问题的方法。理论与实践是有机统一的，大学生的思想政治教育应该在具体的授课过程中，积极与实践活动相结合，从根本上解决大学生思想政治教育与社会脱节等问题。

5. 实现现代化的大学生思想政治教育

现代化是时代发展的目标。如今现代化已经逐渐体现在社会的不同角落。大学生的思想政治教育也应该坚持转变成现代化的教育。现代化不仅包括思想的先进化，也包括制度、技术、物质、精神等方面的现代化。大学生思想政治教育现代化是与社会的现代化相适应的。教育的先进化涉及教学方法的先进化、教学内容的先进化、教学思想的先进化、教学设备的先进化、教学目标的先进化等。

6. 构建和谐的师生关系

良好的师生关系是保证思想政治教育工作有序开展的关键。这里面包括地位的平等和态度的和谐。教育整个过程的有序开展需要教师和学生共同参与，师生在过程中以友好的姿态参与其中，可以为大学生思想政治教育起到事半功倍的效果，这也是开放式的大学生思想政治教育模式的内在要求，同时，也是当今建立和谐社会的要求。和谐是辩证唯物主义和谐观的基本观点。和谐在师生关系中的具体体现是：一方面，师生之间友好相处，互相信任和尊重，彼此学习，彼此成就，在教育这一过程中获得双方价值的体现，一步步走向自己个性和人格的完善；另一方面，和谐的师生关系强调的是学生作为一个主体的地位应受到尊重。和谐的师生关系能够为教育提供良好的空间和氛围，这样的教育空间必定会对教育产生不一样的效果。

和谐的大学生思想政治教育关系也应该是互动性的，互动性教学课堂才能把思想政治教育做得更好。教师在课堂上应该做到与学生积极地互动。互动性教育应该体现在教育的方方面面，尤其是课堂教学方面。教育也是人与人沟通交流的过程，其中也应该坚持用情感"化"人的方法来实现教育的目标。高等教育要求思想政治教育坚持以学生为本，教育者与被教育者双方是主导与主体的关系，也是民主、平等的关系。当今的世界是一个资源大爆炸的时代，各种各样的信息以不同的形式来影响着众人，所以，信息复杂，方式也是复杂的，因此信息的传导方式也应该是多样化的，我们应该改变以往的直线式教育，变成循环式、互动式的教育。

四、和谐型思想政治教育质量提升

和谐社会的构建是当今党、国家、人民一致追求的目标。我党在和谐社会的构建上，从思想和制度等各种层面做出了实质性的努力，各族人民在党中央和谐社会的号召下，也用实际行动践行着和谐社会的伟大目标。和谐社会的建设不仅顺应世界的大环境，同时也符和中国的国情，它在促进社会主义经济、政治、文化、科技等各方面发展的同时，也保障了社会的稳定和谐，为建立和平稳定的世界关系奠定了一定的基础。因此，以和谐的理念引领大学生思想政治教育，是大学生思想政治教育所要面临的首要选题。

（一）和谐型的大学生思想政治教育质量提升模式

1. 和谐型大学生思想政治教育模式的意义

和谐文化、和谐思想有一定的历史基础，并得到了不断的发展和完善。人与人之间，国与国之间，事与事之间，和谐方能长久、共生。

和谐的文化与思想是中国社会自古至今所追求的目标，它强调的是人与人之间、人与自然之间的和谐共存。其中，人与人之间表现为很好地处理人际交往、身心发展等方面的关系。和谐的文化与思想涉及很多方面，其中包括思考的方法、心理健康、价值的选择、伦理道德和行为特征。和谐要求不同的事物之间能够形成相辅相成、相互促进、共同发展的关系。

大学生思想政治教育的和谐型教育模式，有助于提升教育的质量，使整个教育的各个环节都呈现出一种和谐共存共发展的状态，具体就是通过方式的和谐化、内容的和谐化、目标的和谐化、结构的和谐化来提高大学生的思想政治教育的质量。

大学生思想政治教育的和谐性体现在师生地位的平等性方面，还有就是教学内容的柔和性。平等的师生地位主要指双方之间公平和民主的沟通与交流，不以师为准则，不以生为教者，双方地位平等，要互相平等地沟通交流，运用民主性的方式来完成教育的目标。大学生思想政治教育的柔和性主要表现为审美观和互动性方面。教育学也是一种对事物认识的过程，这就涉及个人的审美问题，同一事物不同的人有不一样的理解。审美水平高，对事物的想法和思考就比较完善和合理。互动性，是指教育的过程应该是师生时刻保持一种柔和的姿态，相互尊重、共同学习。除此之外，大学生的思想政治教育和谐性还有很多方面的表现，如大学生思想政治教育的层次性和协调性。

2. 大学生和谐型思想政治教育提出的必要性

社会主义和谐社会涉及的方面很广，它的要求和表现方面也是全局性的、立体化的。和谐社会的构建，需要和谐型教育的辅助。和谐型的大学生思想政治教育是具有时代性的教育。和谐型的大学生思想政治教育的提出建立在对中国历代文化的深刻总结上，是在现代中国文化的基础上发展出来的符合中国大学生政治教学的教育。

社会主义和谐社会的建立是符合时代发展的旋律的，大学生的思想政治教育也应该不断创新、不断发展。和谐型的大学生思想政治教育模式既反映了时代变革的主题，也是自身创新发展的内在要求。构建社会主义和谐社会，需要社会各界做出努力，因此，对作为祖国未来的建设者的大学生来说，加强大学生和谐思想的教育至关重要。社会主义的经济制度，决定了和谐社会不允许不公平和欺诈的现象发生；社会主义的政治制度，也要求大学生的思想政治教育要体现社会主义和谐的要求。

构建社会主义和谐社会是对中国传统和谐理念的继承与发展。和谐是社会发展和大学生思想政治教育的内在要求，和谐型的大学生思想政治教育是教育的本质决定的。一成不变不是教育，墨守成规不是教育，尔虞我诈更不是教育。根据我国的政治、经济、文化的现状，我国的大学生思想政治教育仍然有很多不合理的地方。思想政治教育缺少目标性，没有内容，重点不突出，涉及的方面比较窄，缺少实践性，过多地强调知识的传授，而忽视了大学生主观能力的锻炼，这是教育普遍存在的现象，同样在思想政治教育中也存在，因此，必须构建和谐的思想政治教育来解决这些问题。

（二）大学生和谐型思想政治教育质量提出的呼求

1. 和谐社会的内在要求

社会主义和谐社会的建立要求和谐型的大学生思想政治教育的构建和发展。社会是由人组成的，大学生作为社会中一个广泛存在的主体，其在和谐社会建设中的地位不容忽视。和谐社会的建立需要做到人与人之间、人与社会和自然之间的和谐共存，这三者之间的关系也是一个和谐共存的关系。大学生思想政治教育的工作就是在具体的工作和方法上保证三者之间的和谐统一，这其中的一个主体是人，最重要的教育工作就是对人的教育。对人的教育包括：信念教育、道德教育和知识教育，通过这些教育培养符合社会发展的人才，为构建和谐社会提供人才支持。社会主义和谐社会是民主法治、公平正义、诚信友爱、充满活力、安定有序、人与自然和谐相处的社会。大学生思想政治教育应紧跟时代需求，自觉构建大学生的公平、民主、法治等观念。

我国的经济正处于一个飞速发展的阶段，经济的高速发展会使社会各层次出现财富聚集不平衡的状态，各种各样的矛盾也在其中滋生，生活方式、经济利益等各种各样的关系都呈现出一个全新的势头。为了确保社会的稳定，必须加强思想政治的教育，确保社会稳定和谐发展。大学生作为一个重要群体，他们会因各方面的压力而造成心理的问题，因此，稳定社会、促进社会的和谐发展，必须加强和改进大学生思想政治教育。

2. 和谐社会的新角度的要求

和谐社会的理念之一，是把人放在发展的中心。以人为本的发展理念决定了大学生思想政治教育应该时刻关注人的主人翁地位，时刻满足大学生的需求和要求，保证其自身利益在发展中得到保护。大学生的思想政治教育必须时刻关注大学生的各种需求，尊重其主体地位和独立人格，通过和谐化的教育方式促进师生和谐发展，引导他们实现自身价值与社会价值的和谐统一。

科学发展观是全面的、可持续的发展。大学生思想政治教育坚持科学的、全面的、和谐的发展观，在保证文化课学习的同时，也应该促进大学生思想政治素质的提高。

（三）和谐型的大学生思想政治教育质量提升的道路

1. 坚持层次性的和谐

教育是一个循序渐进的过程，思想政治教育同样也不例外。教育的目标是具有复杂性和条理性的。任何事物的目标都是有其自身的发展规律的，同时其自身的发展规律也必须适应社会的发展规律。按照教育的一般规律来说，思想政治教育的目标顺序应该分为大与小、长远与眼前、个人与社会、主要与次要等，这也体现了教育的复杂性和条理性。

思想政治教育的目标应该是一个和谐统一的过程。小的目标实现了，大的目标才能在此基础上得以实现；个人的目标实现了，社会的价值也能从个人的价值实现中体现出来；次要目标是可实现也可不实现的，主要目标必须得实现，这里又涉及主次的问题等，因此目标的实现有一定的规律和条理性。和谐型的大学生思想政治教育必须遵循教育的一般规律。

大学生思想政治教育的最终目标是指导大学生具体目标实现的依据和基础。这里的目标都具有和谐性的特点。目标的条理性是和谐性的关键。思想政治教育的最终目标是在符合党的基本路线的同时，实现个人的价值，包括个人价值与社会价值，用共产主义的最高理想来教育和引导大学生的思想政治教育。我国大学生思想政治教育在当前阶段的重要工作包括：首先是对大学生三观的培养，这是进行一切生活和工作的核心；其次是进行爱国主义的教育，这是凝聚人心的关键；最后是对道德方面的教育，这是作为一个自然人必须遵守的规则。我国大学教育的整体目标是完成素质教育，在教育的过程中培养大学生的各种意识、思想、能力等，它是一个全面的条理性的教育。

大学生思想政治教育涉及教育内容的方方面面，包括理论和技术的教育、思想和实际问题。除此之外，在教学方法上，应该是"软硬兼施"，坚持教育与管理的和谐。学生工作离不开管理，管理也是教育，科学的管理就是有效的教育。

大学生的思想政治教育不是一门独立的学科，它融入各科的学习当中，这是因为各科之间都是相互融通的。同时，思想政治教育也不是简单的课堂教学，它涉及生活的任何时候。教学的管理中也可融入思想政治教育，在管理中开展教育，在教育中加强管理。思想政治教育是一个发展中的教育，它应在学习优秀传统文化的同时，加以改进创新，从而形成新的教育理念和方法。与时俱进是大学生思想政治教育的品质，是大学生思想政治教育的生命力所在。

2. 坚持创新性的和谐

大学生思想政治教育的内容具有一定的规律性和稳定性。大学生思想政治教育的目标也应该在坚持教育内容规律的情况下，对教育内容进行一定的创新，这是时代赋予的要求与责任。大学生思想政治教育的创新内容应该是在遵循一般规律的基础上所进行的创新。人的世界观、人生观、价值观是一个可变的过程。大学生思想政治教育的本质是与时俱进，其教育的内容应该与时代同步。大学生思想政治教育内容的规律性和理论性，决定了其创新的过程不能缺少核心思想的指引，否则，无所顾忌的创新只是没有根据的创新，实用性就会大大削弱。

3. 坚持教育方式的和谐

教育的真正原理是教会学生学习的方法，而不只是知识的教授。大学生思想政治教育可以通过科学的合理的理论指导，从外面传输进去，也可以让大学生发挥主观能动性去选择和确认，最终形成自己的行为理念。大学生的主观能动性应该在思想政治教育过程中得到充分的发挥，其能动性的发挥程度决定思想政治教育的效果。大学生思想政治教育是双向的活动，需要教师与大学生的主体地位得到和谐发挥。教师是思想政治教育的主导人，学生是被动者，充分发挥学生的主动性，与教师的主导性应做到和谐统一，两者相辅相成。教育的内容上，主导的思想和多样化的思想是和谐统一的。教育过程中，坚持规律与特点相融合，使大学生思想政治教育不偏颇。教育方法上，运用通识的方法，结合前沿的动态和意识，方便学生接受大学生思想政治教育。

4. 坚持传统与现代技术的和谐

传统教育创新发展的过程应坚持和谐的发展。传统的教育方法与现代的教育方法是不能用一个制度去衡量的。大学生的思想政治教育应在传统的教育方法基础上，结合现代技术进行创新和发展。

对以往传统的技术我们不可以丢弃，可以通过创新的思维和方法对其进行改变和再创造。传统与现代技术的和谐统一需要顺应时代的潮流，结合大学生的思想关注方向，利用新的技术和方法来开展大学生思想政治教育。比如，定期开展感恩大会、举行法制宣传、参加具体的活动等。传统的教育方法有其好的地方，也有其不好的地方，我们可以在此基础上去伪存真，创造新的教育方法。

大学生开展思想政治教育工作的一个有效手段是通过网络途径，进行网络化的宣传和教育。关于创新的教育管理制度，我们可以建立创新型的学分管理制度、建立符合学生自身情况的课程模式。学生社团也是其中创新思想教育的一部分。当前大学生思想政治教育载体创新的工作重点是积极推进大学生思想政治网络式和社团式的教育，用先进的思想文化引导、影响、塑造大学生。

5. 坚持各类教育的和谐

课堂教学、课后实践、文化影响、网络渠道是大学生思想政治教育的新途径。大学生思想政治教育应该坚持发挥教学的主导作用，开展各种渠道相结合的多渠道培养模式。

课堂教学是大学生思想政治教育的主导，大学生的思想政治教育应坚持课堂教学的主导，切实改革教学内容、方法，增强思想政治理论课的吸引力和说服力。大学生思想政治教育的途径是多种多样的，会涉及社会、校园、网络等方面。大学生思想政治教育应坚持学校、家庭和社会三方相结合，我们的教育活动是一个复杂多变的活动，三方由于地位和职能的不同，发挥的作用是不一样的，但是不能把它们分开，三者和谐统一才能有效开展思想教育活动。

第三章

“互联网+”时代高校思想政治教育发展研究

本章主要从高校思想政治教育的背景与使命、高校思想政治教育的定位与取向以及高校思想政治教育的任务与特点入手进行研究。

第一节　高校思想政治教育的背景与使命

在 21 世纪社会、经济发展的新背景下，高校大学生思想政治教育要不断适应新的发展形势，探索富有中国特色的大学生思想政治教育理论与方法。

一、市场体制与经济全球化背景下的高校思想政治教育

市场体制和经济全球化联系在一起促进了当代社会的发展，其中市场体制以其自主、竞争、效益机制来推进经济全球化进程，而经济全球化则不断扩展市场体制的范围和完善市场体制规范。

一是从市场体制和经济全球化对高校思想政治教育的影响来看，市场体制为高校思想政治教育提出新课题。自改革开放以来，我国的经济、社会充满活力与生机，但也伴随着一些问题，造成社会主体与个体在利益获取与发展上的矛盾甚至冲突。

二是市场体制与经济全球化背景下的主旋律教育。市场体制和经济全球化发展，为我国社会发展与人的发展提供了机遇，开辟了广阔的发展领域，激发了无限的发展活力，展现了美好的发展前景。但是，我们也要冷静地认识到，经济体制、经济结构、经济方式的变化，必然会引起人们在思想观念、价值取向上的深刻变化。而高校作为科技、文化发展的前沿阵地，直接面临着发达资本主义国家经济、科技的挑战。发达资本主义国家经济扩张的结果，不仅拉大了国内资本家与劳工的贫富差距，同时也拉大了发达国家与发展中国家的贫富差距。

为此，在进行高校思想政治教育时，要善于把我国改革开放的丰硕成果转化为思想政治教育资源，坚持进行以爱国主义为核心的民族精神教育和以改革创新为核心的时代精神的主旋律教育。

在市场体制与经济全球化进程中，把主旋律教育作为大学生思想政治教育的重点，不仅是我国社会的客观要求，也是大学生成长成才的内在需要。这是因为我国是一个多民族大国，民族之间、地区之间的经济、文化差距比较明显；我国由计划经济体制转化为市场经济体制，由过去相对封闭到融入经济全球化大潮，伴随着复杂的改革、开放过程；从我国的文化传统来看，增强民族凝聚力，坚持爱国主义，是我国力量的源泉与文化优势。

二、科技发展与社会信息化条件下的高校思想政治教育

随着现代科学技术的迅猛发展，特别是计算机的广泛运用，有效开发利用信息资源，使人类进入了社会信息化阶段。对高校思想政治教育来说，科技发展和社会信息化的影响主要有以下两点：

一是社会信息化积极推动了高校思想政治教育的发展，主要表现是科学技术使思想政治教育更加现代化和科学化。社会信息化为高校思想政治教育效果的提升创设了新的条件。

二是科技发展与社会信息化条件下的人本教育。随着现代科学技术的发展及其对当代社会生产和生活的影响不断扩大，以科技为本的价值取向首先在西方发达国家开始显现。在高校，思想政治教育坚持人本主导，坚持育人为本、德育为先的根本原则，坚持德、智、体、美全面发展的培养目标。坚持德育为先和思想政治教育首位，就是坚持人本主导，帮助学生确立正确的政治、道德、职业、生活目标，形成理想信念，引导他们遵循正确的法制、道德规范，养成良好行为习惯。

第二节　高校思想政治教育的定位与取向

关于高校思想政治教育的定位与取向，可以根据思想政治教育在大学生教育培养过程中的地位和作用进行认识，只有确定了高校思想政治教育的定位与取向，才能实现高校思想政治教育效果的最优化。

一、高校思想政治教育定位的历史发展

高校思想政治教育定位的历史划分为新中国成立至改革开放前和改革开放至今两个时期。

（一）新中国成立后高校思想政治教育的定位

新中国成立后，高校思想政治教育的定位有起有落、有高有低，在积累了大量宝贵经验的同时，也出现过一些沉痛的教训。

1.1949—1956 年的高校思想政治教育定位

高等学校在这一时期承担着改造旧教育、创建新教育的重任。由于在学校中进行思想政治教育是区别于旧中国封建性和买办性教育的根本特点之一，所以思想政治教育的重要性得到了进一步的强调。马列主义课程主体地位的确立是在定位方面取得的重要突破之一。高校开始系统进行马克思主义理论教育。

2.1957—1966 年的高校思想政治教育定位

这一时期，我国开始全面建设社会主义。高等学校承担的主要任务是对学生进行社会主义思想教育。高校思想政治教育各要素定位方面取得的重要突破之一就是确立了思想政治教育的指导思想与方法。然而这一时期"大跃进"的开展和"左倾"错误对大学生思想政治教育也产生了较大的冲击。

3.1967—1978 年高校思想政治教育的定位

从新中国成立至改革开放前，高校思想政治教育定位既取得了宝贵的经验也有着沉痛的教训。经验有：一是思想政治教育的重要地位在任何时候都不能动摇；二是对大学生思想政治方面的要求是巩固社会主义制度、进行社会主义建设的关键；三是要注重大学生思想政治教育理论和方法的探索与创新。

（二）改革开放过程中高校思想政治教育的定位

我国改革开放的不断推进、高等教育的快速发展，使社会发生了深刻的变化，也使大学生的成长面临着许多新的问题，因此要加强和改进高校思想政治教育，更加重视大学生思想政治教育的定位。

1.1978—1982 年大学生思想政治教育的定位

十一届三中全会以后，大学生思想政治教育在拨乱反正的过程中得到恢复和发展。1980 年，教育部、团中央联合发出《关于加强大学生思想政治工作的意见》，强调思想政治教育是社会主义大学的本质体现，高等院校必须正确处理政治与业务、红与专的关系，把思想政治教育放在重要地位。

2.1983—1990 年大学生思想政治教育的定位

高校培养出的人才是否德才兼备，是否能满足社会主义建设的实际需要，是衡量学校办学成效是否明显的基本标志。根据上述文件不难看出，越是改革开放，越需要重视大学生思想政治教育。

3.1991 年至今的大学生思想政治教育定位

这一时期的经验是：大学生思想政治教育是党的事业兴旺发达、国家长治久安、全面建设小康社会、实现中华民族伟大复兴的重要保证，党和国家要高度重视并举全党之力抓好大学生思想政治教育。

二、高校思想政治教育的战略定位

（一）确立高校思想政治教育战略地位的背景

一是实现科学发展观的需要。科学发展观是坚持以人为本，实现经济社会的全面发展。而高校思想政治教育也是以学生为本，促进学生全面发展，培养全面发展的专门人才，这样才能为我国实现科学发展奠定坚实的基础。

二是实施人才强国战略的需要。高校思想政治教育的认真开展，能够树立大学生的自强意识、创新意识、成才意识、创业意识，进而开发大学生精神潜能，因此，必须把高校思想政治教育放在战略的高度。

三是加强和改进大学生思想政治教育的需要。随着经济全球化和社会信息化的发展，高校思想政治教育领域扩大、因素增多、功能拓展、复杂性加大，需要教育者面向世界、面向社会、面向未来，研究和解决经济、科技、社会快速发展所带来的一系列新问题，把握新形势下人才成长的特点与规律。

四是稳固党的政治领导根本地位的需要。我党是一个追求民主、崇尚实践、充满活力的党，思想政治建设一直是党工作的重中之重，历来受到党的重视。

（二）确立高校思想政治教育战略地位的意义

在互联网环境背景下，把大学生培养成为什么样的人，从这样的大局出发，高校思想政治教育的战略地位得以确立。这一地位的确立具有以下意义：

一是有利于应对国内外现实形势的挑战。高校在开放条件下，已经成为各种思潮汇集和文化较量的前沿。适时把高校思想政治教育放在战略高度，能够更好地应对国际形势的新变化，增强民族凝聚力与竞争力。

二是有利于确保社会主义事业长治久安。在社会复杂多变的情况下，大学生的成长状况既受到社会广泛关注，也牵动着无数家长的心。高校将思想政治教育放在首位，为学生的身心健康发展创造良好的条件和环境，人民群众和广大家长就会感到满意。

三是有利于促进大学生的全面发展。在高校学习阶段，大学生由于处在成长的关键时刻，在确定发展方向、选择价值取向时，难免产生困惑、遇到矛盾，有的甚至出现信仰缺失、情感迷乱和心灵空虚等问题，势必影响大学生的全面发展与未来前途。将思想政治教育放在战略地位，既有利于增强高校各类人员育人的责任感，也有利于帮助大学生顺利渡过大学这一关键时期，促进他们全面发展。

三、高校思想政治教育的目标定位

目标定位的实质是"培养什么人"的问题；导向定位是指在人才培养中，各方面教育的总体取向问题。这两个问题是互相关联的。

目标定位，为思想政治教育明确了人才培养的规格问题，也为广大教育工作者明确了工作的导向。因此，必须重视高校思想政治教育的目标定位，根据社会发展和学生全面发展的需要，提出"育人为本"的目标定位。育人为本，将人才培养作为高校的根本任务，坚持一切着眼于调动学生的内在积极性，坚持一切为了学生的成长和成才。

做好高校意识形态工作，要尊重差异、包容多样，坚持社会主义核心价值体系，用社会主义核心价值体系引领社会思潮。具体讲要做好以下五项工作：加强马克思主义理论学习教育，创新意识形态工作话语体系，创新思想政治工作方式，创新高校新闻宣传方式，创新高校网络思想政治教育。

对于德育创新的推进，要深刻认识和掌握德育工作规律。探索高校德育规律，需要深刻总结高校德育经验。

四、高校思想政治教育的学科定位

我国思想政治教育科学化的历程大体可以分为三个阶段：一是提出阶段（1929—1978 年）。思想政治教育历来是我们党的传家宝和政治优势。二是探索阶段（1979—1983 年）。"文化大革命"结束后，思想政治教育科学化受到重视并被提上了议事日程。三是建设阶段（1984 年至今）。1984 年，思想政治教育专业创立并开始在高校招生，标志着思想政治教育作为一个学科的正式诞生。目前，思想政治教育学科是马克思主义理论学科中拥有本科学位点、硕士学位点和博士学位点最多的二级学科，多所高校的思想政治教育学科是国家重点学科，近 20 所高校的思想政治教育学科设有博士后流动站。

高校思想政治教育在科学化的道路上取得的成绩：首先，思想政治教育作为一门独立学科已经基本形成。其次，作为一门独立学科的理论形态的主要标志，出版了许多高水平的学科专著。第三，思想政治教育学科在发展过程中形成了一些富有特色的分支学科与研究成果，涌现出一批学术骨干和学科带头人，在大学生思想政治教育中发挥着重要作用。

第三节　高校思想政治教育的任务与特点

高校思想政治教育的任务也是高校思想政治教育应该承担的责任，明确规定了高校思想政治教育的方向，也影响着高校思想政治教育的途径和方法。

一、高校思想政治教育的主要任务

一是以理想信念教育为核心。理想是在人们的实践中形成的对未来社会和自身发展的向往与追求，是人们的世界观、人生观和价值观在奋斗目标上的集中体现。信念是人们在一定的认识基础上确立的对某种思想或事物坚信不疑并身体力行的心理态度和精神状态。

二是以爱国主义教育为重点。爱国主义是调节个人与祖国之间关系的道德要求、政治原则和法律规范，是民族精神的核心。在新的历史条件下，爱国主义教育对振奋民族精神、增强民族凝聚力、建设中国特色社会主义的宏伟事业，具有重要的现实意义和深远的历史意义。

三是以基本道德规范教育为基础。通过高校思想政治理论课对大学生进行诚实守信的文化传统和现实价值教育；通过诚信教育、生活教育培养大学生形成言必信、行必果，诚心做事、诚实做人，言行一致、表里如一的行为方式；通过制度规范，引导大学生树立诚信为本、操守为重的信用意识和道德观念。

四是以大学生全面发展为目标进行素质教育。以大学生全面发展为目标，深入进行素质教育，加强人文素质和科学精神教育，促进大学生思想道德素质、科学文化素质和健康素质协调发展，引导大学生成为有理想、有道德、有文化、有纪律的社会主义新人。

二、高校思想政治教育的主要特点

一是时代性与民族性相结合。大学生群体是一个富有朝气与活力的群体，因此，大学生思想政治教育要追踪社会发展，展现鲜明的时代性。同时，高校思想政治教育受民族文化影响，必须体现民族性。在网络交往中主体间的平等性增强，视野开阔，主体性提高。这些正在不断发展的现实条件，以实际与理论相结合的方式直接影响学生的思想与行为，是思想政治教育必须正视和运用的时代内容与实际内容。

二是综合性与生动性相结合。在人类历史上，随着生产力的进步，社会结构也从简单走向了复杂。分化与综合的交互作用是社会复杂化的表现．也是导致社会复杂化的影响因素。

高校思想政治教育的综合性主要表现为：综合运用马克思主义理论，对大学生进行理论教育；综合运用多学科知识，研究大学生思想政治教育。思想政治教育是做人的工作；综合协调各方面力量，实施思想政治教育；综合利用各种教育途径和方法，实施立体性教育。

三是历史性、现实性与理想性相结合。大学生由于年轻，缺乏社会实践经历与历史文化积淀，但他们也处于迅速成长过程中，其强烈的求知欲望不仅仅是对书本知识的获取，也表现为对现实社会各种现象、事件的关注、敏感与探究。此外，也正是因为大学生年轻，才能使他们拥有美好的前途与广阔的发展空间，这既是他们的突出特点，也是他们的发展需要。

第四章

“互联网 +”时代高校思想政治教育改革研究

本章主要从高校思想政治教育路径的优化、高校思想政治教育环境的优化以及高校思想政治教育的学习革命三方面进行深入分析。

第一节　高校思想政治教育路径的优化

在"互联网 +"时代，运用互联网的思维探索创新路径，为高校思想政治教育改革带来了全新的视角，对高校思想政治教育与时代发展的联系具有积极的意义。高校思想政治教育路径是为了实现高校思想政治教育目标，由思想政治教育主体组织推动的有规划、有组织、有步骤的实践活动中所运用的主要渠道和基本方式。

一、思想政治理论课课堂教学主渠道的优化

高校思想政治理论课是大学生思想政治教育的主渠道，担负着大学生马克思主义理论系统教育的任务，涉及知识体系、价值观念以及意识形态的培养，对大学生思想教育和道德修养等方面具有引领和指导的重要作用。因此，高校要进一步办好思想政治理论课，深入实施高校思想政治理论课建设体系创新计划，努力增强教学的吸引力、说服力和感染力。

首先，要解决好转化和进入的问题。思想政治理论课的主渠道阵地的坚守是至关重要的，要以马克思主义基本原理和中国化马克思主义理论教育为核心，将其转化为以中国特色社会主义为主的理论教学体系和思想政治理论课教师的话语体系。

在了解学生心理需求的状态下，思想政治理论课要把教材体系转化为以实践逻辑为主要特征的教学体系，贴近实际、贴近生活、贴近学生，有效地提升思想政治教育的亲和力和针对性。马克思主义基本理论作为思想政治理论课的根本指导思想，不仅是课程的灵魂，其魅力和理论的价值更是无可替代的。因此，高校思想政治理论课要牢牢抓住思想政治理论课的本质，坚持以马克思主义理论学科为基础，指引学生思想的健康成长，激发学生的学习

兴趣，同时不断增强教学的吸引力和感染力。

面对当今思想活跃、主体意识强烈的大学生，思想政治理论课要将说理和解惑有机统一起来，才能解答好大学生的问题，从而使思想政治理论课的内容和方法深入学生心中，使学生对国家的发展道路有正确的认知、认同和认可。

高校思想政治理论课主渠道的坚守，要紧紧抓住教师环节，通过多种形式把思政课教师集中起来，集体研讨确定问题；组织思政课教师开展定期或不定期的集中培训，交流先进经验，为思政课提供理论指导；通过集体备课的方式对一些重要问题、重要理论成果予以深化。

其次，创新思想政治理论课的教学方法。思想政治教育方法是教育者和受教育者在思想政治教育过程中为达到一定教育目的所采用的思想方法和工作方法。"互联网 +"为思想政治教育发展提供了源源不断的养料，却不能改变其本质。所以"互联网 + 思想政治教育"的主体仍然是"教育"，是运用"互联网 +"的教育思维和方式去进行教育。

灌输是思想政治理论课教学最根本、最直接的方式。教师将马克思主义中国化最新理论成果等思想政治教育内容灌注和输送给大学生，促使其通过学习、实践，提高政治意识和思想觉悟。但是，在灌输的同时，必须注意到思想政治理论课最终的教学目标，要特别强调思想性和价值性，突出思想指引和价值引导，促使学生接受、认可知识所包含的内在价值，塑造自我的价值观，促使大学生养成正确的政治价值观念、高尚的伦理道德情操和人格精神。

在"互联网 +"时代，大学生的网络化程度越来越高，他们不断尝试对各种信息进行内部重构的自我认知，自觉提高自己的政治意识和思想觉悟。与此同时，互联网的开放性消融了传统课堂的封闭性，让思想政治理论课教学始终处于开放、动态的生成状态中，形成互动式教学方法，在教师的启发引导下，促进师生之间、学生之间采用对话、探讨和交流的学习方式，以调动学生学习的主动性，更好地引导大学生学习、内化理论知识，践行社会主义核心价值观。

思想政治理论课互动的方式有很多，开展课堂研讨式教学是提升学生课堂参与度、促进师生深度互动交流、引导大学生深入思考的有效方式。研讨式教学以解决问题为中心，通过教师创设问题情境，师生共同查找资料，研究、讨论、实践、探索，提出解决问题的方法，使学生掌握知识和技能。

再次，构建思想政治理论课的互联网话语体系。在新时期，根据现实环境的变化建构思想政治理论课的互联网话语体系，将理论术语与现实生活话语尤其是网络话语进行有机结合，用网络话语表达，使大学生便于理解和接受。同时，面对"互联网 +"时代知识的快速更新，思想政治教育者需要拥有更高的理论素养，扩充思想政治理论课话语范畴和内涵，从而提高大学生的学习热情和学习实效性，变被动学习为主动学习。

最后，处理好思想政治理论课与专业课的关系。高校的所有课程、所有教师都肩负着立德树人的职责和开展思想政治教育的任务，思想政治理论课与专业课的协同，将在大学生思想引导、价值导向上形成方向一致、力量倍增的效应。因此，高校各类专业课要打破在思想政治教育中的"孤岛"现象，与思想政治理论课相融合，才能更好地提高大学生群体对思想政治教育的认同度。同时，思想政治理论课教师和专业课教师要通过合作机制共同研究两类课程相结合的教育内容和方法，在实践中引导大学生树立正确的思想信仰、政治信念和道德习惯，形成高校思想政治教育队伍的合力，从而实现思想政治理论课和其他各门课程的协同效应。

二、日常思想政治教育主阵地的拓展

高校思想政治教育是一项复杂的系统工程，思想政治理论课教学作为主渠道，构成了其中的重要环节，但仅靠这一环节难以取得良好的教育效果，还要让大学生树立大思政教育的理念，让主渠道和主阵地有机结合、有效互动、相互支撑、相辅相成，最终形成理论教育和实践教育一体化的全过程教育，促使大学生思想政治教育整体、有效地开展。

首先，构建校内一体化教育格局。学校作为学生学习和生活的重要场所，不仅是高校思想政治理论课的主渠道，还是日常思想政治教育的主阵地，只有这样才能将思想政治教育贯彻到大学生的全部生活中去。而高校日常思想政治教育主要是以党团组织、社团活动、班级建设、校园文化等为载体，通过对大学生各方面的教育管理服务，引导、感染和熏陶大学生的思想政治意识和道德修养。

高校需要做好顶层设计，构建一体化的工作机制，将课上与课下、课内与课外有机衔接起来，形成马克思主义理论教育工作和日常思想政治工作合力育人的态势，推进大学生思想政治教育的实效性。第一，高校要有效促进各部门相互之间的协同合作，共同开展调研，搭建学生数据库，共同开展科学研究。第二，要加强学生组织间的建设，对学生进行日常思想政治教育。同时，要善于用寓教于乐的方式开展各种校园文化活动，既满足学生需要，又可以鼓励学生对各类活动的开展建言献策，让日常思想政治教育的形式不断丰富起来。第三，高校要注重通过学校各类仪式开展思想政治教育工作，如中国传统文化的冠礼中的三次加冠。此外，高校还要结合重大节庆日、民族传统节日以及开学典礼、毕业典礼等，建立和规范必要的礼仪制度，使学生在思想、情感和行为上得到熏陶和引导，增强他们对社会主义核心价值观的认同感和归属感。

其次，依托校园优质文化资源，推进以文育人。高校是文化承袭和创新的重要载体与发源地，凝聚了丰厚的文化资源。因此，高校要充分利用这些文化资源，提升文化素质，净化文化环境，推进以文育人、以德育人，让校园文化成为日常思想政治教育工作开展的沃土。高校思想政治教育是离不开优秀传统文化的，如果离开那就是缺乏文化根基和实践精神的教育。

高校思想政治教育必须站在全球化视角来审视当前的多元文化与中华优秀传统文化，有鉴别地对待传统文化，用中华民族宝贵的精神财富来以文化人、以文育人，才能增强思想政治教育的文化自觉和文化自信。

高校要统筹建设好思想政治理论课教师队伍，鼓励广大教师全身心投入教书育人工作，采取各种措施激励教师发挥知行统一的表率作用，做“以文育人”的引领者和示范者；要大力营造文化氛围，为大学生课堂教学和日常思想政治教育打造良好的生态环境；要大力整合、抢占校园网络、微博、微信、论坛等各个阵地，加强马克思主义理论、中国特色社会主义理论体系在网络文化中的渗透，全力打造校园网络空间。

三、思想政治教育网络阵地的搭建和利用

首先，要加强网络教育资源的开发和利用，扩大网络教育的影响力。在网络环境下，教学活动的开展是借助网络将文字、图像、动画、声音等不同

形式的教育资源制作成数字化教学材料，呈现出相关知识节点的有用信息的集合。随着互联网的快速发展和教育改革的不断深入，网络已成为教育信息化的重要推动力之一，在教育中占据霸主地位。

目前，互联网类型的教育资源可分为两大类：第一类是结构严密、互相依赖、按照某种学科和专业结构构成一个完整体系的资源，如慕课、精品课程、专题学习网站、专业资源库等；第二类是结构松散、相对独立、以问题为中心、可以与其他知识灵活组合、具有一定通用性的资源，如一篇文章、一个帖子、一条评论、一张图片、一段小视频等碎片化的信息。为此，高校思想政治理论课需要从这两方面着手拓展网络教育资源，统筹建设好系统的网络教育教学资源，利用网络教学平台，积极开展网络课程建设，在满足学生需求的同时，扩大教育影响力。同时，还要加强网络交流支撑平台的建设，如利用微信、QQ、微博、邮箱等媒体通信平台“面对面”地与大学生进行交流互动，对他们产生的疑惑进行及时引导和解决，发挥教育教学的功能。总之，在“互联网 +”时代，高校要运用互联网做好思想政治工作，建设“时时可得、处处可及”的网络教育空间。

其次，利用“微”媒介开展教育，为高校育人拓展路径。大学生可以通过微媒介获取需要的信息，这大大增强了他们的学习兴趣，为此高校应立足校园、面向社会，依靠广大师生，积极开通校园官方微博、微信，构筑以官方微媒介为领头军的校园微媒介立体格局，营造浓厚的微媒介育人氛围。

再次，发挥大数据作用，增强思想政治教育实效性。运用“大数据”分析研判高校思想政治教育，科学预测大学生的行为，才能更有效地提升高校思想政治教育的实效性，真正发挥大数据的作用。一是高校思想政治教育要深入挖掘反映大学生思想政治状况的数据。目前与高校思想动态紧密关联的数据源主要包括：校园网、官方微博、官方微信公众号、易班网、学生网络教学平台、各部门的自动化办公平台、校园一卡通平台等校园网站，反映所有学生的学习成绩、课堂出勤率、图书借阅情况、校园卡消费情况、获奖情况、受资助情况、就业意向等数据；微博、微信、网络社群等社交媒体，反映舆情和大学生社交数据；人民网、新华网、新浪、网易等门户网站，以及百度、谷歌等搜索引擎，反映社会热点及大学生的关注程度。二是应用大数据开展有针对性的思想政治教育活动。如通过大数据分析大学生学习需求，建设相应网络课程，更加灵活地疏导和指引大学生健康成长；通过网络教学平台数据的统计和分析，设计更加贴近学生实际生活的议题，让大数据发挥其更加便捷的汇总、梳理、排序、对比、分类等功能，将思想政治教育教学融入无限的生活学习当中。

最后，加强学生网络素质培养，营造健康的网络环境。实质上，网络的虚拟世界是由人创造的，电脑或是手机都是与各个网络节点背后的人打交道，而不是与机器、虚拟人物打交道，因此必须加强大学生网络素质培养，自觉维护良好的网络环境。具体需要做到以下几点：一是引导大学生正确使用网络工具。互联网是一个内容庞杂、覆盖面广的信息共享平台，在包含各种真实、积极信息的同时，也包含各种虚假、低俗甚至反动、淫秽和暴力的信息，这些信息影响了正常的网络秩序，更危害着大学生的健康成长。为此，高校要注重引导大学生正确使用网络，使其时刻保持警惕，提高鉴别力，让网络真正成为开拓学习视野、提高自身能力的重要工具。二是加强大学生网络语言和行为的规范教育。在网络生活中也需要尊重别人，与人友好交流，平和争论，尊重他人的隐私，与人分享知识，打造自己良好的网络形象。为此，高校思想政治教育要引导大学生的网络道德，引导大学生在网络实践中自觉抵制网络不良行为，培养网络生活中的自律精神，为大学生的健康成长营造绿色健康的网络环境。

四、推进思想政治教育实践育人，促进知行统一

高校思想政治教育主要承担着对大学生开展理想信念教育、爱国主义教育、道德法治教育和全面发展教育，引导大学生积极弘扬和践行社会主义核心价值观的任务，是一项实践性很强的教育工作。而当前高校思想政治教育存在重理论轻实践的问题，因此要大力拓展实践育人渠道，改变实践育人方式方法，加强实践育人力度，切实提高教育的质量和实效性。

由于高校思想政治教育过于依赖思想政治理论课教学，思想政治理论课教师精力有限，在课堂上很难满足学生个性化的学习需求，因此，易挫伤学生对思想政治课程的学习兴趣和热情，导致很多大学生只将思想政治理论课单纯作为一门课程应付，满足于拿到学分即可，不注重对其要求的价值观念、政治观点、道德规范的践行。

"互联网 +"时代，高校的思想政治教育需要充分利用互联网丰富实践教学形式，提高高校思想政治教育的针对性和有效性，满足学生对思想政治实践学习的多样化需求。

首先，注重课堂教学融入实践环节。思想政治理论课堂是理论教学的主阵地，如果能恰到好处地融入实践环节，就会起到事半功倍的教学效果。思想政治理论课实施的过程中，教师要有目的、有计划地传递教育内容，引导大学生提高自身的思想情感、道德品质和政治信念；大学生则要保持积极的、良好的心理状态，将其接受的思想政治教育内容实现内化。为此，在高校思想政治理论课上，要结合课堂教学开展实践活动，教师根据学生们的实践情况，鼓励其在课堂分享实践感受，更好地推动其内在的知、情、意、信活动，促进大学生实现对讲授理论知识的内化，使其学习不断深入。

其次，注重思想政治理论课与专业课实践教学的结合。课外实践教学是理论与实践相结合的过程，更是巩固大学生课堂教学内容的重要环节。高校思想政治教育要从思想道德和专业实践相结合的层面引导大学生深入社会、了解社会和服务社会，增长大学生实践能力，培养其高尚的品格。一方面，高校思想政治理论课要在各种志愿者活动中，加强与专业课的结合，让课堂教学内容在各类实践活动中实现融合与深化；另一方面，高校思想政治理论课要与专业课程共同建设校外实践基地，共同设计实践教学方案，考核大学生专业素质、政治思想和道德素质，提高思想政治实践育人的效果。

再次，注重拓展实践基地，丰富校外社会实践活动。高校思想政治教育在学校内的各项活动要彰显思想政治教育的实践性，同时也要注重完善和推进大学生校外社会实践的路径建设。让大学生从校园走向社会，了解社会现实，在实践中自我肯定、自我教育、自我发展，更在实践的磨炼中树立正确的前进方向。为此，高校需要努力提升大学生校外社会实践活动的效果，具体表现如下：一是高校要将思想政治教育社会实践作为必要的教育环节和教育内容加以重视；二是大力拓展实践教学基地，达到辐射示范的良好效果；三是完善学生社会实践形式。高校从现有的实践活动的实际条件出发，利用校外资源设计具体的实践活动形式，努力做到物尽其用。

最后，注重拓展互联网实践教育渠道。互联网有利于高校思想政治教育的发展，如带来了丰富的教育资源、开辟了新的教育阵地以及创新了教育教学方式方法。但同时，互联网也为高校思想政治教育带来了不利影响，如互联网虚拟世界减少了学生与老师、学生与学生面对面交流的机会，对线下思想政治教育工作产生了一定的冲击。因此，高校思想政治教育实践活动需要融入互联网世界。思想政治教育工作者要与学生面对面、点对点沟通交流，深入互联网生活，了解互联网话语，参与互联网交流，占领"互联网+教育"主阵地。教师利用互联网捕捉大学生心理动态、思想动态、行为动态，引导学生在自我教育中进步，在自我服务中成长。高校还可以为大学生开辟互联网实践教育的专门平台，为不同主题讨论开辟专区以及实践成果展示平台，让大学生扩大实践教育受众面。

五、思想政治教育师资队伍的建设

高校大学生思想政治教育工作者由思想政治理论课教师、哲学社会科学课教师、党政干部、团干部、辅导员、班主任等共同组成，都要突出强调马克思主义中国化的中国特色社会主义理论体系在我国意识形态中的主导地位，采取多种形式帮助大学生树立正确的世界观、人生观、价值观。为此，高校需要从提升教师自身理论素养、媒体素养、个体修养以及职业认同等多方途径加强教师队伍建设，提高思想政治教育师资队伍的整体水平。

首先，坚定思想政治教育工作者的理想信念。坚定对马克思主义的信仰，坚守对社会主义和共产主义的信念，是每位思想政治教育工作者的政治灵魂和精神支柱。因此，要坚持教育者先受教育，努力成为先进思想文化的传播者、党执政的坚定支持者。思想政治教育工作者要从根本上弄清楚马克思主义的含义，结合中国改革开放实践，学习中国特色社会主义理论体系，始终不渝地坚持中国特色社会主义共同理想，做到对马克思主义的真懂、真学、真用、真信。思想政治教育工作者要站在党和人民的立场观察事物、分析问题，要加强党的基本理论、基本路线、基本纲领和基本经验学习，不断深化对党的理论、路线、方针、政策的理解和掌握；加深对中国特色社会主义的思想认同、理论认同和情感认同。

其次，加强思想政治教育工作者的理论素养。教师具有良好的理论素养可以使其正确把握理论、科学运用理论，坚持理论的不断学习，这是高校思想政治教育工作者发展的必然要求。第一，思想政治教育工作者要掌握系统的专业知识。思想政治教育具有很强的专业性、系统性，为此思想政治教育工作者必须掌握马克思主义基本原理和马克思主义中国化的最新成果，按照马克思主义世界观、方法论分析思想形势，进行教育工作方法创新，并培养自己良好的专业涵养，以便更好地把握和驾驭思想政治教育规律，增强教育工作的科学性和实效性。第二，思想政治教育工作者要努力提升自身的文化素质。思想政治教育工作者要自觉学习文化知识，挖掘中华民族丰富的文化蕴含，提高文化修养，具备文化意识和文化自觉，才能准确理解思想政治教育的文化价值，进而实现文化自信。

再次，提高思想政治教育工作者的信息素养。信息素养是思想政治教育工作者的信息意识、信息知识以及在教育中运用信息能力的综合素质。第一，高校思想政治教育工作者要有信息资源意识，要善于发现、获取、整理有益的信息资源为我所用，引导大学生学会信息搜索和选择，帮助大学生将各种信息进行有效融合连接，让学生能对头脑中碎片化的知识进行梳理、整合，引导大学生进行深入分析、判断和思考。第二，教育者要树立平等共享的意识。一方面，思想政治教育工作者及时通过各种媒介，与学生交互式地进行交流，打破传统的师生关系定位，形成有利于大学生接受思想政治教育信息的认知环境，提高其对思想政治教育的认同度。另一方面，思想政治教育工作者面对日新月异的互联网文化，要深入了解大学生已有的知识经验和结构，充分利用网络技术，全面、精细地构建和筛选教育信息，用大学生喜爱的表达方式更生动地传递信息，吸引大学生的兴趣和关注。第三，高校思想政治教育工作者要顺应这一潮流发展，要主动掌握信息技术，主动占领新媒体教育阵地，掌控教育主动权，拓展思想政治教育的途径和渠道。利用信息技术创新学习的闭环过程，为每个学习者安排充足的、完整的学习步骤，满足其与他人进行交流互动的要求，以便更好地提升教学效果。

最后，加强思想政治教育工作者的道德修养。教育大计，教师为本；教师大计，师德为先。因此，高校思想政治教育工作者要注重自身的职业道德培养，增强教师爱岗敬业的意识和对中华礼仪文明的理解与认同，提高其对自身角色的认同感，以良好形象为大学生树立榜样，发挥言行举止的教育示范作用。

第二节　高校思想政治教育环境的优化

进入"互联网+"时代，我们要正确认识"互联网+"时代高校思想政治教育环境，这是高校有效开展思想政治教育工作的前提之一。

一、思想政治教育环境

（一）思想政治教育环境的类型

思想政治教育环境按照不同的标准分为不同的类型。具体如下：

一是范围类型，最典型的分类是宏观环境、中观环境和微观环境。宏观环境指国内与国际的经济、政治、文化和社会思潮，是影响人们思想、行为和思想政治教育的主要因素；中观环境指思想政治教育所处的特定地区对人们思想、行为和思想政治教育的影响具有某些特殊性；微观环境以思想政治教育主体生活范围的大小为依据，指家庭、学校、单位、街道、社区等小范围的环境。

二是要素类型，主要有自然环境和社会环境。自然环境指环绕并影响人的思想、行为和思想政治教育的自然物质因素的总和；社会环境指环绕并影响人们的思想、行为和思想政治教育的各种社会因素的总和。

三是内容类型，主要有政治环境、经济环境和文化环境。政治环境指环绕并影响思想政治教育的政治因素的总和；经济环境指环绕并影响思想政治教育的经济因素的总和；文化环境指环绕并影响思想政治教育的文化因素的总和。

四是性质类型，主要有顺境、常境和逆境之分。顺境指能够促进思想政治教育发展的良好环境因素的总和；常境指条件一般的环境因素的总和；逆境指干扰、阻碍思想政治教育发展的恶劣环境因素的总和。

五是空间类型，主要有开放环境和封闭环境之分。在严格意义上讲，纯粹的封闭环境是不存在的，而是一种近似的拟态，用来形容环境的一种不良存在态势。

（二）思想政治教育环境的特征

一是广泛性。思想政治教育环境是一个大系统，是由方方面面的要素构成的。二是开放性。环境在时间和空间上没有固定界限，很难确定思想政治教育环境的范围，不能进行完全封闭，特别是进入互联网时代，环境影响因素更是突破了时空概念的限制。思想政治教育环境的影响因素在时间上没有严格的界限，思想政治教育不能强制性地把人们的思想固定在某一时间的界限内。三是复杂性。由于思想政治教育环境是由千千万万环境因素构成的网络系统，这就决定了这一系统的复杂性。四是动态性。思想政治教育的环境从自然环境因素来看，随着人们改造世界、利用自然的生产活动的深入，自然环境与过去相比具有天壤之别；从社会环境因素来看，社会的经济、政治、文化要素也是不断发展变化的。五是可变可创性。环境对思想政治教育的影响由于环境自身是可以改变的而造成了可变可创性。从环境与人的关系来看，环境制约人的社会活动，人也反作用于环境，利用环境、改造环境。六是潜移默化性。思想政治教育环境对人的思想政治品德、价值观的影响主要是靠潜移默化的感染、熏陶及渗透。环境的各种因素直接或间接地影响着人们，向人们发出各种各样的信息并熏陶、感染人的思想，使人们的情绪、思想及行为习惯在潜移默化中受到环境的影响而表现出来。

二、"互联网 +"时代思想政治教育环境

"互联网 +"时代思想政治教育，既是对传统思想政治教育的继承，又突出了"互联网 +"时代思想政治教育的政治属性。在开放的互联网环境下，"互联网 +"思想政治教育的意识有强化和复杂化的态势。针对当前教育环境的本质变革与教育对象的变化，"互联网 +"时代的到来深刻改变了当前的教育环境和教育对象。

（一）"互联网+"时代思想政治教育环境的特点

一是信息量大，具有开放性。随着信息技术的快速发展，人类社会进入大数据时代，互联网环境信息数量急剧增长，人们的一切行为几乎都以数据的形式被互联网记录、储存和处理。因此，"互联网+"思想政治教育环境打破了时空限制成为开放型环境，把人们的视野拓展到全球范围，也扩大了人们的交往领域。互联网社会场域打破了现实社会空间中的各种阻隔，改变了人们许多传统的观念。

二是延伸和拓展现实社会环境，具有虚拟实在性。"互联网+"思想政治教育环境不同于传统的思想政治教育环境，带有很大的虚拟性。一方面，虚拟容易使教育客体在网上传播真实信息，吐露真情实感，有利于消除人们社会交往的时空障碍，改变人们的认知方式和情感体验方式，扩大视野；另一方面，虚拟使教育往往在不可控制和无法预测的条件下进行，也可能引发人们的道德失范行为，在一定程度上削弱了思想教育的效果。由此可见，"互联网+"思想政治教育环境是互联网社会场域和现实空间的结合，其虚拟实在性也是客观存在的。

三是信息的性质和类型多，具有多样性和复杂性。"互联网+"思想政治教育环境信息的性质与种类也极其繁多，如真实信息、虚假信息、正面信息、负面信息、积极的信息、消极的信息、历史与现实的信息以及国内与国外的信息等。各种各样的思想政治观点、情感体验、道德生活方式在互联网上得以呈现和传播，扩大了社会公众的话语权。同时，由现实到虚拟的场域转换，"互联网+"思想政治教育环境的复杂性特点就显得十分鲜明了。因此，对这些不同性质的信息需要进行选择和甄别。

四是信息传递、变化快速，具有广泛影响性。网络以现代信息技术为手段，以庞大的网络系统为平台传递信息。随着网络的不断普及，各种新的交流工具，如微博、微信等纷纷涌现，将地理空间的障碍彻底打破，交互式交流方式已成为现今人们的主要交流方式。

（二）"互联网+"时代思想政治教育环境的作用

"互联网+"思想政治教育环境是一把双刃剑，给高校思想政治工作带来了新机遇的同时，也带来了新的挑战。"互联网+"思想政治教育环境对教育对象、思想政治教育活动都具有重要作用，具体体现在以下几方面：

一是"互联网+"思想政治教育环境对教育对象的作用。首先，"互联网+"思想政治教育环境对大学生认识世界和改造世界起着重要的导向作用。其次，"互联网+"思想政治教育环境对教育对象有塑造作用。"互联网+"思想政治教育环境中丰富而实际的教育资源，容易引起大学生的联想和共鸣，进而形成一种巨大的情绪激发力、思想凝聚力、精神感召力。最后，"互联网+"思想政治教育环境对教育对象有规范作用。"互联网+"思想政治教育环境有着各种准则约束和规范大学生行为，使大学生的网上活动更加积极向上，也使他们在网络上的各种社会关系得到更好的发展。

二是"互联网+"思想政治教育环境对思想政治教育活动的作用。"互联网+"思想政治教育环境适应高校思想政治教育的特点和规律，及时有效地调整和控制教育活动的实际进程和具体方式方法，从而顺利开展大学生思想政治教育活动。

三是"互联网+"思想政治教育环境促进教育对象和教育活动之间协调融合的作用。"互联网+"思想政治教育环境对教育对象和教育活动之间具有协调平衡作用。"互联网+"思想政治教育环境可以不断地加强二者之间的信息沟通和相互协调配合，避免发生失重、失衡、失调、错位等问题。

三、"互联网+"时代思想政治教育环境的优化

面对纷繁复杂的"互联网+"思想政治教育环境，高校要充分发挥主观能动性，努力优化"互联网+"思想政治教育环境，增强思想政治教育的实际效果。"互联网+"思想政治教育环境的优化，可以从以下几方面进行：

一是加强校园"互联网+"思想政治教育平台的建设。目前我国在网络覆盖、上网速度上都有了很大提升，人们的生活逐渐离不开网络，而校园网络建设作为整体网络建设的一部分，也有长足的进步。"互联网+"思想政治教育，必须以良好的网络设备为前提，完善互联网硬件，充分发挥QQ群、微信公众平台等的教育功能，促进思想政治教育的开展。

在新时代教育形势下，"互联网+"思想政治教育环境的优化要从思想上

认识到当今社会是一个互联网信息社会，促使学生运用网络搜集材料进行学习，促使教师发挥“互联网＋”思想政治教育的功能，通过互联网进行教育和教学，节约成本、提高效率，更好地为教学服务。

二是完善校园主题教育网站教育功能。“互联网＋”时代，高校“互联网＋”思想政治教育环境优化必须完善校园主题教育网站教育功能。高校要专门开辟校园主题教育网站。校园的每一个主题教育网站都应具有自己的特色，立场鲜明，以正确的政治思想理论为主要内容，教育和引导大学生的思想意识和行为举止。高校要坚持以科学的理论武装人，弘扬时代主旋律，提高网络思想政治教育环境的育人效果。

三是提高“互联网＋”思想政治教育环境的文明程度。互联网本身无所谓好坏，网上的伦理道德规范多是靠个人的内心信念来维系。因此，提升个人素养是净化“互联网＋”思想政治教育环境的必要途径。

四是提高高校网络思想工作者的职业道德素养。网络思想政治教育者要有深厚的政治理论素养，要有较高的网络技术水平，要从网络中获取思想政治信息并提取、吸收、存储。

五是健全法律法规，科学管理互联网信息资源。高校“互联网＋”思想政治教育环境的优化离不开法律的支持，强化依法治网可以实现对网上各种活动的严格监督和对不法行为进行有力制裁。要健全互联网法规，引导和约束人们依法使用互联网，发展和完善数字化互联网技术，提高互联网的管理水平，利用现代信息手段把思想政治教育与科学技术革命结合起来，发挥“互联网＋”思想政治教育环境的重大作用，不断地开创“互联网＋”思想政治教育的新局面。

第三节　高校思想政治教育的学习革命

"互联网＋教育"是一个不可逆转的时代潮流，重塑了一个开放创新的教育生态。在推进"互联网＋思想政治教育"的改革进程中，要以学生为本，关注学生的学习特点，掌握学习的演变和规律，切实推进思想政治教育改革的基础和原点。

一、"互联网 +"时代的学习变革

互联网将全世界的智慧和知识集中在一个开放共享的大平台上，让所有人都可以在其中学习知识、生成知识，减少了人类获取知识的成本，带动了人类智慧的大发展。互联网的虚拟世界，带给人们更为宽广的思维空间，也改变了人们的学习方式，进而引发了一场人类新的学习革命。

（一）学习空间的变化

20 世纪 90 年代，"学习空间"这一术语，是随着人们对学习过程理解的变化、计算机网络通信技术在教育领域的广泛应用以及人们对非正式学习的重视而兴起的一个概念和理念。它与教学空间、教学环境、教室等概念的内涵有相似之处。但学习空间并不等同于传统意义上的教学空间等概念。而"互联网＋学习"正好就是对学习空间理念的现实应用和验证。

1. 学习资源形态多元化

学习资源是学习空间的重要组成部分，是支持学习开展的根本前提。互联网是对全世界智慧和知识的一个巨大整合平台，使得人类的学习形态发生了全方位的变化，使人们畅游在知识和技能多维组合的学习库中。人们利用这个全世界的电子资源，不局限于某个图书馆或阅览室，拓展了知识来源的深度和广度，让我们的学习资源更加丰富多彩。

互联网让我们的学习渠道变得无所不在，而无论网络技术的发展有多么先进，纸质书籍的阅读仍是人们在"互联网+"时代重要的学习途径之一。"互联网+"让人们在获得纸质书籍的途径上更加便利，如当当网、亚马逊、淘宝等网店提供的纸质书籍买卖渠道。与此同时，"互联网+书店"还提供了很多纸质书籍的电子书。

学习资源的互联网化，是"互联网+"时代教育信息资源建设领域的一大发展趋势。人类的学习正在走向虚拟与现实的融合，穿梭在自然、社会和虚拟空间构成的三维世界中。

开放性资源：学习资源的全球开放催生了MOOCS等大量的视频公开课，从而打造了更广泛的开放教育资源体系。整合性资源：为了满足学科综合性发展及"互联网+"时代的人才培养需求，国际上开始流行STEM和创客课程，很好地体现了对学习资源的整合。碎片化资源："互联网+"时代移动终端的普及、碎片化的学习资源将更有利于知识的快速传播与共享，也更有利于人际智慧的互联互通。生成性资源：生成性资源强调人们在学习中，由学习者参与生成的具有过程性、参与性和进化性特征的资源。目前，国际上出现的SGC就是鼓励学生在教师的指导下去创作课程内容，重视资源生产与应用过程中产生的过程性信息的搜集，而非单一地接受课程知识。

2. 学习场合不断拓展

传统教学空间的拓展。传统教学空间是将学生集中在教室里授课，并要求师生在时间上必须完全一致。互联网教育对教师的授课来说，不用再规定时间、授课地点以及授课内容，可以通过大数据分析不断调整、充实、修改教学内容；对学生来说，突破了时间和空间的制约，随时可以学习，听课地点可以选择在家里、自习室里，也可在公共交通工具上，只要有移动终端设备就可以轻松地学习。

智慧校园的兴起。随着互联网技术的快速发展，新兴校园形态智慧校园正在不断形成。智慧校园是利用云计算、虚拟化、物联网、移动互联、社会网络等技术，对校园的基础设施、教育内容、教育活动、教育信息等进行数字化改造，有效支持教学过程分析、评价和智能决策的开放教育教学环境和便利舒适的生活环境，从而实现全新的智慧化服务和管理的校园模式。智慧校园借助学校信息化工作与学校各项常规工作在机制与机构等层面的融合，将技术与教育深度融合，促使校园与学习、科研、生活紧密叠加，大大延展了学生的学习和生活空间。

虚拟校园的发展。随着虚拟现实、增强现实、物联网、普适计算等技术的快速发展，人类的学习环境正在走向虚拟与现实的融合。虚拟校园把校园直接建立在网络上，由互联网平台营造出一个不同于现实的校园空间，让学生更好地融入文化之中。教师和学生通过先进的互联网平台，展开互动式交流，教师及时跟踪学生的学习进程，充分评估每个学生的互动反应并及时反馈，大大增强了学生的学习体验。

此外，随着移动终端设备的普及，移动教育迅速崛起。移动校园成为虚拟校园的一种新模式，利用先进的硬件平台和产品组，在传统校园的基础上建立一个数字空间，最终实现将校园揣在口袋里的目标。

（二）学习方式的变革

学习方式是学习者持续一贯表现出来的学习策略和学习倾向的总和，是学习者在学习自主性、探究性和合作性等方面的基本特征。学习方式的变革趋向于多样化、个性化、主动化、泛在化、创新化，不断由被动式向主动式转变，强调个性化的学习。

互联网拥有海量的学习资源库，各种类型的学习资源数量多、质量高，如各种慕课平台、网易公开课、国家精品资源共享课、一师一优课等。"互联网 +"时代的学习者要想拥有更多的知识，就要对其进行深度建构，与整个网络的学习资源和知识节点产生信息连接与互动。随着教育信息化程度越来越高，终身学习成为人类社会发展的必然要求。学生使用平板电脑、智能手机等移动网络设备，在校内外一切场所搜集资讯，在线整理分析，并在课堂上进行讨论、分享和展示。跨界学习将是"互联网 +"时代的新型学习方式，打破了传统学科学习的界限，将不同学科学习与技术应用结合起来，有效提高了对学习资源的利用，实现了对不同学科、课堂学习与在线学习、理论与实践之间的知识整合，提升了学习深度和广度。

"互联网+"时代要求学习者突破传统学习的常规格局，重视创新型学习，提升创新能力。学习者在学习过程中，不拘泥于知识，不迷信于权威，不循规蹈矩，创新驱动的学习以已有知识为基础，主动结合实际，独立思考，大胆探索，积极提出自己的新观点、新思想、新思路、新设计、新方法。

"互联网+"时代，智能手机、平板电脑、可穿戴设备等各种便捷式终端，为学习者开展随时随地的碎片化和泛在化学习提供了支持。碎片化学习相对于学校教育的系统化学习而言，指将某一系统知识有意识地分成几个部分，利用零碎的时间进行短平快学习的一种方式。同时，碎片化学习有着更高的灵活度，是有针对性的学习，使学习者保持较高的学习注意力和兴趣。

二、"互联网+"时代高校思想政治学习的问题

（一）信息超载对大学生思想政治学习的影响

互联网时代信息技术日新月异，使得各种各样的信息如洪水般涌来，使21世纪成为信息超载的时代。信息超载指个人对大量信息进行搜集、鉴别、归纳、整理内化时，由于信息量巨大，信息处理任务重，而个人的接受处理能力无法负荷，导致信息利用率相应降低，对个人造成身心压力状态。超过某一临界值时，在一定时间内会出现信息超载现象。

从客观的角度来说，一方面互联网信息的丰富性为我们解决自身信息需求提供了便利的新途径，另一方面也由于互联网上信息总量的增加并不总是和信息质量的增加必然成正比，使得信息发布和传播缺乏有效控制，造成了信息质量的降低。

从主观的角度来说，信息超载本身反映了人们在面对大量信息时的心理感受。面对海量信息，在"互联网+"的推动下，大学生连接一切、跨界参与、碎片与泛在化等学习方式的变革，使得我们太过关注对信息的拥有，怕自己拥有信息量太少跟不上时代，希望自己能在最短时间内处理所有信息并找到自己真正所需的内容。但实际上，信息超载已成为目前乃至将来困扰人们的一个越来越严重的问题。同时，信息超载对高校思想政治学习也造成了不可忽视的影响。

一是信息超载致使信息反客为主，导致大学生信息选择困难。互联网信息的“爆炸”趋势，使良莠不齐、真假难辨的信息让大学生如同一个人置身茫茫大海之中，很难把握正确的方向。信息超载导致大学生熟悉信息的时间逐渐大于反思的时间，让信息反客为主，产生了信息异化的现象。

在传统的思想政治教育环境下，大学生接受的信息较为单一，便于学生将信息转化为需要的知识。但互联网的原始信息组织性、有序性相对较弱，碎片化呈现改变了以往成型的知识体系。因此，很多大学生浏览、获取了大量信息，但难以找到对自己有用的核心信息，导致思维认识上的无序化，最终沦为信息的奴隶。

二是信息超载致使认知浅显化，不利于大学生深度思维发展。长时间的信息超载导致大学生阅读心理越来越浮躁，容易患上“注意力缺乏症”。互联网信息以文本、图形、动画、音频、视频等多媒体方式立体、生动地展现，对大学生形成了丰富的感官刺激，也提供了多种选择的余地。但也常让学习者注意到一些与学习无关的内容，极易造成大学生在接受思想政治教育信息时过度分心，使其在课堂学习中的内化整合难以深入和深刻。

事实上，人们全神贯注、将注意力长久地倾注于某一件事，才有可能灵感勃发，产生超常的创造力。过度的连接将导致大学生在各类信息间自由跳转，削弱其对相关信息的熟悉理解程度，从而忘记自己要解决的问题，降低他们对信息的处理能力。

三是信息的多样、无序，使得知识权威被打破。在互联网中，信息量激增，知识更新速度加快，使每个人拥有的信息和知识量很小，从而使得思想政治教育者的知识权威难以立足。在互联网世界中，大学生借助网络便捷迅速地寻找和吸收自己需要的信息，使受教育者和教育者变成了相互学习、相互促进的平等关系，改变了受教育者自身在传统教育中知识信息劣势的格局。

（二）碎片化学习对思想政治教育产生的影响

互联网的超链接结构将知识切割成网状的“碎片”，而微博、微信、微课等碎片化媒体形式更加剧了知识的碎片化。网络碎片化信息的泛滥，导致原来的价值认同发生分散化，高校思想政治碎片化学习的弊端日益凸显。

一是挑战思想政治教育历史叙事的表达方式。在思想政治教育中，爱国主义教育、爱党和爱社会主义的教育常常会采用历史叙事的方式开展。而碎片化知识相对而言简单且易吸收，但无法形成完整的体系，因而有时候难以发挥作用。

二是挑战思想政治教育理性推演的论证方式。海量的网络信息让大学生学会了利用网络存储能力取代人脑进行记忆、剪辑、组织和整理信息，大量碎片化信息和知识的学习一定程度上加大了大学生的认知负荷和选择难度，降低了他们对信息的处理能力，弱化了他们解决问题的能力。碎片化学习使教师在课堂上的讲授失去了以往的吸引力，对大学生理性推演能力的培养带来更大的难度和挑战。

三是挑战思想政治教育对整体分析结论的理解。由于大学生人手一部手机，追求个性的张扬，团队意识淡化，对自我和人生发展目标定位不清，使得教育的整体合力未能完全发挥，导致大学生无法对高校整个思想政治教育系统或整个思想政治教育过程进行正确的认识，因此对其大局意识与全面思想的养成带来困难。

四是挑战思想政治教育情感育人的教育效果。碎片化的学习，大大降低了学生的学习耐性，使得大学生难以对教育信息产生持久、深入的情感投入，对教师的情感带入也产生了不耐烦的抵触。另外，碎片化加剧了信息超载现象，在增加学生大脑认知负荷和选择难度的同时，也导致部分大学生出现了情感泛滥，大大削弱了教育效果。

三、优化"互联网+"时代高校思想政治学习

高校思想政治学习中面临着信息超载和碎片化学习两大挑战。信息超载问题日益严重，大学生需要通过科学组织信息活动避免超载带来的负面影响，信息和知识的碎片与碎片之间的联系被过于庞大的超载信息弱化了。因此，面对这两个难题，高校思想政治学习需要整合与重构。

一是引导学生学会搜索和选择。互联网时代的学习离不开信息的搜索，网络搜索可以快速地获取信息、收集大量信息。通过搜索进行学习，可以有针对性地进行信息浏览，减少信息超载现象。但是由于每个人搜索的目的、

内容不同，建构的知识体系也会不一样。这时选择就成为搜索的继续。

面对信息超载，首先，在复杂的信息环境中，思想政治教育者需要引导大学生结合自身兴趣和学习需要，确定重点关注的信息范围，为学生推荐高品质的学习资源；其次，引导大学生以问题解决需求为中心，重点关注相关问题的产生、演变、解决方式和最终结果等信息，学会以冷静、怀疑的眼光在纷扰的信息浪潮中辨析信息来源的权威性和可信度。

二是引导学生重视个体知识的学习。人们需要通过改变对知识的记忆方式，重视每个连接个体知识的学习，将其转化为个体知识。大学生根据个人需求和解决问题的需要，建构完整的、系统的、有序的个体知识体系。思想政治教育在引导大学生主动摄取对个体知识建构有价值的信息时，可以有效地避免无意义学习带来的信息超载。

三是引导学生重视对碎片化知识的整合。思想政治教育需要在组织过程中适当给学生一定的作业要求，让学生对头脑中碎片化的知识进行梳理、整合，深入分析、判断和思考，树立正确的价值观念。

第五章

“互联网 +”时代与高校思想政治教育的融合

本章主要从“互联网 +”时代高校思想政治教育体系构建、“互联网 +”时代高校思想政治教育资源整合、“互联网 +”视域下思想政治课教室空间的科学利用以及“互联网 +”时代高校思想政治教育手段运用四方面进行研究。

第一节 "互联网 +"时代高校思想政治教育体系构建

随着社会的发展，我国计算机网络的建设已经初具规模，互联网对青年的思想观念产生了巨大的影响，不同人群之间的社会观念的冲突越来越明显，对高校思想政治教育形成了挑战。思想政治教育与互联网结合是未来的发展趋势，要顺应时代的发展潮流，就需要我们不断地研究新情况、探索新思路、解决新矛盾。

一、"互联网 +"时代高校思想政治教育基本特征

（一）马克思主义基本理论

马克思主义以及中国化的马克思主义的科学理论，能够指导网络思想政治教育的实践工作。马克思主义关于人的全面发展理论是网络思想政治教育的基础理论，同时基于网络自身特点以及网络主体发展的本质要求，马克思关于人的全面发展理论又得到了深化。因为网络主体不仅要以现实生活为主要活动场景，同时他们又生活在网络虚拟社会中，在虚拟社会中扮演另一个角色。在这种条件下，现实社会中人的内涵有了进一步的拓展，他们在网络中超越了时间和空间的限制，甚至能够完成现实生活中无法实现的构想，让人们实现了从现实生活到虚拟实践的转变。尽管这种实践始终带有虚拟的成分，但并不能因此说此种实践是无意义的，它必然以某种实践的形式改造着主体本身。

在虚拟空间中，主体能够表现出不同于现实社会中的特性，这就是虚拟

主体性。虚拟主体性大大凸显了主体的独立自主，每个虚拟主体都可以自由选择价值取向和行为方式，从而实现高度的自主感和自由感，使主体意识不断受到强化。在虚拟角色的扮演中，主体依然有完整而独立的人格，是一种高度自由下的崭新面貌。虚拟主体在虚拟空间中形成了新的社交关系，这就是虚拟社会关系。虚拟社会关系下，社会交往范围扩大，社会交往内容变得深刻，促进了人的社会关系的发展。在马克思主义关于人的全面发展理论指导下，网络思想政治教育要以实现人的全面发展为目标，促进人的主体性和社会关系的协调发展，同时还要注意虚拟实践与现实实践的不同。特别是，虚拟实践作为一种全新的实践形态，如何在实践中完成人的自我发展，离不开马克思理论的指导。马克思主义人学理论以"现实的人"为出发点，主张从现实的、具体的个人去理解人，以尊重和发展"人的需要"为主题，以实现"人的自由全面发展"为归宿点。马克思一再指出"人始终是主体"。网络思想政治教育坚持马克思主义的科学指导必须做到以下几点：

1. 坚持马克思主义指导不能变

马克思主义基本原理永远是我们从事思想政治教育工作的指导思想，即便在信息条件下也不能有丝毫动摇。今天，这一原理仍然没有过时，群众中同样不可能自发产生中国特色社会主义理论体系，不可能产生党的创新理论，需要我们从外面灌输。至于是通过讲课、写书、制作电影电视等来传输，还是通过博客、微信、QQ 聊天的方式来传输，那只不过是平台不同的问题，本质上没有改变。尤其是在信息满天飞且真假难辨的情况下，更要加强灌输，否则，无以弘扬主流意识形态，无以践行社会主义核心价值观。

2. 坚持以人为本

以人为本原则是信息化视域下思政课教育教学方法创新的基本原则。思想政治课教育教学也要时刻把作为主体的学生放在第一位。信息化视域下，网络社会的兴起使年轻一代更加理性和自主，他们渴望发挥自己的主体性，倾向于以自我为中心来处理人际关系，这些改变促进了思想政治教育工作者的改变。传统思想政治教育中，教育者处在高高在上的地位，灌输学生教育理论甚至进行训诫。新时期的思想政治教育工作要尊重学生的主体性，要在以人为本的原则下开展工作，对学生动之以情、晓之以理，用科学的思想政治理论指引学生，既不能过分迁就，也不能一味批判教育。只有这样，才能增加思政课教育教学的趣味性和知识性，改变以往的严肃教育方式，充分激发学生的学习主动性。

3. 坚持继承优良的传统不能变

传统被人们赋予了神圣的、超凡的“克里斯玛”（Charisma）特质，能够指导人们的行为。政治工作的改革创新应当有利于继承优良传统，而不能在改革中把优良传统搞丢了。这一点，我们过去是有不少教训的。买椟还珠者有之，削足适履者有之，画虎不成反类犬者亦有之。当然，我们也要防止以继承传统的名义把不良的东西继承下来。继承传统要抓住精髓，继承真正优良的，摈弃“左”的、过时的、非马克思主义的。

4. 坚持实事求是的态度不能变

实事求是是马克思主义中国化的理论成果精髓。在思想政治教育工作中，实事求是意味着教育者要从社会实际和教育实践出发，分析大学生的言行举止和思想状况，在实践中不断发现新问题，并对新问题做出有效的解决，从而确保思想政治教育的时效性。在信息网络条件下创新发展思想政治教育工作，更要实事求是，注重效果，不能搞花架子、做表面文章。大学生网络思想政治教育必须牢牢把握教学计划，对学生和全社会进行社会主义思想道德指导。将当前流行的网络活动与大学生思想政治教育结合在一起，鼓励学生进行创新创业，在实践中深化专业知识。鼓励学生面对现实，勇于承担责任，避免欺骗自己和他人，以诚信、善良、乐观迎接新时代的挑战。网络世界已经是纷繁复杂的，如果在这缤纷的世界里忽视了生活的实际，再去搞一些形式主义的东西，只会让网络社会更加难以把握和驾驭。实际上，真正的创新是很实的东西，只有以实事求是的态度开展网络思想政治教育，才会在更大程度上赢得人民群众的信赖。

（二）接受与学习理论

1. 灌输与接受理论

传统思想政治教育过分强调了教育者的主体地位，而忽视了受教育者的接受问题。随着思想政治教育的不断发展，人们才逐渐认识到思想政治教育不仅是教育者进行教育，也是受教育者进行学习的过程，而在教育者与受教育者这一对关系中，受教育者应该占据主体地位。

（1）实践或实验基础问题。近年来，高等教育得到了迅猛的发展，各学科水平不断提高。一些学科知识的范围逐渐扩大，能够为其他学科所运用。例如在思想政治教育学科中，哲学解释学就能够帮助我们深入研究思想政治教育的接受问题。哲学解释学是从本体论的角度出发，研究读者理解和接受思想文化的哲学理论。哲学解释对读者的接受活动进行了深入的研究，形成了丰富的接受理论。在一定程度上，哲学解释学的接受理论能够运用到思想政治教育中来，因为思想政治教育的主要内容是受教育者对具有意识形态属性的思想进行理解和接受。运用哲学解释学的相关理论能对思想政治教育的主客体、受教育者的接受能力、教育目的进行深入的分析。哲学解释学中的接受美学和接受理论是正确的，但思想政治教育并非纯粹是一个接受问题，教育者个人的品德修养以及教育方式方法都会对受教育者产生影响。因此接受理论要接受实践活动的考量，可根据接受理论设置实验，对学生进行教育，并根据教育效果来判断理论的可信度。不过实践方法存在一定的后果，如果达不到预期的效果，投入就会白费，所以可以抽取一小部分学生进行实验。先设置几个实验组和控制组，实验组在接受理论的指导下实施教育，控制组不进行接受理论指导教育，一段时间后，比照两组学生的教学效果，从而形成初步结论。一次实验难免有很大的误差，可进行重复实验，最终形成比较可靠的结论。虽然实践在思路上是可行的，但研究效果却往往不尽如人意。

首先，思想政治教育的接受是一个非常复杂的问题，实验组和控制组很难去除其他因素的影响，学生在日常活动中难免会受到社会环境、同学以及教师的影响，从而影响到思想政治教育的效果。其次，思想政治教育观念的形成是一个长期、系统的过程，如果实验时间过短，接受者很难把教育内容转化成为观念，对实验结果的检验就会出现偏差；而如果实验时间过长，受教育者的学习能力等个人因素又会对教育效果产生影响。所以思想政治教育接受理论的实践研究进展十分缓慢，还没有形成令人信服的研究结果。即便如此，接受理论的实践研究对思想政治教育的影响也是不能忽视的。在我们的思想政治教育中，往往强调理论的重要性而忽略了实践，针对这个不足，思想政治教育要做出相应的调整。

（2）关于接受的被动性问题。在学习过程中，不仅有接受学习，还有与之相对的发现学习。接受学习强调学生的接受行为，教师将所讲述的内容传授给学生，学生只需要进行接受，而不需对教师讲授的材料和观点进行质疑。虽然接受学习并不意味着被动学习，学生在学习过程中也能发挥其主动性，比如自主分析材料、解释观点等，但也丧失了探究学习的积极性。发现学习的特点和接受学习的特点正好相反，发现学习并不是接受教师的材料和观点，而是运用教师知识中的逻辑结构，去发现新的知识并形成自己的观点。

在大学生思想政治教育领域引入接受理论是一项创新，但教育学领域中却早早就进行了接受理论的研究。同样是进行教育，思想政治教育与教育学的差异令人深思。虽然思想政治教育也是强调对学生进行教育，但与单纯的教育不同，思想政治教育还有意识形态的内容。传统思想政治教育过分强调教育的意识形态性，而忽视了教育的接受问题，因而往往被认作是灌输式的教育。接受者只是被动地接受教育者的观点，而不能进行自主选择，难免会产生抵制情绪，从而降低思想政治教育的效果，甚至适得其反。人们对这个问题的关注点多聚焦在思想政治教育的内容上，教育理论枯燥无味，使学生缺乏兴趣，迫切需要对思想政治教育的内容进行改革，而忽略了背后深层次的体制原因。目前思想政治教育是建立在一定的权力基础之上的对人们意识形态领域的强制性宣传教育，正是思想政治教育的政治性，才导致了灌输问题的产生。但人们对灌输问题的态度走向了极端，不是全盘肯定，就是全盘否定。其实接受学习与灌输教育有其相同之处，都是强调受教育者对教育者观点的接受，只不过灌输教育多了依仗权力形成的强制性因素。在思想政治教育领域中引入接受理论，更多是借接受问题的研究来呼吁重视人们的自主性问题。所以思想政治教育领域的“灌输与接受”问题中的“接受”，并非哲学解释学中的接受，而是与接受学习相对的发现学习。

目前高校思想政治教育中大学生还不具备学习的自主性，在总体上还存在着受动性、被迫性等接受学习的特征，但最终还是兼顾接受学习和发现学习的优点，提高接受效率，加强创造能力。

2. 教育过程与学习过程理论

大学生思想政治教育过程的实施者是教育者，接受者是被教育者。一方面，教学活动要从教学要求和受教育者的学习状况出发，另一方面，受教育者可通过各种途径进行学习。西方学习理论有联结派、认知派和联结认知派三类。

（1）联结派理论主张学习是个体对外部刺激的反应，主要有桑代克的尝试错误学习理论以及斯金纳的操作性条件作用理论。在桑代克的尝试错误学习理论下，学习一般会经历以下过程：外部问题对学习者形成刺激；学习者对外部刺激做出随机或盲目的反应；这些反应大部分失败小部分成功；对反应进行筛选，选取成功的动作，淘汰失败的动作；最后将成功的动作整合为行为；再进行新的尝试。尝试错误学习理论实际上是不断尝试各种行为，并对成功行为进行筛选，强调学习过程的循环往复。而斯金纳认为学习者的行为能够通过强化训练而得到良好的表现，学习者能够通过操作式的条件反射对外部刺激进行成功的反应。联结派学习理论建立在学习者对外部刺激的反应之上，过分强调刺激与反应的生物本能，忽略了学习者的自主选择作用，因而受到人们的批判。

（2）认知派学习理论强调学习是有机体的认知行为。认知派学习理论认为学习是有机体主动对外部环境进行反应的行为，当学习者意识到刺激时，便会根据外部刺激产生自主的行为。在认知派学习理论下，学习者是学习过程的主体，对所学知识往往会"顿悟"。显然，认知派过分重视了主体学习作用，因此也招致一定的批评。

（3）联结认知派强调外部刺激和主体行为的统一，主要代表有加涅的信息加工学习理论和连锁学习等。这种学习理论不仅强调外部信息的刺激，也强调主体对外部刺激的加工。

3. 价值观形成过程

在人的观念形成过程中，态度和信仰起着重要的作用，在进行思想政治教育时，受教育者不同的态度和信仰会给教学效果带来不同的影响。

（1）对价值观考量的基本背景。尽管思想政治教育总是提到"价值观"的培养，但是对于什么是"价值观"，却还没有真正地了解。思想政治教育领域的价值观研究主要包括以下三个方面内容：价值观的概念，价值观的内容，价值观的产生、变化和发展过程。

首先，价值观是认知领域的，是人的情感、意志、态度的复杂集合体。其次，价值观可以从形成的时间维度这个角度审视，也可以从形成的对象这个角度审视。从价值观形成的横向与纵向来看，价值观是在时间的不断发展过程中形成的观念，包括个体发展的童年时期、少年时期、青年时期的一系列的价值状况，也包括群体发展的小学阶段、初中阶段、高中阶段和大学时期等不同阶段的价值观状况。

从价值观形成的对象这个角度来看，价值观可分为个体价值观与群体价值观，个体价值观包括个人的情感、态度等，受其生长环境、思维发展水平的影响，群体价值观则是在一定范围活动的群体的价值观念。这两者存在着复杂的关系，个体价值观作用于群体价值观，但群体价值观又不仅仅是个体价值观的简单融合，其内部不同的观念相互作用、相互制约。

总而言之，个体价值观是研究价值观的基础，而群体价值观具有广泛的社会性和影响，是我们需要研究的重点。对价值观的研究主要侧重于价值观形成和变化过程中的社会影响因素，包括社会因素有哪些、影响程度有多大等内容。研究方法上，有固定调查和跟踪调查两种方式。固定调查是对一定年龄段的群体进行长期的调查；而跟踪调查是选取一定人数作为研究对象，调查他们的价值观随年龄变化的情况。

（2）价值观形成的主要环节。价值观形成的第一个环节是价值心理的形成。价值心理是人们对外部刺激做出的心理反应，来源于人们长期的生产实践活动中形成的对事物的经验判断和评价，主要包括价值认知、价值体验和价值倾向，它是价值观形成的基础。一般来说，价值心理的形成要有几个条件：

首先，对受教育者形成刺激的外部事物或知识具有重要的社会意义和个人意义，才能深入到人们心灵深处，为人们所关注，从而对人们的心理形成刺激，最终产生价值心理。

其次，外部刺激如果与人们此前经历的事物或所接触的知识相似，有助于人们产生与原先相似的信念和价值观，从而加深事物和知识对人们的刺激程度。

第三，这些外部事物或知识与人们原先的认知与价值观截然相反，从而引起人们内心的巨大震撼。

第四，这些事物或知识信息经常出现在人们的经历中，使得人们习以为常，并产生潜移默化的影响，从而形成不容置疑的心理。

第五，人们对权威的顺从心理和名人的崇拜心理，能够引导人们产生价值从众心理。

价值观形成的第二个环节是价值观念的凝聚，事物和知识的外部刺激产生价值心理并形成初步的价值观后，零散的价值观念集聚成明晰的价值观的过程就是价值观念的凝聚。价值观的凝聚，不只是各种价值观的简单融合，多种价值观还可能存在相互冲突的现象，因此要在是否有利于个人发展、是否有利于社会发展的判断标准下，整合出积极向上的价值观。

二、"互联网+"时代高校思想政治教育体系构建的基本原则

网络思想政治教育的原则，是在观察和处理网络思想政治教育问题时必须遵守的准则和标准。只有树立了正确的指导思想和基本原则，才能使网络思想政治教育走上健康、正确的发展道路。

（一）循序渐进原则

人的认识是一个从浅到深、从表面到内部、从复杂到简单、从低级到高级的过程，它不能一蹴而就，要循序渐进。思想政治教育教学不应急于取得成功，而应遵循循序渐进的原则。先要充分认识到受教育者的实际情况，包括受教育者的思想发展水平、心理年龄、思想接受程度等，根据这些实际情况制订相应的教学计划，循序渐进地推进教学工作，从而避免学生产生紧张和厌学的情绪。而且在教育实践过程中，还要不断掌握大学生的需求情况，根据时代背景，对思想政治教育工作进行创新，实现思想政治教育的与时俱进。

（二）系统性原则

思想政治课教育教学涉及多个环节和对象，它们紧密结合，形成了一个复杂的有机系统。总的来说，思想政治课教育教学系统主要包括教育者、教育对象、教育方法、教育环境"四体"。"互联网+"时代下，思想政治教育要遵循系统性原则，要求教育者从系统整体的角度出发，进行教学工作的创

新，既要考虑到教学对象的特点，也要考虑师资队伍、教学设施、教育目标等教学环境的实际情况，还要考虑到教学方式的选择，对具体问题进行具体分析，随机应变、有的放矢，从而整体地推进教学工作。

（三）创新原则

知识经济是以知识为动力的经济发展，这标志着人们的创造能力得到了高度发展，特别是精神创造能力得到了空前提高。而精神创造力中的智力、知识、主观能动性和思想水平等的提高，不是自然就能形成的，而是要通过教育和培训等措施来实现。

思想水平的培养，主要通过思想政治教育来实现，不断提高的培养要求也给思想政治教育提出了难题。尤其是互联网的兴起大大提高了知识传播的速度和范围，学生获取信息的途径大大增加，思想政治教育难以形成往日的权威。坚持传统的权威教育模式显然是故步自封，只有创新才是发展思想政治教育的最佳途径。

传统思想政治教育工作存在诸多弊病，一是观念故步自封缺乏实践，甚至不符合实践需求；二是工作效率十分低下，以前以教育者为主体的灌输式的教育方法严重降低了学生的自主选择能力，让学生无心进行探究活动，从而使教学效果很不理想；三是教学手段单一化，思想政治教育只存在于课堂上，难以处理不断涌现的新情况和新问题，只有通过行政手段，以管代教；四是思想政治教育学科发展受阻，传统思想政治教育过分强调了政治性，局限于意识形态领域的宣传教育，忽视了学生自主性的培养。以上种种问题，只有通过改革创新才能真正解决。 事实上，我国自改革开放以来，就对思想政治教育提出了改革的要求。

自 20 世纪 90 年代以来，思想政治教育水平不断提高，思想政治教育思维方式、教育方式及其思想内容上得到了逐步创新，为以后更深入的改革提供了理论依据和现实支持。

首先，改革创新是事物发展的主要动力。任何事物都是处于不断的新陈代谢之中，思想政治教育也不例外。改革是改造事物的结构层次和运行规律，在适应社会发展的基础上扬优弃劣；创新是创造高技术水平和高知识水平的新事物。改革与创新结合，能够去除事物的弊病，并注入新动力，以期推动事物的前进和发展。

其次，各个学科的发展成果为思想政治教育工作的创新提供了理论基础。信息时代下，生产力水平得到了空前的提高，各项科学获得了广阔的发展空间。社会科学和自然科学发展至今，已经形成了相当完备和全面的理论系统，为高校思想政治教育创新提供了科学依据。与此同时，新的研究方式也为思想政治教育提供了新的研究方向。

最后，我国不断进行的高等教育改革和创新为思想政治教育创新提供了良好的环境基础。思想政治教育是高等教育重要的一环，关系到大学生的思维水平和思想道德修养。可以说，思想政治教育的创新是与高等教育的创新步调一致的。因此，思想政治教育工作要把握好这个机遇，逐步完成对教育教学和思想理论的创新。

社会水平的提高促进了人才培养水平的提高，作为培养学生思想素质层面的思想政治教育，自然也有新的要求，思想政治教育的创新主要集中在以下几个方面：

一是价值观的创新。高校思想政治教育价值创新的主要目的是树立个人价值与社会价值内在统一的新价值观。在市场经济条件下，追逐利益最大化难免成为个人价值观的重要部分。从人生存发展的角度来说，物质是人维持生活的基础，也是获得其他发展的前提，个人的逐利行为无可厚非。这是当前思想政治教育工作无法回避的一点，尤其是市场竞争机制充分激发出人们获取个人利益的欲望，如果仍然对物质利益避而不谈，思想政治工作不仅难以取得成果，而且还会让人感到厌恶。

同时，随着我国市场经济制度的不断完善和经济水平的不断提高，社会中还出现了只强调个人价值而无视社会价值的问题。这种思想蔓延到高校，使得思想政治教育工作出现了只追求满足人的需要，而忽略社会要求的倾向，严重削弱了思想政治教育的影响。

个人利益和社会利益应该是有机的融合体，不应该对立起来。因此在我国，个人与社会是辩证统一的。个人的全面发展是以社会发展的各个方面为基础的，社会和国家要为个人的全面发展提供最有利的环境，保障个人的合法权益，达到个人自由的目标，必须处在社会共同体之中。同时，个人的全面发展又能促进社会的全面发展。这就要求我们确立个人价值和社会价值内在相互统一的新价值观，既要满足社会发展要求，也要防范片面的唯社会价值观。要按照社会发展的需要，主动服从并维护社会和国家的利益，克服片面的唯社会价值观，实现自己的价值。

二是方法观的创新。思想政治教育方法应该是把教育者和受教育者结合起来，教育工作者应从思想政治教育方法的选择和运用入手，在教育者自身优势的充分发挥的基础之上，充分调动受教育者的积极性。

三是主体观的创新。传统思想政治教育中，受教育者的主动性和积极性受到了严重压抑。事实上，思想政治教育的过程不仅是教育者积极筹备以及实施教育的过程，也是受教育者根据自身的认知水平和发展需要开展自我学习的过程。

四是质量观的创新。创新思想政治教育质量观的主要目的是促进思想道德素质和科学文化素质全面发展。如果只重视科学文化而不重视思想道德素质，科学研究就会失去方向和规范，丧失了人的主体性；如果只重视思想道德素质而不重视科学文化，那么培养出的人才就不能适应社会发展的需要，不能服务于我国提高生产力的要求，甚至使我国发展停滞。思想政治教育要坚持以人为本，充分发挥思想政治教育的双重功能，促进人和社会的全面发展。

（四）拓宽眼界与关注中国现实相统一的原则

思想政治教育创新要关注世界、关注中国，要以全球性的眼光和宏观的视域去面向世界。

首先，大学生思想政治教育创新必须具有世界视野。经济全球化将世界连成一个不可分割的整体，但随着全球化而诞生的互联网技术给人们带来便利的同时也带来了消极影响，西方强势文化和价值观通过互联网进行快速的传播。大学生思想政治教育工作者如果不能通过世界视野去看待思想政治教育，就难以体会到思想政治教育工作的机遇和挑战，甚至走上故步自封的道路，无法与受教育者进行交流，从而失去思想政治教育的意义。大学生思想政治教育工作者要不断提高自身知识水平，学习互联网技术，真正与世界潮流融合在一起，才能理解受教育者的价值观，对各种重大问题做出自己的回应，真正适应思想政治教育的新形势。

其次，大学生思想政治教育创新要对多元价值观有独特的见解。西方价值观念的入侵以及大众文化和网络文化的流行，都意味着社会进入了多元化价值观的时代。今后我国社会多样化的趋势还将进一步加剧，这必然给社会带来更为深入的变革。在此背景之下，思想政治教育者要在马克思主义理论的指导下对多元文化进行系统的分析和解读，真正能够做到取其精华、去其糟粕。因此，思想政治教育理论研究要跟随时代的脚步，对社会的多元价值进行重点研究。

再次，大学生思想政治教育学科的创新需要借鉴其他学科的研究成果。科学技术尤其是信息技术的迅猛发展，急剧地推动了社会生产力和社会结构的变革，社会财富极大增长，社会分工更加细化。自然科学和社会科学也得到了长足的发展，各学科之间的界限也越来越模糊，系统论、控制论、信息论等跨学科的理论不断出现，为学科的研究提供了宏观视角和工具。先进的科学研究成果对思想政治教育理论的创新有高屋建瓴的作用，思想政治教育工作者要敢于借鉴其他学科的研究成果，利用先进的科研成果提高自身的思维水平和研究方法，不断推出高质量的研究成果。

最后，我们也要注意实践。实践是检验真理的唯一标准，我国改革开放走的就是一条实践检验真理的道路。高校思想政治理论创新要以实践为基础，要关注我国改革开放的历程，要从促进社会发展的角度出发，理性分析理论在实际操作中遇到的问题。理论只有真正地与实践结合在一起，才能获得长久的生命力，才能为创新提供强劲、持久的动力。对客观事实的把握不能只停留于表面，如果只关注于特定的情况，而不关注事物的发展方向，也会导致理论与现实脱离。因此还要拓宽看待问题的眼界，学会通过现象看清本质。实践要以分析解决中国的现实问题为出发点，而对现实问题的解决又能够促进理论创新，所以实践和理论二者是相辅相成的。这就要求我们在处理事情的时候，着力于推动实践与理论创新。全球化为思想政治教育理论提供了许多可研究的切入点，如全球化背景下的道德教育、多元文化价值观下的思想政治教育以及全球化背景下的爱国教育等问题。只有真正融入社会实践，才能了解理论的缺陷以及现实的本质，才能真正为思想政治教育改革创新提供切实可行的方法。

三、"互联网 +"时代高校思想政治教育体系建构的基本方法

目前，学术界还没有对网络思想政治教育方法进行准确的定义。从当前研究情况来看，利用网络进行思想政治教育的途径很多，并且课堂教学创新也在不断发展中。

（一）跟踪获取法

跟踪获取法是指在网络上获取教育对象的语言和行为，并以此分析教育对象的思想政治状况。尽管从总体来看，受教育者在网上的行为千差万别，看似毫无规律可言，但就网络整体发展现状而言，个体通过网络的折射所产生的行为还是存在很多共性的。例如，教育对象的信息包含在在线聊天、微博、邮件发送等行为之中，可以通过在线调查、论坛讨论、流量统计等方式获取相关信息。特别是大数据技术的发展，使得针对特定行为进行细化分析成为可能。网络思想政治教育依托大数据技术实现对受教育者的跟踪，及时获取个体的数据信息，进而能够实现针对性教育。

（二）技术渲染法

技术渲染法是指利用网络特点，坚持利用与发展相衔接、杜绝与预防相结合，不断提高网络思想政治教育针对性和有效性的技术手段。一方面，要充分发挥网络技术优势，通过多媒体不断烘托和渲染教育内容，增强冲击力和感染力；通过大量的信息存储强化教育对象的自我教育，方便教育者的跟踪回顾，强化约束力和影响力。另一方面，要时刻牢记信息安全是网络的命脉，实施互联网安全战略，安装信息过滤器，设立防火墙，随时监视上网运行和浏览内容，建立"信息海关"，屏蔽不良信息，并阻止不健康的信息进入思想政治教育的网络系统。

（三）筛选法

筛选法是对一段时间或一个阶段的综合数据，运用识别、过滤和整理的手段，把握其规律并做出判断，从而获取教育者的思想信息。获取思想信息后，要与现实生活和客观环境进行比较，提取出真实信息。通过筛选可以抓住思想领域的主要矛盾，从而确定当前思想政治教育的主要工作中心，能大大提升网络思想政治教育的效率与精确度。

（四）寓教于乐法

寓教于乐法指的是教育工作者通过文字、图像、视频和网络游戏等方式让受教育者在娱乐休闲中接受教育的方法。寓教于乐法的关键是要能够准确把握数字载体和教育内容的结合点，既要具有娱乐性，同时还要实现教育目的。我们可以建立独特的文学、音乐、书画艺术、动画等娱乐频道，开办网络课程，赠送“电子贺卡”，实现寓教于乐的思想，加强思想政治教育课程的趣味性，推进网络思想政治教育发展。

（五）主题灌输法

主题灌输法提炼出思想政治教育的主题，通过专门网页和专题报告等专项活动来对受教育者进行灌输教育，从而实现思想政治教育的影响力。根据信息传播学理论，涉及的一些重大理论，传统的灌输方式是可以直接在受教育者思想中产生作用的，故而传统的灌输法依然有它必要的用途。但在网络思想政治教育中，灌输法要灵活运用，避免受教育者产生抵触情绪。网络思想政治教育主题灌输法必须坚持选择性应用，区分重点和规模，确保主题灌输的严肃性和权威性；必须坚持循序渐进的原则，阶段性地进行专题灌输，充分发挥教育实效，一般来说，专题不宜过多；必须坚持综合性应用，专题栏目的选择要多样化，根据学科内容选择网络课堂、影视展览、热点分析等方式。

（六）虚拟引导法

虚拟引导法指的是运用网络虚拟空间载体，引导受教育者思想与行为的方式方法。在网络空间中，虚拟主体具有隐匿性，行为者彼此不知道对方的身份，但能进行真心的交流。教育者可以在网络空间中与受教育者进行交流，可以通过共享音乐、电影、彼此留言等途径，不断提高信任度，跟进他们的思想状况，把握他们的思想脉搏，从而引导他们的思想，让受教育者拥有正确的思想认知，进行健康向上的网络行为。

（七）资源优化法

资源优化法是指通过收集、整理和转贴等方式，对现有网络信息资源进行优化，深化主题，从而占据网络思想传播的主导地位，正确引导网络思想。要运用社会主义核心价值观等各类社会主义先进思想占领网络阵地，通过专题等形式突出主题思想，形成强势舆论地位。可通过网络多媒体拓展教育信息资源，采用“置顶”“弹出浮动窗口”等方式推送优质资源，将最优质的资源，受教育者最关心、最感兴趣的资源推送到他的桌面，这是加强网络思想政治教育吸引力的重要手段。

（八）交互法

交互法是指教育者通过网络平台与教育对象沟通，实现思想政治教育的目的。与虚拟引导法相比，交互法中的教育者不用隐匿身份，可直接与受教育者进行交流。这种互动方法可以有效地克服传统思想政治教育的严肃氛围，受教育者更容易自由发言，从而可以更好地影响他们的情感和态度。一般来说，交互法可以分为三类：一类是在线聊天，运用 QQ 和微信等聊天工具，实现即时沟通；二是网页吸引法，用微博和空间等软件进行延时静态通信；三是论坛引导法，用社区、贴吧等公共平台来提高受教育者的注意力和认同感。

四、“互联网 +”时代高校思想政治教育体系构建的基本模式

随着新时期、新任务、新问题、新环境的产生和变化，尤其是在“互联网 +”时代，传统的思想政治课教育教学必然面临时代的挑战。积极探索新形势下高校思想政治课教育教学的新模式、新方法是进行高校思想政治教育转型的必由之路。

（一）高校思想政治教育的信息传播模式

思想政治教育是我党的优良传统，其在发展过程中形成了有特色的教育模式，取得了非常好的教育效果。但教育模式从来不是一成不变的，从信息传播的角度分析，可以粗略地分为三个阶段：

1. 传统模式

我党早期的思想政治教育主要是通过言传身教来实现的，其方式主要是教育者与被教育者直接面对面，形式主要是开会、谈心、现场鼓动、上大课等。结合当时的形势来看，这些方式有其特殊的历史性，就整体而言，特点是方法灵活，能够有针对性地解决具体问题，指向性明确，效果反馈及时。当然也有不足之处，比如教育的程序、内容安排较随意，也不是很规范，教育效果往往与教育者个人的素质能力相关。我党思想政治教育模式的雏形就在这样的基础上发展起来了，形成了一些有代表性的教育模式，比如课堂教育模式、随机教育模式、个别教育模式等。

传统教育模式尽管受到诸多挑战，但是在网络思想政治教育中依然是不可或缺的。就像网络中的虚拟人离不开现实社会，网络中的诸多问题最终还是要在现实社会中加以解决。

从网络思想政治教育的发展来看，一些网络上无法解决的问题，还是要由教育者与受教育者直接面对面解决。特别是网络上一些违反网络道德的行为，甚至网络犯罪，必须借助现实社会的教育手段或惩戒手段来完成教育活动。因此，在网络思想政治教育模式中，传统模式是不可忽视的。

2. 大众传播模式

在继承和发扬言传身教模式的基础之上，我党逐渐认识到利用大众传播

的教育模式，并很快形成了一定的规模。其中，利用工业社会的大众传媒手段开展群体性的思想政治教育已经成为重要的手段为人民所掌握。大众传播条件下的教育模式的优点是覆盖范围广，打破了地域和空间的限制；由于有了集中的、专业的教育规划、制作、传播，这种模式的思想政治教育规范性强，效益比较高；同时，由于这些教育往往是集体智慧的成果，能够形成优势力量，过去对个人能力、素质的依赖逐渐被打破。这些优点使得大众传播模式的思想政治教育获得了空前的发展。当然，这种模式也有其不足之处，那就是针对性往往不够强，无法对受众进行精确的定位与分层。教育者发布教育内容之后，受教育者的反馈意见难以及时跟进，学习往往依赖受教育者的自觉性。尽管网络的普及使得一些大众媒介遭遇到挑战，但目前来看，一些大众媒介并不是网络短期内能够取而代之的。比如新闻媒体、电台、电视台等，它们在思想政治教育中依然发挥着非常重要的作用。网络的发展越来越多地渗入上述领域，并与其结合得越来越紧密。网络思想政治教育如何与大众媒介融合，借助大众传播模式实现更大的教育价值，是网络思想政治教育发展面对的重要课题。

3. 网络教育模式

当人类进入信息化时代，随着互联网的普及以及人民群众信息素质的提升，网络思想政治教育成为思想政治教育深入发展的必然要求。在这一大的背景之下，网络思想政治教育模式正以前所未有的速度快速发展，并将成为未来一个阶段思想政治教育的重要模式。网络传播信息既有对大众传播模式的继承，也有重大突破。继承主要表现在网络传播信息的方式也同样是面向受教育者进行宣传，这一点上传统大众传播的优势网络都具备；同时，网络思想政治教育允许受教育者进行个别交流，更加具有针对性，从而把思想政治教育的手段提高到了一个新的发展水平。

从有关研究成果看，网络思想政治教育模式有三种基本类型：面向群体教育为主的教育模式，包括信息发布、公开课、专题教育等；面向特殊群体教育为主的教育模式，包括心理咨询、法律咨询、政策解读、专家在线等类型；以交互为主的教育模式，包括同步讨论、共同研讨等类型。网络思想政治教育作为一种新型的教育模式还处在高速发展的阶段，网络思想政治教育可以使用的方法和手段也日益丰富。需要注意的是，网络思想政治教育模式并不是对过去教育模式的否定，相反，我们必须看到，尽管网络思想政治教育模式有着独特的地位和作用，但传统的教育模式仍然大有用武之地。就网络思想政治教育模式来讲，它仍然是以传统思想政治教育模式的基本要素为基础的，依然可以看到传统教育模式的一些要素。

思想政治教育模式，对受教育者来说，就是通过教育模式提高思想素质、道德素质和政治素质。但是，单一的模式结构是不能实现教育模式功能的。单一的模式结构和少量的模式都不能应付受极其复杂变量制约的道德问题情境。新形势下，家庭、社会、信息环境等都影响着受教育者的思想，只有把传统教育模式和网络教育模式结合成复合模式，才能解决这些问题。

一方面，信息网络条件下需要运用网络思想政治教育模式有其客观需要。我国地域辽阔，经济发展不平衡，教育资源的配给也有较大差别。特别是一些偏远的、经济欠发达的地区，由于人烟稀少，甚至与外界的交通都不顺畅，如果仅仅借助传统的教育模式，他们获取信息的能力会大打折扣。

另一方面，网络思想政治教育模式也离不开传统教育。网络上的虚拟人的背后都是有血有肉的现实人，虚拟人是现实人的延伸。网络思想政治教育中，主体作为虚拟人的特征：具有生命感性的现实的存在；具有特定的物质条件和环境；实践活动是虚拟人得以存在和发展的基础；虚拟人具有特定的社会关系，这是其主体性和社会性得以确立的社会基础。

（二）网络教学整合模式

随着互联网技术的飞速发展和高等教育信息技术的逐步深化，网络教学逐渐融入课堂教学中，形成了混合式教学模式。在混合式教学模式下，网络环境渗透到教学的方方面面，高校思想政治理论课教师不仅可以进行课堂教学，还可以完成备课、布置作业、批改作业和回答问题等课后教学活动；学生除可以进行课堂学习外，还能进行在线做作业、讨论协作、在线回答问题等课后学习活动。这种课堂和课后结合的模式，不仅能够发挥思想政治教师的主导作用，还能最大限度满足学生自主学习的需要。

1. 网络探究模式（WebQuest）

网络探究模式是一种利用互联网资源的课程单元，是由美国的 B．Dodge

和 T. March 等人于 1995 年开发的，其主要理论依据是布鲁纳的发现学习论。WebQuest 一般由以下六个部分组成，设计者可以修改不同的部分来实现不同的学习目标。

一是引言。这一部分主要向学生介绍 WebQuest 主题，让学习者明确学习的内容，并提高学习者的学习兴趣。

二是任务。“任务”模块在 WebQuests 中，是对在这一活动结束之后学习者应该做到的事情的一种描述，是 WebQuest 的一个非常重要的组成部分。它可以是一个作品，比如 A Hyper Studio Stack 或者一个 PPT 演示作品，也可以是一种口头上或文字上的行为，比如能够解释一个特定的课题。一个好的任务应该有挑战性、可行性和趣味性，能促进学习者高级思维能力的发展。要完成 WebQuest 中的“任务”，只靠简单收集信息、整理、拷贝和粘贴信息是不行的，它从根本上需要建构主义学习方法。

三是过程。“过程”模块是设定的具体步骤，它包括把任务分割成子任务的策略，角色扮演的描述，或者每个学习者都可以采用的观点。指导者可以在这里提供学习建议和人与人之间的相互作用的建议，例如如何实施“头脑风暴（brainstorming）”。对于 WebQuests 过程的描述应该简短明了。需要注意的是，在这个例子中它所需的资源不是单独列出来的，而是嵌在它的每个具体的步骤中。

四是资源。“资源”模块在 WebQuests 中就是指导者为学习者完成任务而安排的一系列网页。这些资源应该提前选择好以使学习者全力专注在课题上。值得注意的是，为学习者准备的资源不只局限于互联网上找到的那些。例如在一个名为“Investigating Archaeotype”的 WebQuest 中，它的资源部分就相当广泛，包括：音频会议和视频会议，一盒录像带，一份评价报告的硬拷贝，还有一些具体的网页。毫无疑问，WebQuests 的资源中当然也包括教科书、录音材料以及和其他人的一些面对面的互动交流。通常，对这些资源进行分类管理是很有必要的。

五是评价。“评价”模块是最近才被加入 WebQuests 模式中去的。评估者可以是教师、家长或者学生的同伴。

六是结论。WebQuests 的“结论”部分可以提供一个机会来总结经验，它虽然不是这个模式中最重要的一块，但是它给读者一种完满结束的感觉。对结论部分一个很好的利用就是教师可以在整堂课的讨论中用它进行最后的课堂听取工作。

2. *丝智活动*（Filamentality）

一是热链接列表（HOTLIST）。"HOTLIST"其实就是一个包含很多热链接按钮的网页。这些按钮链接到活动创造者认为对学习者的课题研究非常有用的一些网站。这样学习者或使用者就不用无休止地在网上搜索信息而是专注于研究，大大节约了时间。例如在"China on the Net"中，作者就给出了有关中国方方面面的一些网站的集合。

二是剪贴簿（SCRAPBOOK）。如果学习者对他将要研究的课题已经有了一个初步的认识，譬如他们在课堂上已经有过一些初步的学习或看过这方面的资料，那么他们这次基于网络的活动首先要做的就是关于 SCRAPBOOK 的探索：学习者深入研究一组已经精心分类组织好的网站，比如照片、地图、视频素材、虚拟现实旅行等。学习者利用这些剪贴簿来研究他们认为很重要的、更深层次的课题，例如"Democracy Online in America"。

三是探寻（HUNT）。当该发展一个学科的硬性知识的时候，教师和学生就可以开始"寻宝"了。在这里最基本的策略就是找到那些对于理解给定课题很关键的富含信息量的网站。这些不是一些拥有很多网站名字的"门户网站"，不要寄希望于学生在网页的海洋中能找到一根针。

在搜集好这些链接之后，Filamentality 要求教师迅速对链接到的每一个网页资源都提出一个关键问题。如果教师不打算使用所有找到的链接的集合这就没有问题，Filamentality 将代替教师来处理它们。一个精心设计部署的寻宝绝不仅仅只是找到一些与我们的知识毫无关系的"金矿"。当学生发现答案时，通过选择那些决定课题的范围或者参数的问题，他们的思维会更加深刻和深入，从而扩展和开拓了他们的思维领域。最后，教师通过提出一个总结性的问题，让学生对自己的所学进行总结。例如："Black History : Past to Present"。

四是主题样品（SUBJECT SAMPLER）。在 SUBJECT SAMPLER 中，给学习者呈现一小部分（或者半打）围绕主要的课题而安排的能够激发学习者兴趣的网站。因为这些已经选择好的网站每一个都能够给学生一些可读、可看或者可做的有趣的东西，所以这成为学生能欣然接受的一种非常有效的方式。

另外，学生被要求从个人视角对网上的活动作出反应。学生在"寻宝"时那些硬性知识是他们所未曾经历过的，而在这里，学生将被询问他们对于课题的自己的观点，比较他们各自的经历，说明他们对于作品和数据资料的理解等。如此一来，学生被邀请加入研究这个课题的集体，而且在这个活动中他们的意见受到了重视 。当目标是使学生觉得与课题有一种连接感的时候请使用 SUBJECT SAMPLER，那样主题将意味着更多东西，主题将会更有意义。

五、"互联网 +"时代高校思想政治教育体系构建的发展趋势

当前"互联网 +"时代高校思想政治教育正在实现新的跨越，并形成自身发展的基本思路。从未来发展的角度看，当前思想政治教育正在以下几个方面实现突破，或者说正是以下几个方面构成了网络思想政治教育发展的基本趋势。

（一）开放性趋势

第一，思想理念进一步解放。无论是管理者还是教育者，对于应用网络进行思想政治教育要从过去的谨慎态度、截堵的思维定式中解脱出来，并积极投身到网络思想政治教育事业。加上我国网络安全管控能力的提升，网络的使用（包括智能手机的使用）已经十分普遍，国家在信息化建设领域也取得了阶段性的成果，网络与广大人民群众的生活联系日益紧密，用好网络为人民服务已经成为共识。特别是近些年来，道路自信、理论自信、制度自信、文化自信成为思想领域的主流，在意识形态斗争中，广大人民群众增强了定力，增强了与敌对势力斗争的能力，这些都促使我们更加坚定地去拥抱互联网世界，在网络上发出我们的声音。思想的解放是前进的基本保证，人们的思想一旦从桎梏中解放出来，就能迸发出强大的力量。

第二，教学内容的开放性。由于历史上西方敌对势力的干扰、渗透与破坏，过去的思想政治教育在某种程度上具有一定的保守性，这当然是极其必

要的。由此，以往教育的内容主要集中于党的路线、方针、政策以及革命传统、传统美德等内容。正是立足于自身理论的探索与实践，最终形成了独具特色的社会主义思想政治教育内容体系。今天的受教育者获取信息资源的渠道是多元化的，他们在网络上获取的信息可能比教育者还多，有的内容与教育者提供的甚至是矛盾的。这个丰富的世界极大地开拓了受教育者的视野。如果网络思想政治教育采取保守的姿态，不能为主体提供充足的资源，受教育者就会通过其他途径去获取。今天，面对西方腐朽落后的价值宣传，社会主义价值体系已经具有强大的对抗力，也正是在新与旧、先进与落后的对比中，社会主义核心价值观的正确性和优越性才会得到更加充分的展现，使得受教育者在比较中不断加强对社会主义核心价值观的认同。网络的开放性决定了网络思想政治教育也必须要不断加大开放的力度和深度。因此思想政治教育必须适应这种变化，不断丰富教学内容，及时进行教育与疏导。

第三，教学手段的开放性。以往思想政治教育的教育方法和手段单一，PPT与教师讲授成为标配。这种教学手段具有一定的保守性，思想政治教育者往往也不注重借助新媒体的力量，即使使用也会存在这样或者那样的顾虑。在这种条件下，受教育者面对不变的教学手段，容易产生疲劳感，进而失去对教育内容的兴趣。近些年来，这种格局已经逐渐被打破。网络教学手段不断引入，外来信息通过各种渠道进入受教育者的思想，思想政治教育的开放体系已经逐渐形成。开放性的思想政治教育能够实现信息的自由生产和发布，因而人们可以自主地学习。

近些年来，网络思想政治教育不断打破原有的封闭教育模式，通过教育网、远程教育、微博、微信、微课程、网络课堂等手段不断加大开放力度。全国性的教育平台，跨院校、跨地域的思想教育平台作用日益显现，在开放中求发展将是所有思想政治教育者都必须面对的现实课题。

当前，由于网络的普及和智能手机使用的普遍化，教学资源的获取有了更多的途径，比如MOOC、远程教学、优质公开课的引入，思想领域中的各种思潮、观点都直接呈现在了受教育者面前，这些日益丰富的教学手段正在产生积极的教育效果。

第四，融合发展，进一步提升开放的层次。近些年来，国际合作在多领域得到了扩展，思想政治教育工作也不例外。通过对国外优势资源的引入，以及受教育者到海外教育机构进行联合培训等方式，国外的先进经验、文明成果、教育理念和手段等不断为我们所借鉴，我国思想政治教育的面貌有了很大的改变。在思想政治教育的过程中，开放是必然趋势，如何在这个过程中完成思想政治教育的既定目标，使得外来资源更好地为我服务，是一个急需解决的重大问题。

（二）订单化趋势

与过去的思想政治教育相比，今天的受教育者有了更大的选择空间。在当前的网络思想政治教育中，以兴趣为导向、以个体需求为选择前提的教育资源也已经初具规模。特别是近些年来，网络思想政治教育所倡导的平等主体、交互、个体需求等理念有了极大的发展。通过网络，受教育者可以自助选择教育资源，实现自我选择、自我管理的订单化教育模式。

从未来网络思想政治教育的发展来看，这种趋势只会加强不会削弱。从人才培养目标来看，追求人才的个性化已成为教育界的共识。网络为个性的张扬提供了宽广舞台。网络信息是思想政治教育的重要资源，随着我国网络信息化水平的日益提升，受教育者的网络应用能力不断加强，网络思想政治教育必须跟上步伐，在纷繁复杂的网络世界中引好路、做到位，为实现受教育者的个性发展提供优质教育资源与服务。

（三）同步性趋势

网络信息的传播速度打破了时空的界限，一条信息从地球的一端到达另一端也只是瞬间的事情。微博、微信等新媒体、朋友圈的关联，使得信息传播的方式发生了极大的改变。过去我们在做思想政治教育的时候，往往有较多的时间备课、研究教育方案、制订教育计划，但是网络打破了这样的时空观，连锁效应使得信息在短时期内大面积扩散。特别是一些网络红人、名人或者网络大V，其影响规模可以达到千万数量级。如果这个信息是虚假的或者负面的，其影响将十分恶劣。如果加上粉丝对网络名人的忠诚性，要消除这些不良影响，其任务也将十分艰巨。在这种情形之下，要做好网络思想政治教育，就必须与之抢时间、抢夺话语权，网络思想政治教育如果在时间上慢了半拍，效果就会大打折扣。

在网络思想政治教育中，教育必须要与事件的发生同步。网络上真真假假的信息不断涌入受教育者的头脑，进而影响受教育者的价值判断和行为，这就要求网络思想政治教育必须跟上信息更新的速度。当一个信息在受教育者身上即将发生不良影响时，网络思想政治教育的正能量必须立刻跟进，通过教育的引导、思想的疏导、教师的督导来改变可能出现的错误认知。所以说，网络思想政治教育不再是过去那样，根据教科书按部就班进行教学，而必须要与信息的变动保持同步。

（四）同质化趋势

在以往的教学中，教育者与受教育者之间存在清晰的界限。教育者掌握信息，并以老师的身份传递信息，这些信息往往是受教育者接触不到的。由于资源的不对等，受教育者对于教育者具有信息的期待，所以只能以听者的身份接受教育。

在网络教育中，这种界限逐渐被打破，受教育者原有的信息期待正逐渐减弱。与过去传统教育只关心受教育者职业领域思想动态不同，网络的出现使得很多生活细节也进入思想政治教育的视野。一个更加丰富、更加真实的受教育者将呈现在教育者面前。它既是虚拟的，又是现实的。电子邮件、远程教育、网络社区、网络新闻、网络游戏、博客、微信等使得教育者与受教育者仿佛是生活在一起的平等主体，甚至有时候受教育者掌握更多的信息资源，教育者与受教育者发生了身份的对调，身份同质化的倾向越来越明显。

在网络思想政治教育中，教育者与受教育者必须打破等级差距、年龄差异，教育者必须深入受教育者的生活了解其思想变化，否则就不能制定有效的教育方案，甚至连受教育者所说所想的内容都搞不清、弄不懂。

（五）制度化趋势

毋庸置疑，良好的网络思想政治教育环境是保证网络思想政治教育正常有序发展的前提，这不仅需要网络主体的高度自律，还需要网络的制度化管理。网络在带来大量有用信息的同时，也带来了许多消极的信息和不良影响，比如虚假信息、色情暴力等。

网络是一把双刃剑，特别是错误的网络信息往往又具有很强的迷惑性。在进行思想政治教育的同时，也必须通过强制手段来保证网络信息的纯化，对网上不文明、不健康的言行进行跟踪监督、整改，积极开展网上“环保”工作，及时进行信息“检疫”，使信息化网络平台服务于思想政治教育，同时使网络道德规范与法纪规范建设日益制度化，从而保证网络思想政治教育取得良好效果。

第二节 "互联网+"时代高校思想政治教育的资源整合

互联网时代人们的思维方式发生了变化，因此，要转变观念，提高认识，重视和加强思想政治教育资源整合功能，这是深化高校思想政治教育工作的重要途径。

一、互联网时代高校思想政治教育资源整合的理论支撑

随着互联网技术的普及，社会虚拟化倾向日趋明显，这冲击和重塑着当代人尤其是当代大学生的价值观念，为当代思想政治教育提出了一系列的难题。要想解决互联网时代的思想政治教育问题，需要首先理清其前提性理论问题。要构建虚拟时代人的生存与发展理论，需要深入马克思主义经典作家尤其是马克思的经典文本中去进行解读，为互联网时代思想政治教育提供理论前提参照。

马克思异化理论是思考人与作为人的对象化的物之间的矛盾的重要方法论。这一方法论是考察人与其自己制造的对象之间矛盾的重要方法论。当然马克思在考察任何事物的时候，总是从其两面加以考察，为了避免误解，我们在考察互联网技术对人的异化的同时，先考察其发展人的一面。

（一）互联网对人的发展的积极作用

马克思认为新技术的出现对人类的发展起到了积极的作用，是一种重要的解放力量，其极大地拓展了人类的生存与发展的空间。

首先，互联网一定程度上解决了人与自我的矛盾。人与自我的矛盾主要表现为身体与精神的矛盾，这也是众多学术流派共同关注的一个学术问题。马克思认为人双重地存在着，主观上为自己存在，客观上存在于自然无机环境之中。在现代社会，人的个性的实现受到其所支配的商品的多少的制约，这一矛盾一直伴随着整个人类生存与发展的各个时代，在人类生产力水平不够高的情况下，就一直会存在。但是，互联网技术的出现，在虚拟领域中实现了人的精神发展的需求。在虚拟时空中，我们挣脱了自然必然性的制约，这是我们在现实社会中一直追求的一种理想状态。人的身体与精神的矛盾和断裂在互联网时代得到某种程度上的解决。

其次，互联网拓展了人与人交往的时空。互联网技术的出现，极大地拓展了人的交往空间并极大地节省了人的交往时间。人是社会关系的总和，有什么样的社会关系，就有什么样的人。人是现实的，现实中的人通过现实的社会关系，逐渐丰富成有个性的全面发展的人。

互联网技术的出现，为人类打开了另一空间——虚拟空间。虚拟空间中，每个人都成为一个新的发展主体——虚拟主体，从某种程度上说，虚拟主体的发展将带动实体主体的发展。通过 QQ、微博等互联网交往手段拓展出的虚拟交往平面，将全球的虚拟主体纳入一个零成本交往平台，极大地拓展了一般社会大众的交往范围，从而极大地增加了人的丰富性。同时，互联网技术极大地减少了人的时间成本，为人的自由发展提供了空间。

（二）互联网对人的异化

互联网的出现在发展人的同时，也异化人。按照马克思的异化理论，互联网对人的异化是指互联网及以其为依托的虚拟世界，本来是人创造出来的，但是在人创造出来以后，其没能被人所控制，反而喧宾夺主，成为控制人的主体。具体表现如下：

第一，人们沉溺于虚拟世界，排斥现实世界。互联网以技术依托的虚拟世界对人的控制表现为人过分地沉溺于互联网所生成出来的虚拟世界，而忘却了现实世界。在虚拟世界里，人挣脱了外界的身份差异、民族差异、种族差异、等级差异带给每个人的地位的差异，一个乞丐可以成为国王；也挣脱了自然规律对每个人的制约，一个身患重病的人可以展翅高飞；挣脱了社会规范对人的制约，一个守法的人也可以随便偷盗别人的东西。每个人不再受到自然规律、技术规范、社会规范的制约，进入个性全面而自由发展的时空。这个时空如此有魅力，以至于你一旦跨进来，就会迷恋其间而不能自拔。深入其间的人逐渐会忘记甚至拒绝那个给予其诸多制约的现实世界。

第二，在现实世界中，人的行为受到虚拟世界行为方式的影响。人们将过多的时间投入虚拟世界，使得人的行为方式、价值观念、思维模式越来越多地受到虚拟世界的影响。当我们不得不回到现实世界时，就会带着过多的虚拟特性，从而被虚拟特性所控制，而影响了人的正常社会交往。比如说，某儿童长期沉溺于虚拟世界中，当他看到某个真实的相片而觉得相片不够大时，他会怎么做呢？他会试着用在苹果手机中那样放大照片的方式来放大这个真实的照片；再比如，如果长期沉溺于虚拟世界中，进行人与人之间的交往经常都是匿名的，这样我们不用为我们的行为负责。大家可以经常“潜伏”，这使得当前的大学教育中，出现了学生为一个现实社会中的问题跟老师进行交流而不愿意“显身”的问题。

虚拟世界如此之美好，挣脱了现实世界对人的发展的必然性制约，很多人会认为这是非常好的，只要让大家都努力投身虚拟世界，整个世界就变得无限美好了。但是，马克思所认为的人的解放，是现实世界中的解放，在其著作中，花了大量的时间，用于批判观念中的解放。那么，现实世界、虚拟世界、观念世界的区别在哪里呢？尤其是虚拟世界与观念世界的区别问题。虚拟世界与观念世界的区别仅在于表述方式的不同。在观念世界中，人通过人的神经组织，表现出一幅美好的图景；在虚拟世界中，通过互联网技术，表现出一幅美好的图景。

分析到这里，我们发现不能完全依靠虚拟世界来发展人。正如在马克思的视域中，观念、宗教、空想社会主义是不能解放人的。真正解放人的方式只能是深入到现实世界，通过处理好人与自然、人与人、人与自我的矛盾，在生产力水平提高到一定程度，人与人之间、人与自我之间的关系达到一定的和谐程度而慢慢完成的。

（三）从虚拟世界的异化中复归与解放

互联网技术支撑下的虚拟世界虽然不能最终达到人的真正解放，但是我们不能因此就排斥互联网。马克思主义认为技术具有双重特性，是把双刃剑。技术本身不存在问题，而是运用技术的人的问题。所以，对于互联网技术，我们要做到将其运用好、运用对，使其在现代社会能够成为发展和解放人的手段。而要运用好互联网技术及以其为技术依托的虚拟世界，根据马克思的异化理论，我们可以推演出以下两点：

第一，虚拟世界的设计与现实世界的必然性制约之间保持一个合理的距离。在虚拟世界里人的精神得到了全面的关照，挣脱了现实制约性，提前获得了解放。然而这种解放，虽然有现实的互联网技术作为支撑，但是其还是马克思所批判的观念中的解放。这种观念中的解放不是真正的解放，这是马克思与其他学者的一个主要观念差异，马克思认为人的现实解放是最为重要的。

第二，践行虚拟世界认识论与价值观教育。互联网世界为我们打开了一个虚拟的世界，这为人文社科领域开辟出了一个独特的研究领域。虚拟世界的认识论问题，首先是一个求真的问题，就是区分虚拟世界与现实世界的问题，这涉及虚拟世界与现实世界的划界问题，以及虚拟世界与现实世界的关系问题，这个问题看起来简单，其实是一个很深奥的学术问题。虚拟世界的价值观问题，是一个求善和求美的问题。虚拟世界的价值观判断问题就是判断虚拟领域的善与美的问题。虚拟世界的价值观判断现在存在一个重大的问题，即当代互联网技术运用能力强的青年人的价值观判断能力却较弱，两者差距的拉大逐渐成为虚拟领域价值观教育的一个主要问题。虚拟世界的价值观借助于虚拟商品已经大规模渗透进中国年轻一代的消费世界。

二、互联网时代高校思想政治教育资源整合的路径选择

整合高校思想政治教育资源，路径是关键。在经济全球化、政治多极化、互联网化、文化多元化的时代条件下，借助信息网络新媒体技术实现思想政治教育手段的创新成为一大趋势。在具体的实践中，互联网与思想政治教育的有机融合是研究的重要内容，思想政治理论教学中哪些内容适合用互联网

的方式来表达，需要深入探讨，这直接关系到对互联网技术的利用能否有效传承思想政治理论课教学内容，关系到能否真正将思想政治教育教学内容真正做到"进学生头脑"，并为学生所乐于接受。

（一）传统教材与互联网媒介的资源整合

1. 教材视觉表现形式差异

高校思想政治理论课的优秀教材充分地体现出马克思主义中国化的最新成果；体现出中国特色社会主义实践的最新经验；体现出马克思主义研究的最新进展，贴近实际、贴近生活、贴近大学生，在内容上和体例上都要有较大创新。

传统教科书属于印刷媒介，是将文字、表格等做成版，涂上油墨、印在薄页上形成书籍，威望较高，专业性较强，学生能够自由决定阅读的时间、地点、速度和方式。

互联网技术支撑体系下出现的数字杂志、数字报纸、数字广播、手机短信、移动电视等。相对于思想政治理论课教材载体形式来说，这种载体的特点有：信息符号多样化，视觉冲击力强，更能吸引学生；信息个性化强，更符合学生个性特征；交互性强，可随时沟通，实现互动。

2. 教材语言风格差异

思想政治理论课教材的语言具有规范性、严谨性、指导性和权威性；而互联网等新媒体则有着特殊的表现形式和语言风格，其主要表现为文字简洁精练、语言通俗活泼、图像清晰生动、信息更新及时。

3. 教材选择与突出重点差异

思想政治理论课教材逻辑严谨、章节均衡、层次清晰、前后呼应，内容具有全面覆盖性、学术权威性、理论科学性、表述准确性。

互联网是高校思想政治教育教学的现代化辅助手段，利用互联网高科技形式解读部分教学重点、难度和疑点，以灵活新颖的形式解答部分教学内容，可以提高思想政治理论课教材教学的吸引力、感染力和说服力。

（二）互联网教学与教材教学的对接融合

1. 思想政治教学网络平台与资源库的搭建

网络平台是思想政治理论课引入互联网教学的主要阵地。当前思想政治教学网络平台建设主要是"教育在线"和"教学网站"。"教育在线"是应用教育技术理论和计算机网络技术构建的一个集网络教学、教学资源管理、教学管理与评价于一体的综合性网络教育支撑平台，满足了实际教学的需求。通过"教育在线"，思想政治理论课教师可以进行网上教学安排、课件传送、作业批改、课程答疑，还能掌握每个学生的上网情况、作业状况、思想动态等，及时追踪学生网络参与状况，回答学生提出的问题，进行疏通和引导。而学生通过该系统可以下载讲义、提交作业、提出问题等，实现思想政治理论课课下教学互动。

教学资源库为教师提供授课所需要的信息资源、辅助资料，满足了学生个性化的需求，有利于自主学习、研究型学习的开展。借助现代互联网技术，这些资料可以逐年积累，日臻完善，最终成为服务于某一课程的成熟资料库，也可以方便地实现横向共享，让更多师生受益。

2. 互联网教学资源建设

互联网把文字、声音、图像、动画效果融为一体，营造出一个立体的、动态的、活泼的教学氛围，使学生身临其境，全方位地接受相关信息，大大地提高了教学的效率。互联网的使用应紧扣教学内容，由浅入深地说明问题，解决重点和难点，注重教师的分析与讲解，提升教学水平。

3. 多样化的教育资源利用

通过手机 QQ 群聊、手机微博等与学生交流。思想政治理论课教学与手机的结合是一个探索过程，其便捷性、广泛性、即时性、互动性的众多优点促使其成为思想政治理论课教学的重要手段。数字电视新媒体是建立在数字电视基础上的新媒体，包括数字电视、IPTV、移动电视与户外新媒体等。随着时代的发展和科技的进步，未来还将不断涌现多种形式的新媒体，并对学生的生活、学习产生深刻影响，利用新媒体进行思想政治理论课教学，与政治理论课教学内容、形式有机融合，将增强思想政治理论课教学的渗透性和趣味性，提高学生参与学习的积极性和主动性，增强思想政治理论课的教学实效性。

互联网的发展，为思想政治教育者走进学生的生活、倾听学生内心所需所求拓展了渠道。同时，有利于老师与学生交流沟通，关注学生思想动态，及时发现问题，有针对性地帮助学生化解现实生活中遇到的各种困扰。对于受教育者来说，互联网的发展使他们的学习渠道增多，不受文理分科和专业限制，可以遵循自己的兴趣爱好，自主学习，提升自身的综合素质，促进全面发展。

第三节 "互联网 +"视域下思想政治课教室空间的科学利用

随着互联网技术的快速发展和广泛使用，互联网与很多传统的行业相结合，创新发展出新的产物。在"互联网 +"的影响下，高等教育的教学实践发生了深刻变革，进而产生了新的教学形态。新形态的教学将互联网思维特征融入教学中，不仅促进了教学体系的构建、教学资源的整合，也推动了教学空间形态的发展。

一、教室空间概述

"互联网 +"的教育方式的目的是使人人都能够创造知识，人人都能够学到知识、获得知识。当人们知识的获取幅度提高、成本降低，也就是给人们终身学习奠定基础，这样人们才能长久地想要通过互联网学习知识。

（一）教室空间

教室空间作为一种无形的力量对学生的成长和发展产生一定的影响，对于教育文化的诠释以及教师对教育的理解来说，一定空间的存在会对一种教育的产生具有载体的作用。一般来说，教室是为学生提供上课学习的具有一定空间作用的房间。教室空间是一种空间上存在的客观实体，更是人们精神上的具有"生命意义的空间"，可视为人们成长和学习的空间，也可视为超过真实存在的、不属于物理上和地理上的空间。因此，教室空间既是一种物理空间又是一种社会空间。

教室与教室空间之间在本质上是完全不同的。教室空间是否会存在一个真实的教室，在这种思维方式下的教室就不光是指空间中存在的实体，也可以是平面化、静态化的互相之间的转变。而教室则是学校在进行教育活动时所固定使用的物理场所。但是教室空间不只是实体中存在的物质空间，还包括社会中的教室空间。

（二）教室空间的更迭

从入学开始，学生在学校的学习时间，大部分都是在教室中度过的。不管是人际关系上的交往，还是师生之间的交流，教室里所发生的一切事情都会深刻地印在每位学生的脑海中。教室在人们的生活中占据了很长的一段时光，对人的一生具有很大的影响作用，我们不能忽视教室空间所存在的一切。

在历史发展中，教育空间的发展经历了三次的变革。第一次，早在远古时期，人类社会的启蒙时期，氏族的长者领导一代人沿袭和使用生活中的习俗经验，当时还没出现专门的教育机构，主要是从社会和生活中所汲取的经验教训，更没有专职的教育人员，教育是以大自然为教学空间的。第二次，由原始的自由教学方式逐渐演变成为由一定的组织者所组织的具有一定形态的教室空间。第三次，教室空间的演变就是在当前时期下所发展的由立体教室逐渐走向"虚拟空间"的形成。

总之，教育空间的改变带给人们的不只是教育方式的改变，更重要的是对人们整个教育系统产生的影响。我们在教室空间的转变过程中可以看到人类在发展过程中进步，也可通过这种教室空间的转变看出学生们在学习过程中的地位。

（三）教室空间的构成要素

教室教学空间作为一种特殊的社会环境，其本身具有要素构成和环境特征，既是给学生传授知识的地方，也是学生自由活动、教师辅导学生学习的地方。教室空间的布置是否符合人们心中所想，那就是人们对教育方式的理解。实际上，人们对理想的追求从未停止过，对理想的探索与尝试也没有中断过。新的教育知识的出现，使人们对教室空间的需求又有了新的要求。在理论与实践互动中逐渐形成的探索新时期的教育改革，强调的是教育中的生命体，教室空间也在人们的思想方式下，具有自身的生命性，理想的教室空间所具备的生命性能够满足人们的需求，人们对思想教育的追求就是在不断改变理想状态下的教室空间的状态。

教室空间的变革是以学生成长的过程为主，站在学生的角度考虑，我们需要注意以下三点：

第一，不要将“学生需要”当作“学生成长需要”。在成长的过程中，学生不能独立地选择发展的方向，所以，在学生的成长过程中人们常常将“学生的需要”与“学生的成长需要”混为一体，没有正确地引导学生，学生的喜好与成长需要之间是有很大区别的，学校应当在这个基础上对学生的发展进行指导。

第二，通过学生的成长状态，特别是从学生的问题状态发现学生的“成长需要”，由此切入进行指导，使学生进步。在集体交往过程中，很容易出现部分学生交往空间的缩小，局限在一个小的圈子里，排斥其他同学。这些问题出现的方式包含着多种可能性，或者是进步，或者是退步。

第三，在成长的过程中不仅要发现问题、解决问题，还要根据学生的成长状况，组织适合学生成长的实践活动。以学生的健康成长发展为目的建立教室空间，可避免出现很多错误的观点与观念。为了促进学生的成长，应当注意各个阶段的问题状态，在教室空间的设计上面，不只是要注意建筑设计理念，更要参照教育理论观念，从各个方面考虑不同阶段、不同年级的学生的心理特征。应当认识到适宜学生成长状态的实践活动也能够促进学生的成长，这种成长的方式能够使学生成为自己教室设计的主人。

二、现代教室空间设计

（一）对教室的改革

19 世纪的教室空间的设计，是根据当时社会的意愿来塑造的，是一个有纪律、有制度、服从安排的地方，是一个有着清楚的目标的地方。20 世纪初，教室空间设计开始产生了一定的改观，传统的教学模式与教学理念都受到挑战。传统的教学理念需要的是足够听从教师意见与接受教师所传授的所有东西，而革新后的教育理念是让学生脱离教师的思想束缚，有自己的想法，成为一个独立自主、有自我意识的学生。对于教室空间的变革，应教育理念与建筑理念相结合，从以下几个方面进行变革与尝试：

首先，应当摆脱掉19世纪传统的教学形式，建筑师与教育工作者在对教室空间形式进行设计时，应当考虑适合学生学习进步的空间结构，同时要符合新的教学理念。这需要改变过去由一系列沿着无尽的走廊、特点相同的房间相互单调串联的结构。

其次，新形式的教室的设计应当符合对学生健康方面的考虑，当时对于传统的学校也已经出现了露天的概念元素，能够确保教室足够通风，使得教室不再像是一个忽视个体需要的兵营式的结构，教室空间结构的设计能够使学生在一个舒适的环境中学习。

再次，教室的室内环境同样也按照以学习者为中心的教学范式设计。为了适应各种形式的教学模式，将教室空间设计得足够大，可以容纳很多的人与物，还可以适应不同的教学模式。这种灵活式的教学教室空间，更有益于学生的创作发挥。

全新的教室空间的设计，目的是对学生的学习有所帮助，在环境良好、教室设备完善的条件下，学生能够用积极的心态来面对学习。新的空间设计模式将打破传统的封闭式形态，教室中所布置的座椅、桌子以及教师所要办公的地方，都将进行变动。这种形式下，教师在讲解不同的课程时教室布置都可以针对课程进行转变。

（二）教室空间的传承与发展

未来空间的结构转变对于教室的空间设计将会产生一定的影响。教室的变迁过程也是在传统的教室空间的基础上进行的转变，这些因素同样会影响未来的发展。第一，教学方式和教室空间是相互联系的。教学方式决定空间的设计，空间设计又在一定程度上制约教学方式。在进入21世纪后，这种理念的存在仍然对今天的教室空间的变革具有很大的意义，教学理念和方法的变化同样应该体现在教室空间架构的变化中。第二，教室空间结构的变革与当下社会的时代精神之间出现了问题，新的教室空间的变革目的是解决掉这些出现的问题。当前社会条件下的时代精神已经从过去传统思想文化禁锢中解脱出来，文化之间的变化存在着不一致性。第三，自从现代教室结构形成以来，学校和教室之间存在着一定的共性，需要有不同领域的专家和专业的人员，能够突破教室在设计过程中出现的狭隘。因此，学校在建筑开发时期，应当从学生的角度出发，给学生建立一个环境适合的教学基地，使教育能够在建筑风格中表现出来。

此外，任何的建筑在设计的过程中都需要考虑建筑过程中的经费问题，需要有足够的物质基础来使设计得以进行。新的技术和新的教学设备也在影响着教室的结构。各种电子媒体、媒介的出现，也是在教学的过程中，帮助老师与学生不断革新教学方式。

为了适应不断发展的信息化社会的变化，各种新的设备、新的理念都可能会使学生的学习方式发生变化。教室使用了超大屏幕显示器使得教室空间的划分发生了变化。现实空间与虚拟空间的结合，使虚拟空间展示的方式更为宽广。当然，除了信息技术之外，建筑、环保等方面的成就也会影响教室结构的发展。

三、“互联网 +”视域下思想政治课教室空间的利用

传统教室空间是一个缺乏物质创新的教室空间，传统的教室空间只重视对学生传授知识，而忽视学生的整体发展，必然会导致学生缺乏自我学习的意识。在教室设计上缺乏学生的立场，将学生视为被动的个体，缺乏对生命自觉地认识。

（一）传统教学环境

以教师为主要中心，在课堂上面对学生传授知识，同时对学生进行提问，并让学生在课堂之后对课堂上所学的知识进行练习。这种方式主要是由教师讲述，学生听讲并辅以练习以加强学科知识记忆。传统教学突出的是在教室中进行教学活动，教师是主要传播者，在学习过程中系统地安排整理课程内容，安排课程的进度，学生扮演的主要是接受者的角色，多数的时间是以学生的听讲为主，教学时间较短，最后通过练习、考试考评授课成果来判断学生的学习能力。

传统教室主要特征有：一是教师的身体语言对学习者至关重要。教师在教会学生知识的情况下和与学生进行交流的情况下，表现出来的语言、声音等，都可以反映出教师的一种态度，这些对学习者来说都是重要的。二是师生间存在互为动态、无形的交互作用。在教学的过程中，教师的语言行为、情绪变化、心理状态的改变，都会反映在教学课堂上，引起教室气氛的变化。三是学生之间相互影响。课堂上学生之间的相互竞争的氛围，可以激发学习者的情绪或者抑制学习者的情绪，从而都会对学习者产生影响。四是学习者的注意力必须高度集中。在传统的教学过程中，信息传输的过程是一个不可重复的过程，学习者必须认真地听讲，努力地记住教师在课堂中所讲述的重点。

（二）传统教室的不足与反思

高校思想政治课教学课堂一般采用多媒体教学，课堂从原来的"粉笔+黑板"模式转变成"计算机+投影"的模式，虽然避免了单调枯燥的照本宣科，使教学效果有了一定的提高，但又停留在了教学"表演"上，弊端没有发生根本的变化，难以满足"互联网+"时代教学形态的变革，仍然存在很多问题。

一是限制了教师课堂教学能力的发挥，影响了师生之间语言及形体的交流，让学生处在被动环境下学习，难以达到思想政治理论课的教学目的。

二是内容更新缓慢，收效甚微。例如有些教师在课件制作和备课过程中，只是将网络下载的资料和课程内容进行简单拼凑，使得课件内容枯燥乏味，结构层次不清晰，内容缺乏和时事、生活的有机连接，不能与时俱进。

三是统一固定的座位布局，不利于教学活动的开展。课堂空间的封闭格局限制了诸如活动学习、探究学习、项目学习、协作学习等多种教学活动的展开，并强化了学生的顺从倾向。

四是多媒体教室的配备和控制难以满足学生探究的需要。课堂是思想政治教育的主阵地，高校思想政治课教学试图通过技术装备的投入对传统教室空间进行一定的改造，但却不能满足信息技术时代学生学习的特点和需求。

基于此，教室的物理环境和心理环境都需要做出相应的改变，才能适应互联网时代教育教学的发展变革，应对新时期思想政治教育面临的机遇与挑战。

（三）思想政治课现代教室空间变革思考

"互联网 +"时代，物联网作为积极的教学元素与教室空间相结合，扩展了教室空间的范围。从形式上看，物理空间和虚拟空间得到了很多研究者的认可；从技术与教室互动发展来看，推动了教室由传统教室、多媒体网络教室到现代教室的发展；从教室空间的内涵来看，思想政治课现代教室空间应该是学习资源获取便利，教学内容呈现情景化、可视化，能够促进课堂交互开展，充分发挥课堂主体的主动性、能动性，促进主体和谐、自由发展的教与学的新型空间环境。对于思想政治课现代教室空间的变革要重点思考以下几个问题：

首先，现代教室空间优化的基本理念。关于现代教室空间建设的思想有很多不同的表述，但其理念基本是一致的，均强调以人为本，增强学生的主观能动性，促进主体人格的完善，最终实现学生的全面发展。

其次，思想政治课教室空间设计的主要目标，应该体现于服务和支持思想政治课教学改革。一是支持思想政治课教学结构变革。高校思想政治课教学改革的关键是将教师主宰课堂的、以教师为中心的传统教学结构，改变为既充分发挥教师主导作用，又突出体现学生主体地位的新型教学结构。同时，思想政治课教室空间的设计必须具备灵活的空间布局、动态课桌椅组合、多显示屏空间、数字学习终端等多种特征，以满足课堂教学系统四个要素地位和作用的改变。二是实现不同教室空间功能的互补。根据思想政治课教学的特点，将现代教室模块化，以适用于不同教学应用模式。

最后，在建设方案上主要遵循主导原则。满足教学活动的实际需求，在保证方案实用性的基础上，还应提升整个教室环境的智能化水平，以适应未来智慧教室的发展趋势，发挥整体系统的最优性能，充分考虑到未来系统的升级与扩充。

第四节 “互联网 +”时代高校思想政治教育手段运用分析

本节主要从高校思想政治教育网站的建设、QQ 群空间利用、博客运用以及微信的利用来研究分析“互联网 +”时代高校思想政治教育手段。

一、高校思想政治教育网站的建设

随着网络信息技术的快速发展，网络不断深入人们的学习与生活中，对人的政治态度、思想观念以及价值取向都产生深刻的影响，因此，思想政治教育工作需要新的教育方法，需要利用网络资源完成思想政治教育。然而，网络思想教育必须依靠网络平台才能实现。

首先，对高校思想政治教育网站进行简单的介绍。思想政治教育网站又名为“红色网站”，是高校利用网络向受教育者传递先进的思想政治理论，全方位渗透马克思主义观点，准确传达党的政治立场，培养遵守社会主义社会道德规范和具有较高素养“四有”新人的平台。清华大学汽车工程系于 1998 年建立了“红色网站”，这是我国第一个“红色网站”。这之后，随着我国政府对网络思想政治教育的重视以及相关政策规定的出现，各相关机关、高校以及企业也开始建立“红色网站”，作为我国传统思想政治教育的补充和延伸。“红色网站”的出现进一步丰富了思想政治教育的手段及内容，在引导国民建立正确价值观、人生观，提高政治思想素质等方面发挥了巨大的作用。经过多年的发展，几乎所有的高校都建立了专门的思想政治教育网站。

其次，对高校思想政治教育网站影响力的现状进行概括。经过多年的努力，虽然高校思想政治教育网站的数量不断增加，但其影响力依旧不足。本小节我们以绍兴某高校思想政治教育主题网站为研究对象，对高校思想政治教育网站的影响力进行详细介绍：第一，知晓率不高。绝大多数学生虽然了解思想政治教育网站，但不知道具体有哪些网站是以思想政治教育为主题的，而且有将近一半的学生并不知道自己的学校存在思想政治教育网站，更不用提知道本校思想政治教育网站的名称了。通过一系列的调查发现，大学生大多只听说过本校的思想政治教育网站，并未进行过进一步的了解。所以说思想政治教育网站在大学生中的知晓率较低。第二，关注度较低。大学生们较多浏览与娱乐或新闻相关的网站，极少有人浏览与思想政治教育相关的网站。就“希望的田野”这一思想政治教育主题网站来讲，只有极少数的学生曾经浏览过。大部分学生表示即使知道本校有大学生思想政治教育网站也不会去浏览。他们对思想政治教育网站并不关注，更喜欢浏览一些知名度较高的网站。这就说明思想政治教育网站在学生中的关注度较低。第三，认可度不高。经调查发现，有将近一半的大学生对建设思想政治教育网站持无所谓的态度；他们认为当前的思想政治教育网站并未发挥其教育的功效；绝大多数学生并不看好思想政治教育网站的发展前景。这就反映出大学生们对思想政治教育网站存在不满，并不认可现行的思想政治教育网站。

二、高校思想政治教育工作中 QQ 群空间的利用

随着网络技术的不断发展与运用，QQ 群应运而生，并建立于不同的领域。QQ 群是将对同一事物感兴趣的不同地方的人们聚集在一起，进行沟通与交流。高校、社会团体在不同层面建立了 QQ 群空间，可以实现资源共享，便于群内成员随时留下自己的独到见解。高校通过建立与思想政治教育有关的 QQ 群，为教育者提供了交流平台：一方面，能够推广好的工作经验，激发群内成员自主学习的积极性，提升自身的业务水平；另一方面，当遭遇困难较大的问题时，能够通过与他人进行交流，得到最优的方案，进而提高思想政治教育的解决问题的能力。

（一）利用 QQ 群空间开展思想政治教育的优势

一是随时可以掌握教育对象的思想动态。在传统的教育与管理模式中，

部分教育者与受教育者的交流存在一定的顾虑。而在 QQ 群中，所有的成员都可以选择以群聊或私聊的方式实现随时随地与教育者的无障碍沟通。QQ 群能够保证教育者与受教育者进行自由平等的交流，减轻双方在交流过程中的压力，促进受教育者与教育者的即时交流与沟通，避免问题的堆积。此外，教育者可以通过 QQ 群聊的细节，掌握受教育者的思想动态，从而有针对性地开展思想政治教育工作。

二是提高信息传达有效性。随着互联网的逐渐形成以及在思想政治教育领域的普及，教育者的权威性受到了挑战，更何况管理干部的能力以及素质也是参差不齐的。管理者对政策以及活动的传达不力，会导致好政策、好活动难以实现好的效果。而增加 QQ 群的辅助就会取得不一样的效果。首先可以避免遗漏细节，增加传递信息的范围以及途径，使教育对象更容易接受平等方式的教育，在教育过程中拥有更多的话语权。同时，还可以激发普通群众参与思想政治教育工作的积极性。

三是信息发布及时性与持久性。通过使用 QQ 群可以及时在网上进行消息的发布，任何人都可以在 QQ 群中发布相关的消息，从而保证信息发布的及时性。通过网络手段作为辅助，在 QQ 群聊中强调发布信息的重要内容，或者将细节上传至 QQ 群中，方便每位成员进行查阅，也就保证了信息的持久性。

四是解决思想问题的及时性和详尽性。在 QQ 群中，可以随时随地地解答各种问题或提出各种疑惑，且尽可能详尽，不必担心过于频繁的交流会给教育对象带来负担，使教育对象对思想政治教育产生不耐烦的心理。

（二）利用 QQ 群空间开展思想政治教育应注意的问题

一是在建立各种 QQ 群时最好是实名制。建立 QQ 群时实行实名制，能够避免别有用心的人通过 QQ 群发布虚假消息，对网民造成不良影响。但有时为了打消 QQ 群成员的顾虑以保护其私密性，使其能够大胆地发表自己的意见，就不需要实名制。

二是在各种 QQ 群中，思想政治教育者不必担任群主。具体表现为以下几种情况：第一种情况，不具备担任群主资格的教育者，由于群服务会占用大量的服务器资源，因此仅允许满足条件的会员建群担任群主，并且有数量和规模限制。建群要求：QQ等级一个太阳以上或者QQ会员。第二种情况，当教育者的网络知识不充足时，不能够担任群主。第三种情况，当教育者没有时间和精力管理群时不能担任群主。考虑到教育工作者的情况，可以担任QQ群管理员这一职务，QQ群管理员也能够进行QQ群文件管理、公告发布以及人员增减管理等任务，既实现对QQ群的有效管理，又不会被群主的责任所累。

三是不能取代传统思想政治教育。QQ群是将现实与虚拟、传统与流行科学有效地结合，在现在思想政治教育工作中使用QQ群已成为必然的选择。但是，传统思想政治教育渠道所发挥的作用仍不可忽视。因此，不能本末倒置，顾此失彼，应该统筹兼顾，优势互补。

三、高校思想政治教育工作中博客的运用

博客也就是我们所说的电子日志，可以分为个人博客和群体博客两类。思想政治教育工作者如若可以访问受教育者的私人博客，就能够更加准确地了解当事人的思想动态。群体博客是进行群体思想政治工作的载体，一般由思想政治教育工作者发布主题。在群体博客当中，每个参与者都能够自由地发表个人见解，但也要接受别人给予的评判。在群体交流和探讨过程中，人们的情感以及道德观念等得到提升。值得注意的是，由于网络具有匿名性，博客中难免出现措辞激烈的现象。对此，教育者要始终保持宽容的心态，对受教育者进行积极、正面引导。

（一）博客——自主呈现与分享

博客作为从网络边缘崛起的势力，具有多元化的趋势，其内容以及组织形式多种多样。

从理论上讲，高校思想政治教育工作者的博客主页空间通常包括：对自身日常工作的记录、对管理制度以及设置这些制度的原因和标准进行公布和公示各类信息、发布通知、对班级同学的进步进行记录、记录自己工作和生

活的感悟以及对网络上的好文章进行转载。

博客对每个网民而言都是平等和开放的，只要经过注册就能拥有个人博客空间，在这里没有身份和宗教信仰的差异。所有的人都能够参与其中，表达自己的观点或信仰。博客多为匿名注册，在虚拟空间之中，减少了对博客使用者的束缚。通过匿名注册运作博客，使用户能够进行平等的交流，增加网络交往的随机性和不确定性，从而导致网络伦理冲突变得越来越激烈。正是因为博客存在着匿名、虚拟等特点，使得申请者对自己的言行不负责任，甚至是违反法律法规。

随着博客的发展与网络发展速度的加快，西方国家已经将网络社区作为意识形态渗透到文化软实力之中，成为软文化入侵的首选。正因为网络博客的互动性与超级链接性，因此难以实现追根溯源，所以利用博客空间进行政治意识形态的输出是一种低成本、低风险的方式，但对大学生造成的恶劣影响却不容忽视。就目前博客的发展趋势而言，在博客界面进行思想政治教育工作，要注意以下几点：第一，始终在博客中弘扬思想政治教育中的主旋律，避免受不良思想的侵蚀。在设置博客空间话题以及特色议程时，要以本土文化为主，以爱国主义思想引导广大学生。第二，在博客议程设置中凸显本土文化，在文化交融中增加传统文化和民族文化的魅力。第三，增加文化凝聚力，增强民族认同感。通过博客激发大学生的群体凝聚力，从而使思想政治教育工作的水平发挥得最好。

（二）博客在高校思想政治教育中的积极作用

一是开启了一扇掌握大学生思想脉络的窗户。当代大学生的个性较为突出，具有丰富的感情和表现自身的欲望，在现实生活中他们的这些需求无法得到满足。因此，无法准确地把握大学生的思想状态。一方面，在现实生活中学生不愿意进行自我表达，这就导致教育者难以收集到来自受教育者的一手思想状态资料；另一方面，面对面的谈话容易使学生产生压力，而无法获得其真实想法。而如今许多大学生都喜欢在博客上分享自己的生活以及内心的想法，因此，思想政治教育工作者可以通过学生的个人微博掌握其思想动态，发现问题并及时进行解决。

二是为思想政治教育的开展推开了一扇门。传统的思想政治教育通常是以团体活动或一对一访谈的形式为主。团体活动的覆盖面广，但无法针对每一个学生进行思想政治教育；一对一访谈虽然可以针对每一个学生进行教育，但覆盖面较窄。而博客则兼顾了这两方面特性，既能保障学生的隐私，又能提高信息交流的效率；既扩大思想政治教育的范围，又能针对学生的实际情况及时调整方案。此外，我们还能通过博客进行答疑解惑的活动，或发布最新的资料以及生活提示，始终与学生保持密切联系，使思想政治教育更有温度。

三是为思想政治教育内容拓展了一片天。大学生对新鲜事物具有较强的求知欲，互联网能够对信息进行及时的更新。在博客的基础上开设的网络思想政治教育课的内容较为丰富。可以通过最新的社会事件引发学生的兴趣，从而有利于教育工作的展开。如今各大传统媒体都纷纷开设了博客与微博，及时发布权威信息，减少大学生收集资料的时间。

四是为思想政治教育时效性增强了一股力。网络思想政治教育具有较强的实效性，且能够方便、快捷、迅速地发布信息，实现资源的浏览和转载。在与学生的交流过程中产生思想的碰撞，促进大学生对思想政治的学习，从而使思想政治教育工作发挥更强的实效性。

四、高校思想政治教育工作中微信的利用

当下社会，微信已然成为一种生活方式。如何通过微信开展思想政治教育成为新时代的又一课题。

（一）微信与认知新培养

微信作为一种即时快速的通信工具，能够实现人与人之间更加便捷的交流，具有灵活、节约成本、显示实时输入状态等功能。微信是一个对所有用户免费开放的软件，在使用过程中只需支付少量的流量费。所有的用户都能够通过微信来构建自己的公众账号，而且对名字没有任何限制。用户可以通过公众号实现信息共享。

随着新媒体的不断发展，人们越来越离不开手机。就目前而言，微信的用户高达 4 亿，而其中大部分为年轻人和学生。对于学生而言，手机不仅是进行聊天的工具，还是一种生活方式，对大学生的生活产生深刻的影响。

以移动学习为例，顾名思义，移动学习就是利用移动设备进行随时随地的学习。虽然在国内，移动学习在一定范围内已被应用，但仍存在发展的空间。智能终端是制约移动学习进一步发展的重要因素，其普及率以及移动网络资费和学习资源都对移动学习有所影响。微信的出现促进了移动学习的发展，给予大学生全新的认知培养。微信 APP 应用能够帮助大学生完成学习活动。只要在手机上安装了微信应用，仅支付少数的流量费用就能使用微信。与此同时，微信的客户规模较大，共享新平台上的资料可以被所有用户使用。这样的资源库使得大学生更加容易获得学习资料。因此，微信特别适用于互动式的学习。目前生活节奏较快，师生难以实现一对一的沟通和学习，而微信能够为教育双方提供随时随地交流的平台，实现师生一对一的沟通与交流。

另外，微信的朋友圈功能为教学互动和同学交流提供了便利条件。任何学习组织都能通过微信平台进行实时信息共享。微信平台通过自身强大的分享能力，将网上的教育资源进行整合；通过二维码、推送等功能，实现学习资源的高效利用；通过教师的推送消息，实现教学内容的及时更新。也可以通过搜索功能在微信上建立虚拟班级和虚拟课堂。 微信虽然无法对移动学习资源进行优化，但能够凭借自身的优势为学习者提供更多的选择和交流的方式。微信是一个拓宽认知的平台，便于学习者对各种信息的阅读和相互交流。

（二）微信为思想政治教育带来的挑战

一是微信传播时间上的即时性向思想政治教育提出了新挑战。微信作为最具即时性的信息传播平台之一，能够为所有人提供一手信息。这也是对过去由主流媒体主导传播格局的颠覆。正是由于微信能够进行实时交流，能够满足大学生学习和交往的需求，青年人在“微信”里进行信息沟通的同时也有可能受到错误思潮的影响。此时，思想政治教育工作者就会面临这样尴尬的境地：教育者讲授的内容受教育者早已知晓，受教育者说的新名词和新鲜事，教育者却可能闻所未闻。因此，微信的即时传播为思想政治教育工作的开展带来了巨大挑战。

二是微信传播内容的碎片化向思想政治教育提出了新挑战。微信作为一种新兴的信息传播与交往中介，在信息传播过程中容易将信息碎片化。微信中的信息一般是个人的生活细节或新闻、事态的滚动进展，每条内容表达的信息有限。基于微信语言的碎片化，网络信息的内容与教育者所表达的内容可能会出现差异，甚至相悖。这就有可能导致受教育者在思想上产生混乱甚至是逆反。

三是微信传播方式的裂变向思想政治教育提出了新挑战。微信作为信息传播的新形式，属于裂变式传播。这种传播方式的覆盖面较广，容易激发人们产生表达欲望。重大事件发生时，一些别有用心的人就会在微信平台上刻意对事件事实进行夸大，甚至掩盖事实真相捏造虚假消息。这些不实信息将对网络环境以及网络秩序产生直接的影响。因此，对微信平台进行有效监管，筛选掉不良信息，阻止网络谣言在网络上的扩散，让它们在促进人们信息交流的同时，还能够保证信息的真实性，是值得思想政治教育工作者思考和探索的问题。

第六章

“互联网 +”时代高校思想政治理论课教学研究

本章主要从高校思想政治理论课的课程变革、高校思想政治理论课教学模式创新、高校思想政治课教学资源设计与制定以及高校思想政治课考试方式变革几方面进行研究。

第一节　高校思想政治理论课的课程变革

互联网时代，知识越来越具有社会性、创新性、碎片化的特征，人们的学习资源越来越多元化。思想政治理论课必须不断进行改革来适应社会需求，将互联网思维运用到教学改革和课堂教学中，让互联网与思想政治理论课进行深度融合，创造新的课程形态，以实际行动推动高校思想政治工作迈上新台阶。

一、思想政治理论课面临的挑战

思想政治理论课教学面临着一系列挑战，如大学生价值多元化、知识碎片化、学习功利化等，在很大程度上制约了思想政治教育工作的有效性。

一是多元文化和多元价值观念的冲击，增加了思想政治理论课的教学难度。多元文化为我国文化繁荣和大学生个性丰富与思想解放带来了积极意义。同时，也导致了极端利己主义、拜金主义、享乐主义等价值观念，削减、弱化了社会主流意识形态的主导力和影响力，使得社会主流文化的权威遭受着挑战。

多元文化和大学生价值观的分化，使思想政治理论课话语体系和教师权威受到了前所未有的挑战。因此，思想政治理论课教师在给学生讲授马克思主义理论科学性的同时，也要深入研究并讲授各种思潮、文化的由来和实质，只有这样才能让大学生在多元文化和价值观念面前明辨是非。

二是教材和教学偏理论化，与社会现实存在着差距，影响了大学生对教学内容的信服度。在实际的教学过程中，教师要结合学生的认知特点，把教材体系转化为教学体系。教师在讲授内容时，不能过于理论化，要注重对现实问题的结论性讲授，不能忽视对现实问题生动、可读的剖析和讲授过程，要与实际紧密联系。

三是学习目的和动机的功利性倾向，导致大学生对思想政治理论课的"实用性"认识不足。思想政治理论课是世界观、人生观、价值观的教育，是马克思主义理论对解决现实问题的指导。当代大学生相互之间存在较强的攀比心理，加上就业压力的不断增大，竞争意识增强，但与社会的联系较少，使得他们在认识和审视问题时，多会从功利和实用的角度出发，因此导致部分学生会认为思想政治理论课对专业学习和就业没有帮助，可有可无。为此，在教学中，思想政治理论课教师必须深入研究现实问题，做出理论上的解答，解决学生思想上的困惑。

四是内容系统性和学生思维碎片化之间的矛盾，导致学生学习专注度降低，缺乏耐心。随着信息化时代移动互联网的极速发展，微博、微信、微电影、微视频、微小说、微学习等的不断涌现，大学生的学习呈现碎片化与泛在化的趋势。大学生面对海量信息却造成了信息的选择、筛选和学习难度增大，使其难以找到对自己真正有用的核心信息并对教育信息的关键部分进行有意注意，导致思维认识上碎片化、无序化。

五是移动通信设备的普及吸引了大学生太多的注意力，影响了思想政治理论课的效率。大学生利用互联网和智能移动终端，很方便地获得各种信息，更广泛地与人交流，丰富了大学生的精神生活，这使学生对教师的依赖性减弱，同时也导致一批"伸手党"的诞生。网络信息的广博性和共享性，使得各种信息一经发布就能迅速传递到世界各个角落，使得大学生不愿意主动思考问题，只愿当"伸手党"坐等现成答案，解决问题的能力弱化。

二、思想政治理论课课程形态的变化

信息化网络的兴起为高校思想政治理论课创新带来了契机，创新了课程形态，提高了思想政治理论课教学的实效性。

（一）课程内容的变化

1. 内容趋向开放性

现代社会的知识更新速度不断加快，互联网的海量信息使得更多及时和前沿性的知识信息可以快速进入课程体系，丰富了课程资源。各种网络信息经由手机、平板、电脑等终端利用，新的学习方式让大学生在学习过程中敢于独立思考，也对各种社会现实问题提出质疑，冲击了思想政治理论课教师的权威性。课程内容越来越趋向开放性，不但极大拓展了学生的视野，也催生出大学生更多的新观点、新思想，激发了学生的参与热情。

2. 理论性与现实性的融合与转化

信息化网络让思想政治理论课与大学生实际生活的连接更紧密，打破了传统思想政治理论课学习的界限，使学习者通过主动连接，获取更为丰富的学习资源，掌握更多的知识和信息。这样也解决了思想政治理论课回避、无视甚至遮蔽社会现实的问题，引导大学生关注社会问题，并寻找这些问题产生的原因。

3. 内容呈现"微化"趋势

随着社会信息技术的不断变革，微博、微信、微电影、微视频、微小说、微学习等不断涌现，人们的学习呈现碎片化与泛在化趋势。思想政治理论课程也在逐渐进行"微化""碎片化"，从而适应大学生学习方式的碎片化与泛在化转变。因此，教师需要通过微博、微信等途径及时把握大学生的思想动态并与之互动，不断渗透到大学生的日常生活领域中。

（二）课程载体和表现方式的变化

1. 课程媒介多元化

在人类发展进程中，泥板、贝叶、简牍、纸张等都曾扮演过教学信息媒介的角色，承载着相应的教学信息。其中印刷术与造纸术的相互配合，使得纸质媒介的书籍更轻便、易于携带。随着网络信息媒介的发展，信息技术介入课程领域，使课程领域形态发生了重大变化，课程的载体转变为数字存储。教师可以利用网络对文字、图片、动画、音频、视频等教学信息进行处理和整合，并借助网络设计和制作动态的教学课件、获取更加丰富的辅助教学资源。

对于高校思想政治理论课而言，无论何种载体的拓展，都必须承载一定的与教学效果相一致的思想政治理论课教学信息，并被大学生所认同、理解和接受，才能成为有效的思想政治理论课教学载体，与课程内容及课程实施方式进行有效协同，共同推进课程的实施和开展。

2. 课程语言网络化

语言是人们进行沟通交流的各种表达符号，是人与人交往的主要载体。语言载体是思想政治理论课教学的最基本载体，是教育者与教育对象沟通的主要方式，承担着发出、输送、解释课程内容和信息的重要功能。

随着社会与时代的不断发展，网络语言虽然是由一些特殊字句、数字、符号、拼音、英文字母杂糅而成，但其在网络平台快速传播，已经成为大学生的习惯用法，影响着他们的话语表达方式及价值观念。在这种情形下，思想政治理论课的语言表达需要适应大学生语言表达方式的变化，教育者需要学会站在学生的立场考虑，理解网络语言，学会恰当使用网络语言。

（三）课程实施的变化

1. 课程实施空间拓展

信息化网络思想政治教育的发展突破了传统教学空间的限制。在教师教学的过程中，充分利用互联网丰富的资源充实课程内容，使教学资源呈现开放状态。网络教学平台的利用，转化了课程内容和资源，根据学生反馈不断进行优化，实现课程内容的快速迭代，让学生的学习行为可以在任何位置、任何时间进行。同时，“翻转课堂”、大规模在线课堂、微课等新的课程实施形式，让教师无须再规定时间和地点授课，学生也可以完全自由安排学习时间和学习方式来学习。

2. 课程注重学习的实践性

信息化网络拓展了思想政治理论课课程资源，丰富了课程载体，也拓展了课程实施空间，但网络虚拟信息也为思想政治理论课教学信息的有效传递带来了考验。因此，思想政治理论课要求教师在课堂上与学生面对面、点对点沟通交流，让课程教学实现线上线下共同发展。

3. 课程趋向开放化

随着信息化网络的发展，教师在知识和信息量上的核心竞争力逐渐弱化，而学生的能动性和主动性愈加凸显。大学生通过微博、微信、朋友圈等各种信息手段，学习更加自主，借助于互联网获得更为开放丰富的信息和资源；

教师需要结合互联网的使用，形成愈加开放而有张力的教学形式，师生对话趋向平等、开放。

4. 课程越来越智能化

随着各种网络教学平台的开发和普遍使用，在线课程的数据化服务让思想政治理论课越来越智能化，为课程实施提供了更多的选择性。网络教学平台搜集的大数据分析能精确地反映每个人的知识结构、能力结构、个性倾向和思维特征，使实施个性化的思想政治理论课程成为可能。

三、思想政治理论课课程设计的原则

课程设计的实质是在教育目标的指导下，对课程理念和操作技术进行系统规划，从而将知识经验进行有效选择和重组，使其面向未来社会成员的生存和发展，展现课程的价值和地位。

从宏观层面来说，坚持课堂教学与日常教育相结合，坚持思想政治理论课与专业课相结合，坚持校内与校外相结合的基本原则。从微观层面来说，高校思想政治理论课需要运用网络思维，更新课程建设理念，借助互联网技术和平台，完善课程内容，设计更加合理的课程形态，有效推进课程改革。

一是课程设计要以人为本。在思想政治理论课的课程设计中，要充分考虑利用大学生的需求。在思想政治理论课的慕课、微课、"翻转课堂"设计和建设中，要尝试通过多种媒介"各尽其用、各成其美"，为大学生的学习提供更多的学习工具和手段，满足大学生的学习需求。还要在设计相关环节时，对大学生进行网络学习的指导，帮助他们提高知识水平和信息技术水平，使其尽快适应网络学习的要求。课程设计要充分利用网络平台和技术，充分调动大学生的能动性，带动其全程参与课前网络学习—课中研讨互动—课后实践探索相结合的学习过程。推动大学生在教师的指导下自觉进行自我塑造和自我教育，实现教学目标。

课程设计要加强对学生情感的关注。在课程设计中，思想政治理论课要注重教材体系向教学体系的转换。要善于将教材文本话语向课程教学口头话语转换，使用通俗易懂、活泼生动的语言体系，用学生听得懂的话语阐释深刻的马克思主义理论。

二是课程设计要具有可实践性。在课程设计中，思想政治理论课可以采用任务驱动的方式，组织学生结成学习小组。设计相关环节，引导小组成员共同分析、讨论案例，让大学生在团队协作中共同学习、共同成长，增强课程内容的实践性。

思想政治理论课可以充分利用网络教学平台，促进师生之间、生生之间的相互了解和情感交流，帮助大学生克服交流恐惧和懒惰，推动其积极勇敢地加入讨论，促进大学生为解决具有挑战性的问题而合作、讨论、共享解决思路，拓展学习视野，学会多角度审视问题，并反思自身不足，及时做出调整。

三是课程设计要具有可生成性。思想政治理论课的生成性要从课程知识的生成性、学生学习过程的生成性、师生互动的生成性等方面进行设计。

思想政治理论课课程知识是在课程实施过程中师生共同参与生成的，具有过程性、参与性、开放性和进化性等特征的知识。课程知识是学生在课程实施过程中发挥主观能动性，通过搜集材料、讨论、交流、提出问题、发表评论、参与实践等途径，不断产生过程性信息的知识，而非学生单一被动接受的知识。

学生对课程知识的吸收不是被动接受单向灌输和教育的过程，而是主动建构生成知识经验的活动。学习并非是被动接纳知识和信息，而是主动建构自身对知识的理解、分辨、选择，最终为自己所用。

思想政治理论课还要注重师生在教学过程中的主动性与能动性。课程设计要符合教师与学生的生活实际，由教师和学生共同缔造，不是预先设计好的固定发展路径，师生基于自身的理解而产生的新知识、新体验和情感态度、价值观等都是生成性课程资源，是课程生成的潜在开发者。

四是课程设计要注重课程整体性与碎片化和泛在化学习的统一。随着网络技术对人们生活、工作和学习的渗透性影响逐渐加大，思想政治理论课需要适应网络技术的发展趋势，设计更好的学习资源和学习环境，支持大学生碎片化学习和泛在化学习，同时也要注重对碎片化和泛在化学习的有效整合。

思想政治理论课需要在碎片化学习的视角下，设计相应的微课程，满足当前大学生的学习需求。在设计上，利用图片、图像等元素动态呈现教学文本的内涵，以便学生准确掌握具体课程内容，注重激发大学生进行深入思考，运用互联网整合课程信息传播网络，并推动高校思想政治理论课教师通过微信、微博、QQ 等不断跟进课程实施，丰富课程资源，满足大学生泛在化学习需求。

思想政治理论课的微课程设计要体现课程的有序性和整合性，以帮助大学生获得学习的整体性和系统性思维。每一节微课程设计都要在第一时间抓住学生的兴趣，通过微课程设计很好地把不同微课程关联起来，帮助学习者建构稳固的知识体系。微课程是利用移动智能终端、网络教学平台和软件支持系统对学习活动有效设计，是有计划的完整的教学过程。思想政治理论课利用网络教学平台有步骤地合理安排不同的教学活动，从而有效促进学生对课程内容的深入认知和加工掌握，帮助学生对碎片化的知识和信息进行有效整合，引导其在理论与实践、过程与方法、情感态度与价值判断等方面得到整体性发展。

五是课程设计要强化"教与学"的交互。思想政治理论课要坚持在改进中加强，提升亲和力和针对性，满足学生成长发展需求和期待，强化师生之间"教与学"的交互，提高课程的实效性。

在信息化网络教学环境下，思想政治理论课"教"与"学"的边界逐渐模糊化，自上而下单向度教育的模式被打破，平等交互成为新型师生交互模式。信息网络为"教"与"学"的互动提供了优良的条件和技术支持，思想政治理论课要设置多渠道对话途径以实现师生之间、生生之间的良好对话交流，善于利用互联网平台，从不同层面向学生推送学习内容，扩展课程资源。

六是课程设计要合理运用技术。课程设计必须紧紧围绕育人这一根本出发点，统筹思考技术规律和技术理论，才能实现课程的信息化与人的发展之间的良性互动。思想政治理论课必须加强技术与课程的深层次融合，才能使技术更好地服务于课程目标的达成。

第二节　高校思想政治理论课教学模式的创新

教学模式是在一定教学思想或教学理论指导下建立起来的、较为稳定的教学活动结构框架和活动程序。高校思想政治理论课教学模式的创新一直是其教学改革的重要课题。

一、高校思想政治理论课教学模式的瓶颈

（一）传统教学模式的局限

传统教学模式主要有讲授式教学模式、发现式教学模式、掌握式教学模式等。而思想政治理论课传统的教学模式则普遍以讲授式为主，强调了学生在教师的指导下高效、集中地学习理论知识，掌握基本知识和技能。但这种教学模式面对教育信息化的趋势，存在一些不足之处。

第一，过多强调教师在教学活动中的地位，学生的主体性较弱，不利于培养学生主动获取知识的能力和创新能力，容易引起学生学习的懒惰性。

第二，教学目标单一化。传统的教学模式过多地关注学生的学习结果而忽视了学生学习过程和创新思维的培养。因此，思想政治理论课需要根据大学生的实际情况，关注学生在学习过程中获取知识、分析问题、解决问题的综合能力，推动学生创新创造能力的培养。

第三，教学结构固定，评价模式单一化。在评价方式上，传统教学模式更多使用诊断性评价、形成性评价和终结性评价。往往以期末笔试成绩或结课论文的成绩为主，结合平时考勤来给学生定性评价，这种评价方式难以全面考查学生学习过程的变化，评价缺乏针对性。

（二）信息化教学模式有待完善

随着信息技术的发展，很多高校开始尝试进行信息化教学模式改革，一些高校投入大量资金开展了"慕课"建设，取得了一定的成效，但也遇到一些发展瓶颈。

第一，信息技术与思想政治理论课教学要素并没有真正有机结合起来，线上线下教学没有实现一体化运行，忽视了情感、态度和价值观的教育，对学生在线上的学习过程关注不足。

第二，思想政治理论课教师还是扮演着权威者的角色，采取传统的讲授式教学模式。教师只是从讲台讲授换成了在视频里讲授，学生从坐在课堂听课变成坐在电脑前或拿着手机听课，师生之间缺乏真正平等的交流、交锋和交融。

第三，教学内容难以贴近学生、贴近生活、贴近实际，线上教学内容缺少教师与学生互动情景的设置，不利于情感教学的实施，难以较长时间吸引学生的注意力和兴趣。

第四，没有完整的教学评价体系，使得教师对于学生的学习状况没有一个准确、完整的认知，学生在学习结束后也难以对自己的学习成果进行自我评价。

信息技术的发展对高等教育教学质量提出了更高的要求，只有推进信息技术与高等教育的深度融合，创新人才培养模式，才能为高校解决教育任务。因此，高校思想政治理论课要积极利用信息技术，创新教学理念，重构教学逻辑，改变单向灌输的教学方式，提升教学效果，形成较好的"教学相长"模式。

二、高校思想政治课教学模式创新

随着新时期、新任务、新问题、新环境的产生和变化，尤其是在"互联网 +"视域下，高校思想政治课教育教学必然要本着开拓创新、与时俱进和求真务实的精神，坚持从实际出发，积极探索新形势下高校思想政治课教育教学的新模式、新方法。

创新思想政治课教育教学，关键是创新思想政治课教育教学方法，要把握思想政治课教育教学的规律性，找到教育者与受教育者之间紧密契合的桥梁，以增强教育的实效性。

（一）根本方法

思想政治课教育教学融入教育全过程，其具体要求：充分发挥课堂教学的主渠道作用，充分发挥社会实践的养成作用，充分发挥校园文化的熏陶作用，充分发挥教师队伍的示范作用，充分发挥校园网络的引导作用。建立课堂教学纵向学生成长成才思想政治课教育教学链；建立横向课堂教学、社会实践、校园文化、师资队伍、校园网络五方面协同联动式思想政治课教育教学链。

"互联网+"最大的优势就是以人为本，连接一切，有效地将高校校园与思想政治课教育教学有关的各个环节连接到一起，落实到教育教学和管理服务各环节，覆盖所有学校和受教育者，形成"互联网+"全时空思想政治课教育教学，建立思想政治课教育教学链，搭建课堂教学、社会实践、校园文化多位一体的育人平台。

（二）具体方法

一是"互联网+思想政治课建设体系创新"。高校思想政治理论课是巩固马克思主义在高校意识形态领域的指导地位、坚持社会主义办学方向的重要阵地，是全面贯彻落实党的教育方针、培养中国特色社会主义事业合格建设者和可靠接班人、落实立德树人根本任务的主干渠道，是进行思想政治课教育教学，帮助大学生树立正确世界观、人生观、价值观的核心课程。"互联网+"给思想政治理论教育教学提出新的挑战。一些大学开始探索"互联网+"条件下的网络思想政治课，如清华大学的思想政治课"慕课"版，北京大学和复旦大学的思想政治课"慕课"，西南大学利用互联网技术实施在线教育，中国人民大学的微信公众号"别笑，我是思修课"等微课堂的开设，以及河北大学的微电影教学法等，这些都受到大学生的喜爱和关注，使得思想政治课变得生动有趣起来。

二是“互联网+日常思想政治课教育教学”。高等院校开展思想政治课教育教学，必须结合办学治校实际和专业特色，针对大学生思维活跃、易于接受新鲜事物、擅长使用网络工具的特点，实现思想政治工作与信息技术高度融合，通过大力开展丰富多彩的网络主题教育活动，努力营造网络育人的浓厚氛围，从而达到内化于心、外化于行的良好效果。

要全面加强校园网的建设，使网络成为弘扬主旋律、开展思想政治课教育教学的重要手段。建立校园网、主题教育网站、网络思想政治课教育教学队伍、QQ群和微信群、网络舆情监管的有效连接，要利用校园网为大学生学习、生活提供服务，对大学生进行教育和引导，利用官方微博和公众微信号传播正能量，不断拓展思想政治课教育教学的渠道和空间。加强网络思想政治课教育教学队伍建设，密切关注网上动态，加强同大学生的沟通与交流，开展深入细致的思想政治工作和心理健康教育，提高思想认识和精神境界，引导大学生健康成长，运用技术、行政和法律手段，牢牢把握思想政治课教育教学主动权。

三是“互联网+社会实践”。“互联网+社会实践”的开展需要培养实践主体的互联网思维，还需要拓展虚拟实践。

互联网思维，指在移动互联网、大数据、云计算等科技不断发展的背景下，对市场、产品、企业价值链乃至整个商业生态进行重新审视的思考方式。互联网思维用在教育教学上就形成了“互联网+”教育思维，是以受众为核心即“以学生为中心”的思维，教学内容要具有针对性，及时追踪学生思想动态，要将“创新”体现在教学流程的每一个环节，做到“微创新”，根据学生数据信息挖掘他们的“关注点”，搭建课堂教学、网络教学、社会实践“三位一体”的育人模式，实现网上网下思想政治课教育教学联盟。

伴随着社会和互联网的飞速发展，现代信息技术的发展催生了新的实践形式——虚拟实践。思想政治课教育教学的虚拟实践可以通过“虚拟体验”“网络调查”“虚拟创业”等活动学习“交互式思维”，树立“超前思维”“创新思维”，提升虚拟实践能力。

（三）具体方法示例

一是动漫课堂。动漫课堂是基于互联网与课程学习同步，以动画、动漫这种青年学生喜爱的、容易接受的艺术形式来教育人，其内容丰富、形式活泼、短小精悍、寓教于乐，通过精心编排可以将哲学大道理化作小细节，让受众边看边学边理解，将学习兴趣推向顶峰的网络互动学习舞台。作为"互联网＋"时代的新兴产物，高校思想政治课教育教学过程中也可以引用这种方式。但是这就要求思想政治课教师平时注重学习、掌握一些专业网络技术。另外，思想政治课教师也可以利用网络资源，查找各种典型动漫视频，将动漫视频引入课堂，使学生可以非常形象地增强对中国政治的学习和关注。

二是慕课。慕课教学集合了网络远程教育的优点，能多方面、多角度、多元化满足广大学生对不同教育的需求，极大地改变了知识传播方式、教育方式与学习方式，最终将会带来高校教育管理体系与管理制度的变革。

三是微作品。微作品，不仅有利于课堂教学效果的提高，而且有利于促进大学生对于思想政治课教育教学内容和思想的真正理解和内化，有利于他们在实践活动中提高自身思想认识和价值认知。

四是微实践。微实践可以穿插于实践活动中的任何一个环节，可以截取实践活动中最精彩、最重要的部分进行传播。同样思想政治课教育教学实践也可以采取微实践的形式，在全校、全社会积极营造良好氛围。

三、"翻转课堂"教学模式

一般认为，最早试验"翻转课堂"的是美国科罗拉多州林地公园高中的两位化学教师，而将"翻转课堂"的影响扩大到全美甚至全球的是可汗学院。越来越多的学校将"翻转课堂"应用到教学实践并取得了良好的教学效果，成为全世界最热门的教育改革和教育创新话题。思想政治理论课的"翻转课堂"教学主要从以下几个方面进行研究分析。

（一）基于"翻转课堂"的线上线下混合式教学模式

1. "翻转课堂"

"翻转课堂"的教学模式大致如下：课前学生进行自定步调的学习（观看视频讲座或阅读文献）；课堂上的时间则用来深化概念和参与合作性的问题解

决。这种模式重新规划和设计了学习时间，通过知识传授和知识内化的颠倒安排，使传统教学中的师生角色发生了改变，实现了先学后教和对传统教学模式的革新。"翻转课堂"具有以下几个基本特质：

第一，"翻转课堂"的目的在于满足学生的个性化学习能力及方式，使学生从被动学习转向主动学习，关注学生学习内在动机的激发，强调学习过程中学生的"做"或"活动"，注重发挥学生在课堂教学过程中的参与者角色。

第二，"翻转课堂"的本质在于变革传统的课堂教学方式，转换了教学过程中知识传授和知识内化两个环节。在"翻转课堂"上，传授与转化环节被彻底颠覆，知识传授及拓展在课下完成，知识内化则在课上完成，形成课堂"翻转"。随着教学过程的"翻转"，课堂学习过程中的各个环节都将发生变化。

第三，"翻转课堂"在现代互联网技术的支持下变得具体可行。"翻转课堂"是在互联网环境中教师提供以教学视频为主要媒介的教学方式，学生在课下观看教学视频，教师与学生在课上通过答疑、协作探究和互动交流等方式完成教学活动。

2. 混合式教学

相对于国外学者对混合式教学的研究，国内教育学界的研究起步较晚。北京师范大学何克抗教授于 2003 年第七届全球华人计算机教育应用大会上首次提出"混合式教学"的理念，认为"混合式教学"是未来教育技术的发展趋势，是国际教育技术界关于教育思想和教学观念的大提高与大转变。"混合式教学"为高校思想政治理论课创新教学模式、深化教学改革提供了新的思路。

混合式教学充分利用了各类教学资源，扩展了学生的知识面，通过各种教学方法、教学媒体、教学策略等的优化组合、合理利用，发挥学生的主体作用，培养学生的积极性和创造性。

3. 基于"翻转课堂"的线上线下混合式教学

思想政治理论课契合时代发展的新趋势，要创建基于"翻转课堂"的线上线下混合式教学模式以此满足现实需要。而基于"翻转课堂"的线上线下混合式教学是指在混合式教学中引入"翻转课堂"的理念，是在将传统课堂教学与网络教学优势相结合的前提下，为学生提供更为个性化的学习时间、空间和网络渠道，使学生根据自身情况完成课前自主学习任务，在课堂上有更多的时间和机会发挥主观能动性，从而参与到课堂教学过程中，深入挖掘学习潜力，实现“以学生为主体，以教师为主导”的教学理念，切实提高教学质量。

当然，基于“翻转课堂”的线上线下混合式教学需要实现线上、线下教学的有机结合。这是因为：线上教学与线下教学是现实与虚拟的关系；线上教学是对传统线下教学的延伸和拓展，是思想政治理论课教学发展的新形态。线上教学在网络虚拟空间进行但未脱离现实实践。线下教学多年来的理论积淀、实践经验、工作队伍以及形式手段，使线上教学不能与其脱离，如果一旦离开了这些基础性经验，那么线上教学就会如无本之木，难以稳固生长。网络上反映的政治、思想、道德以及价值观等问题几乎都是来源于现实生活，在网络上将现实社会问题集中反映和聚焦放大。线上教学拓展了思想政治理论课教学的实践和空间，时效性不断提升，覆盖面不断扩大。同时，互联网技术使思想政治理论课教学内容和素材得到了极大丰富，线上与线下共同作用于教育对象，对塑造其正确的三观起到了积极的作用。因此，思想政治理论课要充分借助和发挥网络技术优势，积极开展线上线下混合式教学，在师生之间架起更加广泛、更加迅速的沟通桥梁，贴近大学生，增强教学实效性。

一般而言，学习过程包括知识传输和知识内化两个阶段。基于“翻转课堂”的线上线下混合式教学将互联网教学与线下课堂教学相结合，借助现代互联网技术手段，将这两个学习过程的两个阶段进行了“翻转”。这种教学模式更加有效地激发了学生的学习积极性和主动性，促进了学生的自主学习和合作学习，有利于教学效率的提高和教学效果的改善。

（二）构建基于“翻转课堂”的线上线下混合式教学模式的可行性

1. 学习资源的拓展

网络的迅速发展改变了人们的生活样态和学习方式，实现了学习资源的全互联网化，有力地推进了教育信息化的建设。网络使人类知识的扩充加速，同时带来了极为丰富的学习资源：开放性的资源、整合性的资源、碎片化的资源、生成性的资源、移动化的资源以及虚拟仿真化的资源。传统的方法已经无法存储和处理各种资源的巨量数据和信息，因此人们要改变学习方式和思维方式。网络上存在海量、多形态、急速扩充的学习资源，思想政治理论课教学需要探索通过何种方式重构教学内容，帮助学生在获取大量有价值的资源的同时，能进行有效筛选和过滤庞杂的碎片化资源，并对其进行合理的重组生产，建立合理的知识结构，提升其相应的学习、思考和创新能力，实现课程教学目标。

2. 大数据的支持

大数据支撑下的教育，将根据每个人的特点，解放每个人本来就有的学习能力和天赋，让个性化教育成为可能。通过大数据的分析，思想政治理论课教师随时可以监控学生的学习情况，了解学生的学习习惯、学习规律和学习中存在的突出问题，推动教学实践创新，构建新的教学模式，创新教学方法，强化教学效果。

3. 学生主体意识的提升

当代大学生特别渴望表现自我、展示自我，从自我表现、自我展示中获得"存在感"的满足。他们具有自我管理和自主探究的意识和能力，对传统教育教学的说教有着本能的反抗和拒斥。这种主体性诉求和需要为思想政治理论课教学带来更大的挑战，但同时比较适应"翻转课堂"教学模式对学习者自主学习能力的要求，有利于教师开展"翻转课堂"的教学探索。

4. 相关学习理论的发展

我国高校网络课程、精品课程、微课、大规模在线课程等的开发和建设，已经取得了较大进展，广大教师和学生对应用互联网技术进行教学和学习已不再陌生和排斥。随着各个高校校园信息化建设的推进，各种线上线下混合式教学所需要的配套设施和网络维护较为齐全和便利，为思想政治理论课开展基于"翻转课堂"的线上线下混合式教学改革提供了必要的基础条件。

（三）"翻转课堂"教学实践评价的基本框架

"翻转课堂"教学实践评价的基本框架，主要从"翻转课堂"实践评价的基本过程、"翻转课堂"实践计划评价、"翻转课堂"实践过程评价以及"翻转课堂"实践成果评价进行研究。

1."翻转课堂"实践评价的基本过程

"翻转课堂"实践评价开展的基本过程包括：确定评价目标、设计评价工具、收集反映学习情况的数据与资料、分析评价、制作评价报告五个环节。

（1）确定评价目标。确定目标是进行"翻转课堂"实践学习评价的基础，包括明确评价的对象和评价的标准两部分内容。一般需要对"翻转课堂"实践计划、学习过程以及学习成果进行详细且合理的评价。

（2）设计评价工具。常用的评价工具有调查问卷、评价量规、电子档案袋、观察表、学习日志、概念图等。在开展"翻转课堂"实践学习过程中要根据评价的内容与维度选择合适的评价工具进行评价。

（3）收集数据与资料。通过调查问卷、量表等量化的评价方法收集的资料属于量化资料。通过电子档案袋、学习日志等评价方法收集的学生在"翻转课堂"实践活动中的表现性数据，则是属于质性资料的范畴。这些质性资料在内容和形式上能反映学生在"翻转课堂"实践中某一活动或某一阶段的特征，能够记录学生在"翻转课堂"实践活动中各方面的参与情况，充分展示学生的情感、态度和价值观。

（4）分析评价。对于收集到的质性资料，可以先根据实际情况采用质性的评价方法进行分析，然后将各项评价资料进行综合分析，以反思、改进"翻转课堂"实践过程。

（5）制作评价报告。在制作评价报告时，评价者所要做的不仅仅是形成最终报告和表明结果，还应该展示他们是如何收集资料的。评价报告的内容一般包括：设计成果的名称和宗旨、评价的要求和过程、评价的结果及结果分析、修改的建议和措施、评价的时间等，评价报告以简明扼要为宜。

2."翻转课堂"实践计划评价

"翻转课堂"实践的计划评价，也就是"翻转课堂"实践方案的可行性评价。"翻转课堂"实践计划评价主要从"翻转课堂"实践任务设计、"翻转课堂"实践活动设计、"翻转课堂"实践资源设计、"翻转课堂"实践评价设计以及项目时间安排这五个方面进行。

（1）"翻转课堂"实践任务设计评价。"翻转课堂"实践任务设计的评价主要看是否符合以下要求：应在新的知识技能与学生生活经验、实践领域以及学生的兴趣点之间建立联系，应能促进学生高级思维能力的培养，应切合

"翻转课堂"实践的目标，难度应适中，应具有连贯性且可操作性强。

（2）"翻转课堂"实践活动设计评价。"翻转课堂"实践活动设计的评价可从以下几方面进行：是否明确各个活动阶段的实施顺序；是否清楚描述每个阶段所要实施的活动内容；是否便于教师和学生充分掌握活动的具体实施步骤，确保活动的有效实施。

（3）"翻转课堂"实践资源设计评价。"翻转课堂"实践资源设计的评价主要考量是否对支持"翻转课堂"实践活动开展的学习资源进行一定的规划与预设。

（4）"翻转课堂"实践评价设计评价。"翻转课堂"实践评价设计的评价主要从以下几方面进行：学习评价的对象是否明确，评价内容是否具体，评价方式是否恰当，针对评价方式制订的相应评价工具是否合理，能否让学生对自己要达到的目标有明确的认识。

（5）"翻转课堂"实践时间安排评价。"翻转课堂"实践时间安排的评价可从以下几方面进行：各活动阶段的时间周期是否清晰，每一阶段中涉及的教师活动与学生活动是否具体，是否清楚表达了各活动阶段要达到的目标。

3."翻转课堂"实践过程评价

"翻转课堂"实践过程评价以质性评价为主，主要围绕"翻转课堂"实践的各项要素，从活动参与情况、交流反思情况、资源利用情况和阶段性任务完成情况这几个维度展开。

（1）活动参与情况。通过了解学生与教师、同伴和资源的交互情况，如师生交流频次、学生发言记录、学生完成的作品、电子档案袋，或者让学生填写"小组活动学生参与情况评价量规"等，对学生学习活动的参与情况及其有效性进行判断。

（2）交流反思情况。可通过课堂观察，分析学习日志、师生交流频次、团队合作交流的发言记录，或者让学生填写"小组交流反思情况评价量规"等方法对学生的交流反思情况进行评价。

（3）资源利用情况。"翻转课堂"实践的资源有不同类型：预设学习资源、相关学习资源和泛在学习资源，具体如表 6-1 所示。

表 6-1 "翻转课堂"实践资源的类型

类型	含义	表现形式
预设学习资源	根据"翻转课堂"实践要求，由教师（或教师与学生）预先制作或设定的资源，具有良好的组织性和针对性，为帮助学生解决问题而提供	网络资源表现形式为预先制订的专题网站；常规资源的表现形式为围绕项目主题预先收集的文本、图片、视频剪辑和多媒体课件等资料
相关学习资源	围绕项目主体，有确定搜索范围的相关资源。这些资源可以由教师推荐，或发动学生相互推荐	网络表现形式为相关资源网站，如科学探索网、科普学习网等；常规资源的表现形式为图书馆、科技馆、书籍、报纸、杂志、电视节目等相关内容
泛在学习资源	广泛存在的各种资源	整个互联网所拥有的信息资源。学生要对这些信息资源进行分析、综合等处理后才有可能成为对解决问题有用的信息

（4）阶段性任务完成情况。一方面可以判定学生当前学习任务的完成情况，思考任务是否能提高学生的思维水平和解决问题的能力，是否适合学生身心发展水平，以及是否顺应多种学习方式和风格；另一方面还可以对下一阶段的项目活动提供前期诊断和有效建议。具体可通过评价学生提交的阶段性作品、查看电子档案袋等方式进行。

4."翻转课堂"实践成果评价

"翻转课堂"实践成果评价，主要是对"翻转课堂"实践所达到的目标或取得的成果进行衡量和解释。成果评价是对"翻转课堂"实践的终结性评价，评价方式主要包括教师评价、学生自评与学生互评。"翻转课堂"实践成果评价的主要内容包括：学习态度、任务完成情况以及研究成果。

（1）学习态度。"翻转课堂"实践态度的评价包括以下几方面：学生能否主动、积极地参与学习活动；在学习活动过程中能否全身心投入；能否积极主动思考，为达到目标而反复合作；能否认真接受老师的指导。

（2）任务完成情况。在"翻转课堂"实践过程中，学生讨论问题、收集与问题相关的材料、找到问题解决的方法、与他人交流对问题的看法或分享成果、共同制作作品等，都是任务完成情况的表现。

（3）研究成果的评价。包括阶段性学习作品评价和"翻转课堂"实践最终成果的评价。

综上所述，针对不同的评价类型或出发视角，具体的评价目标及方法有不同的要求，具体如表6-2所示。

表6-2"翻转课堂"实践评价

类型	计划评价	过程评价	成果评价
评价目标	说明学生整体的学习条件	评价学生"翻转课堂"实践状况	评价学生"翻转课堂"实践成果
评价方法	专家评价、量规	收集学生的项目学习行为数据，生成项目学习报告，反馈学习情况	收集学生的"翻转课堂"实践成果性资料，生成"翻转课堂"实践成果报告，反馈学习情况
评价指标	1. 学习任务设计 2. 学习活动设计 3. 学习资源设计 4. 学习评价设计 5. 项目时间安排	1. 学生活动参与情况 2. 学生交流反思情况 3. 资源利用情况 4. 阶段性任务完成情况	1. 学习态度 2. 任务完成情况 3. 研究成果
反馈与决策的关系	决定是否需要改善学习条件，增加对学生学习方法、策略的指导	决定是否调节项目活动进度以及对学生的指导建议	决定对学生的指导建议，评定学生的学习成果

（四）"翻转课堂"教学实践的评价实施

开展"翻转课堂"实践的目的在于促进学生的有意义学习，帮助学生实现知识的主动建构，促进学生的全面发展。本节主要从知识建构、协作能力、思维发展和信息素养这四个方面的评价进行研究。

1. 知识建构的评价

对"翻转课堂"实践中学生知识建构的评价，需要回归项目所依托的课程目标本身，从课程目标出发，评价分析学生对应掌握知识的建构情况。评价知识建构一般可以从以下两个方面进行：一是跟踪学生的活动开展过程，观察评价学生是否主动参与项目活动；二是通过分析学生在项目过程中形成的作品，评价学生是否能在项目活动中建构起新的知识。

在实施评价时，教师根据项目目标，制作了学生知识建构检查表，并在此基础上，通过分析学生的作品，对学生知识建构情况进行评价。在这个过程中，并非由教师将知识灌输给学生，而是由学生主动参与项目活动，并从中建构了新的知识。

2. 协作能力的评价

对于学生的协作能力，利用传统的评价方式（如考试）很难进行有效、真实的评价考查。在实施协作能力评价时，可以结合观察表单和评价量规这两种方式。前者主要是由教师借助观察表单来观察学生是否积极地参与到小组活动中；后者则是由学生和（或）教师利用评价量规开展自评、互评、师评等多种方式，评价学生对小组活动的合作意识、参与态度，对小组任务完成的贡献程度，以及与其他成员的沟通技巧等。

教师在实施协作能力评价时，也同时考虑了学生面对面协作能力与网络协作能力这两个方面。教师主要结合学生在项目开展过程中的表现和活动感言进行评价，并利用如表 6-3 所示的评价量表围绕面对面协作和网络协作能力开展师评、自评和同伴互评。

表 6-3 学生协作能力评价量表

	评价标准	等级	评价结果
参与情况	勇于承担重任，积极配合分工，认真完成任务，取得好的效果	优秀	
	服从工作分配，自觉完成任务，有一定效果	良好	
	在组员的督促提醒下能完成任务	一般	
	不肯参加小组活动，拒绝接受任务	较差	
探究态度	认真钻研问题，主动提出问题并寻求解决办法，有自己独特的思考和见解	优秀	
	能在组员的影响下协助完成任务	良好	
	被动听从别人提出的问题，自己不做思考判断	一般	
	不认真对待所研究的问题，影响他人学习	较差	
合作意识	尊重他人的意见，协调分工	优秀	
	能完成自己的任务，回应他人提出的合作要求	良好	
	被动完成分配的任务，再也不愿意多做	一般	
	不服从小组工作分配，或不肯参加小组活动	较差	
网络交流	按时在 QQ 群文明交流，积极参与论坛讨论	优秀	
	能按时在 QQ 群文明交流和参与论坛讨论	良好	
	要提醒参加 QQ 群文明交流和论坛讨论	一般	
	没有参加 QQ 群文明交流和论坛讨论	较差	

（1）面对面协作能力。活动的主题切合学生实际，且较为有趣，从整个活动过程来看，学生参与的积极性较高，大部分学生都积极地参与小组活动，为小组完成任务贡献自己的力量。同时，学生在参与活动时，学会了将小组任务进行明确分工，由不同学生负责完成某一工作，从而合作完成任务。整体而言，经过了较为长期的小组活动，学生的面对面协作能力得到了较好的提升。

（2）网络协作能力。学生熟悉网络协作交流的方式，能够利用网络通信技术进行讨论、交流，将自己的学习成果和观点与其他学习伙伴，尤其是与不同学校的同学进行分享，使协作超越了时空的限制。

3. 思维发展的评价

与传统教学中学生只需坐在教室里被动地接受教师知识的传授相比，"翻转课堂"实践常常要求学生判断和评价事物、现象、信息，并陈述判断和评价的理由，发现问题、提出问题、分析问题和解决问题，创造性地思考、提出创新的解决方案。

对于"翻转课堂"实践中思维发展的评价主要聚焦于高阶思维发展方面。以"蚂蚁行为探究"学习项目为例研究学生思维发展评价的实施。

"蚂蚁行为探究"项目面向的主要对象是小学三年级至六年级的学生。在该项目中，学生通过观察、实验探究等方法对蚂蚁活动、觅食、交流等行为进行探究，并通过网络及时分享探究过程和探究发现。在整个活动过程中始终以问题为纽带，让两地学生在共同探究中不断发现问题，并围绕问题进行协作研究，进一步探索蚂蚁行为的特点。该项目中对学生思维发展的评价，主要围绕如表 6-4 所示的几个方面进行。

表 6-4 思维发展的评价项目

编号	评价项目
1	学生能够在真实的情景中发现问题
2	学生能够决定哪些信息对于问题解决而言是重要的
3	学生在解决问题之前先仔细地分析问题
4	学生能够对问题进行创造性思考，提出创新的解决方案
5	学生能够依据解决方案，运用学科领域知识和学到的方法解决问题
6	必要时，学生会反思问题解决的过程
7	学生能清晰地表达并交流问题解决的过程和结果
8	学生在问题解决过程中逐步形成解决问题的思维

在整个项目活动过程中始终以问题为纽带，同时，学生的反思日志、博客文章反映了其对问题解决过程的反思。从学生作品也可以看出学生能够将问题解决的过程及结果清晰地用PPT进行呈现。

4. 信息素养的评价

"翻转课堂"实践强调活动的实践性，学生通过在实践中体验、学习，以提高获取信息、加工信息和处理信息的能力，培养良好的信息素养。对学生信息素养的评价可以采用过程与结果相结合、定量和定性相结合的方式，综合学生使用的信息工具、网络记录、学生感言、学生作品等，围绕信息的获取、选择、处理等方面进行评价。

根据表6-5中信息工具应用、信息搜索与选择、信息归纳处理、作品制作四个方面对学生的信息素养进行评价。

表6-5 学生信息素养评价表

标准	掌握程度	等级	评价结果
信息工具应用	能熟练并恰当地利用各种信息工具支持项目活动的开展	优	
	基本能熟练利用各种信息工具辅助项目活动的开展，且信息工具的选择较为恰当	中	
	较难利用各种信息工具辅助项目活动的开展	差	
信息搜索与选择	能按照学习支架的提示，全面、快速搜寻相关内容信息，并选择合适有用的信息加以记录	优	
	基本能按照学习支架的提示，搜寻到相关内容信息，并选择合适有用的信息加以记录	中	
	信息搜索困难，只搜寻到部分相关内容信息，且难以对信息加以筛选	差	
信息归纳处理	能围绕问题从材料中提炼观点，全面清晰地归纳出讨论的信息，并运用已搜索的信息资料进行逻辑思考，形成自己的观点	优	
	基本能围绕问题从材料中提炼观点，一定程度上归纳出讨论的信息，并运用已搜索的信息资料初步形成自己的观点	中	
	不能很好地从材料中提炼观点，不能较好地归纳讨论的信息，无法运用已搜索的信息资料初步形成自己的观点	差	
作品制作	能够熟练运用多媒体技术，借助信息资料制作观点鲜明、条理清晰、美观的作品	优	
	能够运用多媒体，借助信息资料制作有一定内容支撑、有观点的作品	中	
	能够完成多媒体作品，但是内容单薄、观点不鲜明、缺乏逻辑条理、不够美观	差	

（1）信息工具应用。学生不但要能利用计算机上网搜索资料，还能运用

学习平台进行学习交流，并能使用概念图工具 Inspiration 辅助学习，甚至还可以综合运用 Word、PPT 进行数据统计分析及作品的制作。在这个过程中，学生能够恰当地选择各种信息工具（如搜索引擎、Inspiration、Word、PPT 等）辅助项目活动的开展，学生运用信息工具支持问题解决的能力得到了较好的提升。

（2）信息搜索与选择。除了使用笔记本记录信息外，还能利用文档、网络日志记录获取到的信息，学会怎样进行信息的搜索、选择和记录。

（3）信息归纳处理。在整个学习活动过程中，学生能利用各种图表工具对信息进行处理、统计和分析管理。

（4）作品制作。在各个学习阶段的末期，学生对该阶段中收集、处理信息的过程及结果进行整理，并利用 PPT 将这些内容制作为多媒体作品，学生利用多媒体软件整理信息的能力得到了提升。在整个过程中，学生的信息能力得到了锻炼，信息素养得到了较大的提升。

（五）高校思想政治课教学模式创新的框架设计与探索

1. 教学逻辑

教学是教师通过学科知识促进学生发展的实践过程。在教学过程中，必须有一定的教学逻辑对教学过程进行观念运演和操作。思想政治理论课教学逻辑指思想政治理论课教师在教学过程中，根据教学目标，对思想政治理论课教学内容进行选择、优化组合，确定具体教学任务，结合学生学习规律，设计有助于形成师生良性互动对话、能促进学生有效学习的具有系统性和层次感教学环节的思维和设想。为此，高校思想政治理论课创新教学模式的逻辑应从以下方面进行构思：

（1）依据教学大纲和教材，选择、优化组合教学内容。高校思想政治理论课采用"马克思主义理论研究和建设工程重点教材"，是开展思想政治理论课教学的依据和实现教学目标的保障。但教材因其涵盖的基本理论多、知识覆盖面大，教师教学课时有限，不能直接作为教师的教学内容，必须将其进行转化。教材内容使用书面语言，教师需要在线上线下的课堂教学中，深入解读教材内容并对其进行解码和重构，与大学生生活实际进行紧密连接，减少与大学生的疏离感。教材内容注重完整性，难以在教学中面面俱到，需要在教学中突出重点和难点内容，便于教师讲开、讲透，实现课程教学有重点、有深度、有效果。教材内容是学科知识的高度浓缩，具有很强的延展性，教师需要有意识地根据教学内容为学生提供充足的补充资料，丰富课程学习资源，加强知识之间以及知识与生活之间的关联性，扩充知识存储量。

（2）依据学生的学习认知特点，设计有效的教学内容与活动。一方面，教学是围绕构建学生有意义的学习的过程。要开展有效的教学，教学逻辑需要关注学生新旧知识之间、知识与自身之间、知识与生活之间多重关系的建立，尊重和了解学生已有认知结构的"先在性"知识，认识学生学习一般遵循由熟悉到陌生、由简单到复杂的规律，以帮助学生将新知识纳入其原有知识体系当中。另一方面，教学逻辑应关注对学生能力的提升。在教学过程中，要设计足够的自主学习、研讨学习、合作学习等教学环节，促进学生独立思考，让学生通过相关教学活动，逐渐实现自主学习、合作式学习的转变，推动其在思维的逐步推进和发展中实现知识的重组和归纳，以完善个人的认知结构。

（3）借助信息技术，促进师生有效对话与交流。线上线下混合式教学要充分利用现代信息技术，搭建师生对话的网络空间，设计相应的线上学习讨论交流任务，了解学生课前学习掌握情况和存在的问题。

总之，高校思想政治理论课要借助信息技术突破单向灌输的教学模式，打破以往"教—学—考"的教学流程和教学环节，重构教学过程，创新教学秩序，让学生利用线上教学开展自主学习，引导学生正确认知，最后开展学生实践学习，内化于心，外化于行。

2. 教学过程设计

（1）教学具体流程开课准备。第一，教师要根据本学科教学要求，依据学校规定的学时、学分和知识难易程度，对教学内容进行科学合理的划分，确定具体的教学进度，合理安排教学进程。

第二，教师要进行学情分析。高校思想政治理论课教师要掌握学生的特点，了解学生先修课程的学习情况，依据学生的认知特点和教学内容确定每个模块具体的学习目标。

第三，教师要提前录制相关教学视频。教师需要按照教学内容的模块化要求，录制数量不等的微视频，突出重点和难点内容。教学视频的录制需要提前准备好脚本，不同的微视频要能共同构建每个模块完整的知识体系。

第四，教师要建设网络教学平台。线上教学的开展需要借助完善的网络教学平台，教师按照教学进程的安排，上传并开放相关教学微视频和图片、文本等课程资源，发布学习通知和学习要求，为学生自主学习做好引导工作，确保每个学生都能顺利开展线上学习。

（2）教学结果评价。评价指标要突出对学生自主学习和思考的激励，突出对学生协作能力的考查和小组内成员间的督促，关注学生在学习中的行为、态度和情感表现，评价要将学生自主学习、课堂讨论学习以及课后实践三个环节相结合，全面监控线上线下学习全过程，体现对学生学习的过程性评价。评价体系如表 6-6 所示。

表 6-6 评价体系

评价指标		评分依据
线上学习	视频学习评分	视频观看时长、完成情况等
	参与评论情况	主动提问和回答问题的次数与质量
	网上平时作业	作业完成情况及生生互评分数
线下学习	小组活动贡献率	组员互评分数
	课堂发言情况	上课主动发言次数和质量
期末成绩	结课论文	论文完成质量
实践教学	实践成绩	书面实践报告册完成情况、参与各项活动的证明、竞赛获奖证书、网上提交实践材料等

3. 实践反思

（1）教学模式改革首先要更新教学理念，保障改革的顺利实施。推进教学改革首先需要教师更新教学理念，突破对教学模式固定化的认识，吸纳富有建设性、创新性的教学理念，敢于改变传统教学模式，敢于探索多样化、全新的教学手段和方式方法，立足于当今大学生实际情况，努力探寻大学生实际需求，顺应时代发展趋势，充分利用网络的便利资源，大力拓展思想政治教育教学的空间和平台，保障改革的顺利开展，不断为思想政治理论课教学注入新鲜血液，使其保持旺盛的生命力和影响力。

（2）教学模式改革必须依赖团队，确保各项工作的顺利开展。教学改革需要课程负责人带领教学团队进行充分讨论，群策群力，制定科学合理的改革实施方案，明确教师的改革任务。从教学内容的优化到评价体系的全面改革，每一个教学环节的改革工作都需要在团队成员的通力合作下及时沟通、解决问题，确保整体教学工作的各个环节都能顺利完成改革任务，以便达到更为理想的改革目标。

（3）教学模式改革需要师资培训的及时跟进，不断深化改革。教学改革需要对师资队伍进行必要的培训，紧跟时代发展步伐，全面了解学生所需所求，才能更好地推进教学各个层面、各个环节的改革与深化。

（4）教学模式改革需要政策和制度的有效保障，激发教师改革的信心和热情。学校教务部门应对开展教学改革的团队进行必要的政策和制度保障，激发教师开展混合式教学改革的热情。各高校要提高认识，将思想政治理论课的深化改革放在提高教育教学质量、全面培养中国特色社会主义合格接班人和建设者的高度，进行科学的顶层设计和整体规划，以确保思想政治理论课教育教学改革的顺利开展。

第三节　高校思想政治课教学资源设计与制定

随着计算机技术以及互联网的不断发展，现在已经进入网络信息时代。在这个时代进行思想政治教育应该符合时代特征，充分利用互联网进行思想政治课教学资源的设计和制作。

一、微课视频创作

随着教育方式的不断进步，互联网视频与影视文化的兴起，微课出现在课堂上。要想制作微课进行教学，首先要学习如何制作微课视频。

（一）微课的优势与功能

1. 微课的优势

微课以视频为载体，将知识进行碎片化、情境化、可视听化，为持有各种便捷显示终端的自主学习者提供了简短、全方位、立体化、完整的课程教学，为"微时代"人们获取知识提供了全新的学习体验。它具有如下几方面的优势：

（1）短小精悍，使用方便。微课视频的时间较短，一般为 3 ～ 8 分钟，最长不宜超过 10 分钟。权威的教育理论家研究发现：一般人的注意力集中的有效时间在 10 分钟左右。教师在设计微课的实践中也发现，微课的时间超过 6 分钟时，观看者就会感觉有些冗长。

微课的选题要小而精，有助于教师精心构思设计微课的内容和形式，增强微课的趣味性、故事性、情感性，提升教学效果。微课的选题一般是学科内容中的某一个知识点（如重点、难点、易错点、易混淆点、典型习题例题等）。同时，微课也能更充分地展示教师的教学观念、知识整合能力、教学功底和个人魅力。

微课易制作、易传播。由于微课时间短、容量小，在网络传输效率高，其在线播放完全适应当下互联网的带宽和速度，学生可以方便快捷地在线观看。有的微课还可以下载到终端设备（如电脑、手机、平板电脑等）上实现离线移动学习，让随时随地学习成为可能。

（2）资源丰富，情境具体。微课以微视频的形式将知识展现出来，可以用录屏软件加 PPT 制作，也可以用手机等摄像设备制作。除此之外，还可以充分利用网络上优秀的 PPT 设计、动画设计、模拟实验等多种资源，优化微课质量。甚至可以用手机等摄像设备录制实验过程，制成微课，使学习情境真实具体，使复杂的过程变得易于掌握。就学校教育而言，微课成为教师和学生的重要教育资源，也构成了学校教育教学模式改革的基础。

（3）结构开放，易于扩充。微课可以与相关教学资源作结构化的组合，形成一个主题突出、资源有序、内容完整的资源应用环境，具有很强的生成性和动态性。微课的资源要素包括微课视频、教学设计、素材课件、教学反思、教师点评等都可以修改、扩展和生成，并随着教学需求和资源应用环境的变化而不断地生长和充实。

（4）适合学习者自主学习。“面向学习者”是微课区别于以往资源的核心特征。微课既注重教师如何教，更注重学习者如何学，为学习者提供“自助餐”式的学习资源，学习者可以在自己搜索到所需课程后自定步调进行自主学习。学习者可以随时控制视频的播放与暂停，达到对知识内容的完全掌握的程度。微课不仅让学习者有效利用了零散时间，也高度浓缩了关键知识点，其形式新颖灵活，让学习者学习起来更加轻松，达到更高的效率。

2. 微课的功能

（1）微课能满足学生的个性化学习需求。对学生而言，微课更好地满足了他们对不同学科知识的个性化学习、按需选择学习，既可查缺补漏又能强化巩固知识，方法灵活，效率提升。第一，学生可以按照自己的进度和步骤学习。在观看视频学习新知识时，学生可以根据个人需要自定进度，随时暂停、倒退、重播和快进。第二，教师可以在课堂上对有困惑的学生进行个性化指导。

（2）微课革新了传统教学与教研方式，促进教师的专业成长。对教师而言，相对于传统听评课，微课课例简单，学习内容与目标单一，能节约学习和研究花费的时间；教师从微课中可以得到启发，有些东西甚至可以照搬或者迁移应用到自己的教学之中，实现教学观念、技能、风格的模仿、迁移和提升，从而迅速提升教师的课堂教学水平，促进教师的专业成长。微课把教师从传统课堂的知识讲解中解放出来，使教师有更多的时间研究教学。

除此之外，微课有助于新教师的成长。新教师能够利用零碎的时间去反复观摩学习优秀教师的微课，还可以根据自己的认识向优秀教师提出疑问，以形成自己的理解；优秀教师对新教师的疑问给出解答，使传、帮、带可以跨时空进行。新教师在课前制作微课，便有了试讲的机会，也等于是对自己的教学设计进行一次自我检查，发现问题马上解决，而不是在真正面对学生时才发现有问题从而导致出现手忙脚乱的情形。录制微课，使教师有机会听听自己的课，查找自己教学中的问题，有助于教师的自我提高。在这个过程中，教师可以把因失误造成的错误以及口头禅、不必要的停顿等不利于学生学习的问题一并解决。

（二）微课对教师的影响

1. 微课视域下对教师的新要求

（1）转变教学思维。传统教学采用的是教师在讲台上授课，学生在座位上被动听讲的模式，缺乏师生之间的交流和沟通。而且，由于师资的匮乏，传统教学大多是大班授课，在课程进度上采用齐步走的策略，只能照顾处于中间水平的一些学生，无法兼顾水平低和水平高的学生。微课的出现，改变了传统的教学模式，学生的学习场所不再受空间的限制，学习时间也更加灵活。只要有网络和移动设备，随时随地都可以学习。而且，学生可以通过在线和教师或者同学的交流，参与到教学过程中。学习不再是单向度的被动接受知识，可以在一定程度上调动学生学习的积极性。面对这样的教学改革趋势，教师要紧跟时代的潮流，转变自己的教学思维，拿科技为我所用，更好地服务于教学事业。

（2）搭建网络社群。为了使微课更好地和教学结合起来，建设学习网络平台和资源库很有必要。

第一，网络平台的组建。教师可以建立一些像 QQ 群和微信群这样的组织群体，进行互动和交流，从而更好地发挥微课在教学中的优势。所谓的微课网络平台指的是在虚拟网络空间进行交流和学习的学习组织。该组织成员都是为了自身更好的发展而自发走到一起的。维持这个组织的关键因素是组织成员之间对彼此的信任，以此来促进隐性知识的共享。每个人的知识和经验都是有限的，在遇到一些难以解决的教学难题时，往往需要借助团体力量，从而把隐性的知识转化为可以为大家所掌握和运用的显性知识。在网络平台互动中，教师可以提出自己遇到的问题，寻求大家的帮助，实现资源的共享，更好地促进整体教学素养的提高。

第二，微课资源库的建设。长久以来，学习资源的匮乏是阻碍我国教学水平提高的重要因素之一。微课的兴起使得这个问题的解决有了可能。在建设微课资源库时，首先要确保微课网络平台的开放性，其次相关机构和部门要组织一些评选活动来调动教师参与微课视频制作的积极性，再次要致力于微课资源库的规范化和专业化。

（3）提升信息技术素养。微课的制作需要借助信息技术。一个高品质微课视频的制作，需要教师熟练地运用信息技术。因此，教师只有提升自己的信息技术素养，才能更好地使用微课，使微课服务于教学。

（4）“微研究”的开展。教师自身素养的提升有赖于“科研引领，自我反思”。在教学过程中，每个老师都会遇到一些小问题。要想提高自身的教学素养，教师要对这些出现的小问题进行思考，展开具有一定深度的“微研究”。所谓的“微研究”指的是“发现小问题—梳理小问题—寻找解决方案—解决问题”的过程，具有循序渐进和螺旋上升的特点。在进行“微研究”的过程中，教师的教学能力可以得到不断的提高。

2. 微课视域下教师的角色定位

（1）学习者。当今时代是一个需要个体终身学习的时代，越来越多的人加入了泛在学习的队伍，不断为自己进行充电。泛在学习是一种新型的学习方式，是对只能在课堂进行学习的传统模式的颠覆，实现了学习的任意性和随时性。微课多是 5 ～ 10 分钟的短视频，因此学习者可以在零碎时间进行观看和学习。随着数字化时代的持续发展，过去“一劳永逸”式的学习方法已经落伍，知识在不断地进行更新换代。教师只有不断地学习，提高自我的能力和水平，才能跟上“微学习”的脚步，不落伍于高速发展的时代。

（2）主导者。作为新型的教学模式，微课可以促进教师的自主性。不同于传统集体授课的模式，教师可以根据自身的需要选择微课的内容，这样就避免了教授一些自己不感兴趣的内容，可以更好地激发教师工作的积极性。同时，教师可以根据学生的在线反馈对教学进度、教学内容做出适当的调整，从而引领微课课堂，成为教学过程中的主导者。

（三）微课和教学

1. 微课教学的基本原则

不同于传统教学，用微课进行教学要遵循独特的原则。

（1）简洁易懂。顾名思义，微课的主要特征是"微"，其视频时长一般不超过 10 分钟。为了把握好 10 分钟的有效时长，教师在制作微课的过程中要做到"精简"。微课是围绕着具体某一知识点展开的，因此，教师的教学内容要围绕着这一知识点的核心内容展开，尽量使用简短且通俗易懂的语言，透彻地展开讲解。

（2）观感舒适。优秀的微课主要具有三方面的特征，一是简洁的文字；二是精美的画面；三是和谐的音乐。首先，为了确保最佳的听课效果，在播放微课的同时，最好配以适当的字幕。字幕的文字要简洁，最好以少量的文字传达给观众最多的信息量。其次，教师要从宏观的角度出发去设计微课的内容。在内容上，要确保逻辑分明；在形式上，要确保画面精美，使观众有最佳的观感。最后，微课的背景音乐要和谐。音乐的插入可以在一定程度上提高微课的教学效果。但是要注重音乐的选择，不能本末倒置，最关键的还是微课的授课内容。

（3）内容完整。微课的形式简短，但同样承载着完整的知识体系。因此教师在制作微课时，要提炼出鲜明的观点，同时举例要通俗易懂，确保学生的学习效果。

2. 微课教学的基本策略

（1）按上课要求设计和组织教学。不同于传统的"说课"对课程结构性的重视，微课注重的是课程的知识性。微课以短视频的形式向学习者呈现精简的教学内容，它具有时间短、内容精、容量小、反馈快等特点。在整个微课的制作过程中，学生是零参与的，主要体现的是教师的教学水平。

（2）精心取舍教学内容，突出重点。微课的独特之处，就是在短时间内教授一些经典的知识点。因此，教师在设计微课时，必须对教学内容做出取舍，讲解最为关键的知识点。

（3）选用适当、合理的教学方法。从表面上来看，微课教学是单向的。但这并不意味着教师在制作微课时可以不考虑学生的观感。相反，教师一切教学活动的开展，必须以学生的学习为出发点，要采用多种教学方法来激发学生的学习积极性。

（4）建构完整的课堂结构。在微课堂中，教师要开门见山，直奔主题，突出教学重点。在切入主题后，教师要运用各种教学手段，对主题进行深剖浅析。最后要有一个概括性的小结，使教学结构具有完整性。

（5）强化亮点，清晰演示。微课是一种新型的教学模式，弥补了传统教学模式只注重构建系统性的知识框架，不注重对细微知识点讲解的缺陷。因此，教师在微课堂上，要对重点的知识点进行详细的剖析，引导学生更好地掌握知识。

（四）微课视频录制方法

1. 外部视频工具拍摄

（1）录制工具与软件：摄像机＋黑板（电子白板）、粉笔、其他教学演示工具。

（2）录制方法：同时录制 VGA、教师机、学生机三路视频。

（3）录制步骤：第一，针对微课主题进行设计，形成微教案，完成课件，准备好其他媒体素材；第二，利用黑板（电子白板）展开教学过程，利用摄像机将整个过程拍摄下来；第三，对视频进行简单的后期制作，可以进行必要的编辑和美化。

（4）外部视频工具拍摄优势：可录制教师画面，教师按照日常习惯讲课，无须改变习惯，黑板上的内容与教师画面同步。

2. 便携视频工具拍摄

（1）录制工具与软件：手机＋纸、笔。

（2）录制方法：使用便携摄像工具对纸笔结合演算、书写的教学过程进行录制。

（3）录制步骤：第一，针对微课主题，设计微教案；第二，用笔在白纸上展现出教学过程，可以画图、书写、标记等，借助手机支架，用手机将教学过程拍摄下来，尽量保证声音清晰、画面稳定，演算过程逻辑性强，解答或教授过程明了易懂；第三，可以进行必要的编辑和美化。

（4）便携视频工具拍摄优势：工具随手可得。

3. 屏幕录制

（1）录制工具与软件：电脑、耳麦（附带话筒）、屏幕录制软件（超级录屏 8.0）+PPT。

（2）录制方法：对 PPT 演示进行屏幕录制，辅以录音和字幕。

（3）录制步骤：第一，针对所选定的教学主题，搜集教学材料和媒体素材，制作 PPT 课件；第二，在电脑屏幕上同时打开视频录像软件、教学 PPT，执教者带好耳麦，调整好话筒的位置和音量，调整好 PPT 界面和录屏界面的位置后，单击"录制桌面"按钮，开始录制。一边演示一边讲解，可以配合标记工具或其他多媒体软件或素材，尽量使教学过程生动有趣；第三，对录制后的视频进行处理和美化。

（4）屏幕视频工具拍摄优势：录制微课较快捷方便，个人 PC 上即可实现。

4. PowerPoint 2010（或 2013）转换为视频文件

（1）录制工具与软件：PPT 课件、录音软件。

（2）录制方法：幻灯片放映。

（3）录制步骤：第一，针对微课主题，进行详细的教学设计，形成教案。完成 PPT 课件，录制好旁白（可录制多个声音文件）；第二，打开要转化为视频的 PPT，将声音文件插入到指定页面，设置效果选项；第三，文件另存为（Ctrl+Shift+s）视频（WMV）文件，单击"确定"。

（4）屏幕视频工具拍摄优势：轻松实现语音、文字、图形、图像的合成和编辑；录制微课快捷方便，随时可以保存。

（五）微课视频注意事项

1. 语言简练，板书清晰

微课由于时间短，因此要利用好每一秒，教师的语言要干练，不能有口误及重复、表达不清、拖沓等现象。

首先，语言要准确简洁。微课由于受时间的限制，语言的准确简洁显得更为突出重要。在备课的过程中，教师要将讲述的内容跟采用的表达方式、手势、表情等结合在一起，要注意其中的关键字、关键词的应用，在自己的头脑中过一遍，这是很有必要的，其实这也是平时教学基本功的训练方法。

其次，板书要精简、清晰、美观。板书的作用是展示授课人讲述的内容要点，帮助听课人直观地了解内容要点。在微课中，板书要做到精简，且以要点突出、线索清晰为原则，同时以电教手段呈现为最佳。

2. 从多方面努力吸引学生观看

（1）视频时长要短。微课视频的时长一般为3~8分钟，最长不宜超过10分钟，在有限的时间里充分展示要传递的关键信息，这样才能吸引学生高效地学习。

（2）个性化的视频更吸引人。教师结合各自的教学特色和独特的个性构思微课内容，设计微课的结构，使自己的微课更富有个性，更加符合所教学生的特点。

（3）边画边讲解，教学具有更高的参与度。边画边讲解的微课讲解形式，比起单纯的讲解，更能够让学生体验到掌握知识或者技能的思维过程，更能促进学生积极参与学习。

（4）语速适中，讲解热情。教师要调动好自己的情绪，在讲解过程中，尽量用口语讲解，少使用古板、枯燥的书面语，使讲解通俗易懂。

（5）声音响亮，外部环境无噪声。录制微课时，尽量在一个安静、无噪声的环境里录制微课，保证录制的微课声音品质高、无噪声。

（6）注意学生观看新授课类视频与辅导类视频的方式不同。对于新授课类视频，重点应放在提高首次观看的体验上；而对于辅导类视频，则应注意方便回放和快速浏览，例如在视频中插入大字号的小标题。

3. 要重视开场白

微课开头很关键，要抓住学习者的眼球，要能吸引听众。要增加微课开场白的趣味性和吸引力。例如，使用一些幽默风趣的语言讲解；灵活恰当地使用字幕，注意用不同颜色和字体来表现不同的内容，让观看者始终被一些关键信息吸引；巧设悬念，设疑激趣，制造戏剧化效果等。

4. 明确对象，定位一对一的教学情境

在讲解微课内容时，要明确教学情境是"一对一"的教学，而非"一对多"的教学，即录制的微课面向的对象是学生个体，而非整个班级的全体学生。微课中教师要注意讲解的口吻和语气，想象自己在面对着一名学生，当然也要注意声情并茂，讲解过程中要含有相信学生能够独立听懂、学会本微课的学习内容的情感和期望。

5. 微课要内容充实，讲解正确

在微课的内容讲解过程中，应根据课程标准和教学目标，广泛地搜集各种资源信息，拓展教学内容，增添与现实生活相关的素材，使得微课内容完整丰富。

（六）微课的制作过程

微课的制作一般经过以下过程：

1. 合理选题

合理选题是微课制作的第一步，也是关键的一步，反映了微课是关于什么内容的，关系到微课的核心理念。选题的形成本身也是一个研究的过程，需要教师具有丰富的教学经验，还需要教师具有敏锐的洞察力和预见性。选题也不能太大太复杂，否则在有限的时间内会因讲述不清而影响教学效果。因此，教师应在教学实践中，选择常见的、典型的知识点进行微课设计，内容尽量少而精，时间最长不超过 10 分钟，如果是一个较复杂的重难点，可以制作成系列微课。

2. 精心设计

微课设计主要经历教学分析、教学设计、微课开发、实施与评价几个步骤。教学分析是教学设计的基础。教学分析包括学情分析、教学任务分析、教学内容分析。在确定了学习目标之后进行教学任务分析和教学内容分析，教学任务和教学内容设计应该围绕着教学目标展开。教学设计是微课内容组成的核心要素之一。教学设计是根据教学目标和教学对象将教学各要素优化安排，形成教学方案的过程。

微课视频要包含引入、讲授、小结三环节。具体分析如下：

（1）由于微课要求时间短，因此在引入环节要迅速。可以设置一个疑问或悬念引入主题，也可以从以前的内容引入主题，还可以从人们身边的生活现象、实际问题等引入主题，更可以开门见山直接进入主题。

（2）讲授要条理清晰。在微课讲授中，教师应围绕本节课的目的确立一条主线，在这条主线下展开内容的讲授。在讲授过程中，对关键之处要进行重点讲解与剖析，通过举例说明、模拟演示或引导启发等加深学习者对所讲内容的理解和掌握。讲解时语言要生动，一个好的微课，需要有好的主题和设计，更需要通过教师的语言去表现。还要注意微课的衔接，微课各部分的衔接对于学生的知识过渡起到很大的引导作用，因此各部分之间应有确切的逻辑联系，使学生更轻松地接受新的学习内容。

（3）做好微课小结。在微课的最后要进行本节课的小结，时间不必过长。好的微课小结往往会对一节微课起到画龙点睛的作用，让人有一种回味无穷的感觉。

3. 专业制作

微课的制作流程一般分为以下五个步骤：

（1）策划脚本，撰写解说词。制作微课首先要策划脚本，对要录制的微课有一个整体把握，脚本包含了画面描述、解说词和时间预估。画面描述就是指那些需要教师讲授的内容，配合准确的解说词。解说时要注意控制时间，一般来说语速要控制在 1 分钟 200 字左右，语速过快或者过慢，都会使学生的接受效果打折扣。教师在策划脚本、撰写解说词时，需要注意以下几点：

一是迅速切题。这是进入主题的一个必须遵循的原则，因为我们要把较多的时间分配给内容的讲授。

二是线索清晰。讲授重点内容往往需要罗列论据，在选择论据时要做充分的考虑，从较多的论据中进行精选，力求语言简洁明了而又论证准确，不会引发新的疑问。

三是收尾快捷。因为前面的重点内容讲授占用了较多的时间，此处要求总结得干脆利落。

（2）根据脚本收集或录制多媒体素材。录制微课视频所使用的多媒体课件中的素材一般包括文字、声音、图形图像、视频动画等，这些素材通常需要加工才能应用到多媒体课件中。素材的收集途径有通过互联网进行关键字搜索复制、从数字图书馆下载复制、从存储媒体复制以及原创等。

文字的特点是不直接表现事物本身，而是通过符号引发人对事物的记忆、联想和领悟。但是多媒体课件中的文字是通过计算机等设备屏幕观看的，长时间观看屏幕上的文字，眼睛很容易疲劳。因此，在多媒体课件中要避免过长的文字篇幅。

声音是听觉方面的素材。声音在多媒体课件中可以与文字信息一样用于叙述、说明课件的内容，还可以用作背景音乐，起到烘托气氛、强调主题的作用。

（3）选择工具，录制微课视频。微课视频的录制方法有很多种，最常见的是录像和录屏两种，也可以录像和录屏两种方法兼用。优秀的课件制作需要注意以下几个方面：

一是内容。要思路清晰、逻辑明确、重点突出、观点鲜明，能将抽象的问题具体化，复杂的问题简单化。

二是呈现方式。课件内容不可一下子全部呈现，这样学生的思维往往会跟不上，不知道关注的焦点是什么。所以课件内容的呈现也要符合知识的形成过程，"渐进式呈现"。

三是版式。每页幻灯片的文字不要过多，过多会使版面显得拥挤。可以适当地使用圆、直线、矩形等自绘图形，修饰和美化文字。尽可能使用统一的字体，同一页面的字体一般在 3 种以内。还要注意字号大小、留空等。

（4）微课视频的编辑与美化。微课视频的编辑包括画中画的编辑、视频的剪辑、声音的处理、批注的添加、视频的缩放、标题剪辑和转场、背景音乐的添加等。可以按照自己的需要有选择地进行视频的编辑。

微课视频编辑以前期分镜头稿本为主导进行，要有片头和片尾。在主体风格和表现形式确定后，开始对前期录制的视频、音频素材等进行剪辑合成，同时根据需要添加字幕、音乐和特技等包装要素，使整个成片画面协调流畅，风格清新唯美，既能体现教师的教学思想和教学水平，又能突出制作技术的专业。

（5）整合与发布微课。微课视频编辑完成后，应根据不同媒体的要求输出不同的文件格式，以便发布到校园网络教学平台。发布时要注意标题、简介、标签及关键字的填写，特别是标题、标签的填写，要让学生容易搜索。

微课制作完成并发布后，应当及时听取学生观看后的反馈，总结出学生满意和不满意的地方。也可以和爱好微课的同行多切磋交流，多观摩同行的优秀微课作品，找出每个作品的闪光点加以学习借鉴。这样，微课的制作水平就会越来越高，技巧也会越来越娴熟。

二、网络公益宣传片创作方案

随着互联网技术的不断发展，微作品的概念出现在人们的视野中，而通过公益微电影的传播，可以树立良好的道德风尚、弘扬优秀的社会主义核心价值观，是“互联网+”视域下思想政治教育的一种全新方式。

微电影从根本上说属于电影，而电影就具有叙事性，可以深入人们的精神世界，引起人们的共鸣。公益微电影作为电影的一种形式，也具有显著的叙事性，通过将叙事与主题相结合的方式，将宣传片想要表达的中心思想渗透到影片之中，通过这种性质带来的渗透性和亲和性使人们领会其中的精神。为了使公益微电影的叙事达到较好的效果，在电影叙事上要注意情节和内容的控制，精简片段，以碎片化的叙事为主，要充分利用叙事的互文性，更容易让人们产生共鸣。

为了迎合年轻群体，选择年轻群体认可的影片主题，创作符合社会主义核心价值观内容的影片，吸引受众群体的注意力，在潜移默化中影响人们的思想，帮助人们树立正确的世界观、人生观和价值观，使他们可以更正确地看待世界、看待自己，从而达到思想政治教育的目的。

创作公益微电影的目的是传播正确的思想道德价值观，通过吸引人的影片内容扩大影片的传播范围、加大宣传作用，将想要传达的思想政治内容融入影片的故事情节之中，通过渗透式的方法影响人们的思想，使正确的思想价值理念得到传播，加强影片的宣传效果。

三、教学软件及其制作

教学软件可以帮助教育者更好地表现教学内容，是当今开展教育不可或缺的一种软件，是一种混合运用文字、图片、音频、动画等多种媒体，以计算机为主要操作核心的交互式教学软件。多媒体教学软件拓宽了教学的方法和思路，同时提高了教学的质量，可以帮助学生在学习过程中更好地理解和消化知识，提高了教学效率。

（一）多媒体教学软件的设计原则

一是教育与科学原则。在进行教学软件的设计时，应该充分考虑教学的方式方法、教学的目的、教学的对象，因为不合适的教学软件并不能起到良好的教育辅助作用，反而会引起事倍功半的反效果。教学软件内容要确保正确和科学，这样就可以保证教学的质量。多媒体教学软件可以运用多种媒体进行设计，将软件的内容设计得更为生动，用这种方式引起学生的兴趣，进行高效教学。

二是集成原则。多媒体教学软件可以对多种信息进行集成处理，使它具有很强的表现力和感染力。集成性是按照具体要求对不同信息进行有序的集成、分类和处理。

三是互动性原则。教师为了达到更好的教学效果，应该重视软件与学生之间的互动性，使学生可以更好地理解和接受教学内容，营造出更舒适的教学环境，提高教学的真实性和交流性。

（二）多媒体软件的制作

一是系统分析、脚本创作以及程序设计。进行系统分析是为了有效发挥计算机优势，以提高软件的教学效果；进行脚本创作时要充分考虑教学需要，根据主题安排和组织内容。程序设计这个步骤一般由专业人员进行操作。

二是文本素材的制作。根据文本字数以及背景颜色，设计字体大小、字间距、行间距以及字体颜色。通过合理地设计文本方案使教学软件易于观看，同时还可以引起学生的兴趣，从而提高教学的质量和效率。

三是图片以及动画的制作。在进行图片和动画的制作时，应该注意要适量、适当，并且要注重这些媒体资源的相关性和科学性，运用合适的图片和动画可以帮助学生更好地理解和掌握知识，是一种非常好的媒体资源利用方法。

第四节　高校思想政治课考试方式改革

网络信息技术的发展对于思想政治课的考试方式与教学评价体系产生了一定的影响，为了保证思想政治教育的时效性，要保证当前的思想政治教育的考试方式符合互联网时代特征，逐步实现信息化、现代化。

网络技术的发展对各个方面都产生了影响，思想政治教育方面也受到了影响，思想政治课考试方式发生了改变，从传统的考试方式向网络考试的方式开始转变。

一、实施网络考试是深化思想政治课考试改革的新取向

一是提高思想政治课考试组织的效率。传统的思想政治课考试从准备到考试再到阅卷，都需要投入大量的金钱、时间和精力，而且出现差错的可能性比较大。网络思想政治课考试可以大大提高考试组织的效率。通过网络平台，能够直接建立考试题库，简化考前准备工作；对课程和考试信息进行实时动态更新；考试的阅卷工作可由计算机承担，减轻了阅卷负担，提高了阅卷效率；学生可以在考试结束后直接获取考试成绩，并得到详细的成绩分析与试卷评估；减少阅卷时出现的阅卷错误概率，很大程度上提高了考试的阅卷效率。

二是，促进高校思想政治课教师专业能力的提高。推进思想政治课网络考试的落实，可以促进思想政治课老师教学活动的改革。而推进网络考试，先要制作试题，建立题库。在建设题库的过程中，可以加强教师间的合作与交流，还可以提高教师的个人专业素养。同时，思想政治课网络考试还会使思想政治课教师的网络信息技术水平得到进一步的提高。

三是，促进高校思想政治课考试的进一步创新。推动思想政治课网络考

试的落实，将传统考试模式与现代化互联网技术有机结合，实现了本质上的考试方法的创新，可以激发教师参与高校思想政治课考试的改革和创新，还可以引起学生对考试的热情。

二、高校思想政治课网络考试存在的问题

随着网络考试的推广，许多学校都开始尝试思想政治课网络考试。随着网络考试的落实和探索，也出现了一些问题，想要进一步改革和推动网络考试，就要对这些问题进行分析和解决。

（一）网络考试系统开发和维护不足

思想政治课网络考试需要利用网络平台进行，这就要求学校要建立思想政治课网络考试系统。一般情况下，学校都会与互联网公司合作进行考试系统的开发和搭建。这是因为思想政治课教师一般不具备自行搭建网络考试系统的能力，而互联网公司不了解思想政治课课程性质和考试价值理念。

除此之外，思想政治课教师平时的工作任务繁重，没有多余的时间和精力去管理和维护网络考试平台，一般互联网公司也不提供后续的相关维护工作。这就影响了网络考试系统的升级和改造，同时还会为网络考试系统带来安全隐患，可能影响到今后网络考试的质量，甚至可能降低网络考试的公正公平性。

（二）网络考试试题题库建设不健全

目前的网络考试系统还不能智能地进行主观题的自动批改，所以网络考试试题一般全为客观题，缺乏对学生的知识实际应用能力、实践创新能力等方面的考查。在进行思想政治教育时，要帮助大学生通过对知识的理解建立正确的世界观、人生观、价值观，所以目前的网络考试的考查范围与教学目的还有很大差距。

在目前已经开始通过网络平台进行思想政治课考试的学校，存在题库试

题不充足的情况，无法满足一人一卷、随机组卷的要求。学校应该根据不同的专业背景和知识基础，进行试题库分类，根据学生的情况制定个性化的考试试题，这样可以更加科学地反映学生的真实水平。

（三）网络考试信息深度分析和运用不充分

目前，思想政治课教师在考试结束后进行考试分析时，对考试信息的分析仅仅局限在数据备份、查询和简单的统计分析阶段，并没有进行进一步的考试数据分析。没有对网络考试信息进行深度分析，便不能促进教学改革，反而造成了大量数据信息资源的浪费。教师应该对网络考试信息进行进一步分析，将其作为改进教学的关键资料，为相关管理部门提供有意义的参考和建议。

三、完善高校思想政治课网络考试的策略建议

（一）重视考试系统的开发和维护

可以通过对校内网络技术掌握得较好的教师进行相关培训，使他们具备开发和维护网络考试系统的能力；或者可以引进软件开发人才进行专人管理；又或者可以与网络公司进行合作，通过网络公司开展平台的开发和维护。

对教师的网络技术能力培养有很多方法，可以邀请专家到校为教师进行培训，也可以开展教师在校外的技术培训，可以采用集中培训的方式，也可以采用分期分批培训的方式。将教师的网络技术能力纳入教师能力评定系统，使网络技术能力成为评价教师教学能力的一个因素，以此保证高校思想政治课网络考试的效率。

（二）教师全员参与试题编写

思想政治课网络考试试题库建设是一个庞大的工程，应该充分调动全体高校思想政治课教师的积极性进行试题库的建设，通过集体的力量共同攻克

重点和难点。试题的编写要遵循高校思想政治课课程理念、课程内容逻辑体系、考试命题原则，进行科学合理的试题制定，更要注重命题的创新。例如，可以将社会热点问题和学生生活中面临的实际问题融入试题编写中，使思想政治课网络考试的重点相较传统的思想政治课考试有所革新。按照任教的课程，教师可以进行分组，按教材章节分工编写试题，并定期召开研讨会组织题库。同时，试题不可以一成不变，应该逐年增添新的内容，淘汰过时的内容，以保证题库的时效性。

（三）激发教师运用网络考试信息

在实施思想政治课网络考试后，为了充分利用网络考试信息资源，应该激励教师运用网络考试的信息，通过对考试信息数据的分析为今后教学的发展方向提供科学有效的支持。同时，也可以依托学校等各级各类教学科研项目，激励教师进行有计划有步骤的研究探讨，促进教师将教学、考试和研究有机结合，不断提高教师的专业综合素养，通过网络考试的方式激发学生对课程的兴趣，并从中得到帮助。

第七章

“互联网+”时代高校思想政治教育体系研究

“互联网 +”时代高校思想政治教育体系的研究，本章主要从“互联网 +”时代高校思想政治创新体系、“互联网 +”时代高校学生日常思想政治教育以及“互联网 +”时代高校人才培养创新体系三方面进行研究。

第一节 "互联网 +"时代高校思想政治创新体系研究

高校思想政治理论课是大学生的必修课，能够帮助大学生树立正确的世界观、人生观、价值观，也体现了社会主义大学的本质要求。而互联网的迅速发展，大数据、"互联网 +"的蓬勃兴起为高校思政课改革带来挑战也提供了创新发展的机遇。

一、教学人才体系创新

（一）提高思想政治课教师素质的重要性

互联网时代，高校思政课教育面临着巨大挑战和机遇。"互联网 +"打破了权威对知识的垄断，让教育从封闭走向开放，人人能够创造知识、共享知识以及获取和使用知识。因此，高校思想政治课体系改革势在必行，同时要求高校思想政治课教师必然要具备"互联网 +"的思维和能力。这是因为高校思想政治课教师不仅是高等学校教师队伍的一支重要力量，还具有重要地位和意义。

1. "互联网 +"时代思想政治课师资队伍存在的问题和面临的挑战

互联网时代思想政治课教师传统教学手段和方法受到挑战。教学既是一门科学，又是一门艺术。高校思想政治课教师在做好理论解释的同时，更要注重学生对知识的消化吸收效果，对大学生进行有针对性的、艺术性的思想政治教育和引导。然而，当前高校教师运用互联网技术开展微课、慕课等新型网络教学模式的水平和能力较低，就造成了思想政治教师自身素质与当前互联网时代要求不相适应的局面，使得高校思想政治课教学模式和方法亟待创新。

2. 互联网时代思想政治课教师信息技术能力有待提升

（1）缺乏收集、分析和利用有效信息的意识。“互联网+”时代的到来、大量信息和数据的存在，使得很多思想政治课教师在利用互联网上意识欠缺，不善于进行自我反思、不善于发现问题。因此，思政课教师在讲课过程中应该能够及时发现不足，有针对性地利用互联网进行各种相关信息的查找，丰富教学内容从而弥补不足。

（2）欠缺收集、分析和利用有效信息的能力。很多高校思想政治课教师对于利用相关网络平台提供的便利条件，有效分析、处理并进一步利用信息的意识和能力欠缺。因此，要针对这些问题对课堂教学进行有效的正确指导，提高教师利用网络的能力，进而提高思政课的实际效果。

（二）思想政治课教师提升的重要途径

“互联网+”时代要加强高校思政课教师自身提升，使思政课教师作为大学生思想政治教育的引导者，能更好地面对“互联网+”时代的新情况、新问题。

1. 教师自我教育、全面提升

（1）坚定理想信念、矢志立德树人。做好一名思想政治课教师，要有坚定的理想信念、崇高的道德素养、深厚的理论水平、创新的教学方法和立德树人的使命感；要明确意识到肩负的国家使命和社会责任，秉承为人民服务、为中国特色社会主义服务、为改革开放和社会主义现代化建设服务的教育宗旨，培养好社会主义事业的建设者和接班人。

同时，思想政治课教师需要充分意识到连接是“互联网+”时代最宝贵的资源。思想政治课教师要提高对数据信息的敏感性，善于搜集、整理、分析数据；要不断学习新知识，掌握新技术，树立以学生为主体的观念；要充分利用微博、QQ空间、微信朋友圈、贴吧等网络空间，以获取更多、更新的信息数据，从而及时掌握学生的学习动态，发现学习问题并给予个性化的引导和具体的帮助。

（2）提升综合知识素养，树立知识权威。一方面，思想政治课教师要充分利用网络这一新媒体资源，通过专题网站、微博、微信等平台加强马克思主义理论与实务的学习；另一方面，思想政治课教师要以敏锐的洞察力和灵敏的政治嗅觉去捕捉变化了的新情况、新问题，将其引入课堂教学过程中，增强思想政治理论课的可信度和实效性。

（3）掌握现代网络先进技术，创新教学模式。在课堂教学中，要善于将网络视频、短片、微课、微信等引进课堂，激发学生兴趣，激发学生学习思政课的积极性，增加课堂实际教学效果；要善于创新建设具有吸引力、高质量的思政教育专题网站、慕课等网络教学资源，提高学生自主学习能力，实现课堂教学与网络教学的优势互补。

（4）积极打造网络平台，注重与学生交流互动。教师在教学过程中，要将专业知识清晰地传授给学生并为其所用，帮助学生解决生活中的实际难题，并通过网络对话交流，让自己成为大学生心中的良师益友；要运用"互联网+"思维，通过构建大学生在线互动社区、微信、微博、网站、APP应用为主的新媒体阵地，融合线上线下的O2O运营机制，促进传统线下活动与线上互动传播的有机融合、相辅共进。因此，利用"互联网+"时代的各种有利网络资源成了思想政治课教师传播知识、加强交流互动的重要途径。

（5）重视信息技术培训，提高思政课教师队伍利用"互联网+"技术的能力。在高校思想政治课教师队伍中应开展广泛、分层分类的网络技术培训，使其尽快掌握运用"互联网+"技术的能力，将获得的信息有效发挥作用，运用到自己的教学实践中去，提升思想政治课教师的教学水平和魅力。

2. 高校的科学管理、机制创新

一是学校要加强对思想政治课教师的重视，充分意识到加强高校思想政治理论工作的重要性，并积极制定各种保障政策和条件，切实落到实处。二是完善高校思政课教师的选拔、培养制度。选拔那些政治素养、道德素养、知识素养过硬的教师加入思想政治课教师队伍，积极创造条件，有计划地组织思想政治课教师开展社会实践，使教师进一步了解世情、了解国情，不断地补充新知识、解决新问题。三是完善绩效考核，健全评价体系。高校要采取综合考查的形式，在职称评聘、考核评优方面给予思想政治课教师足够的重视，并给予一定的政策倾斜。

（三）加强高校学生自主管理中的主体发展

在以人为本、促进人的全面发展的教育背景下，大学生无疑是高等教育的主体。在教育、教学、学生管理等诸多方面体现学生的主体性，促进学生的主体发展也成为高校的主要任务。高校学生管理工作承担着学生自主管理的教育和引导任务，必然要突出学生的主体发展，提升学生的自主管理能力。

大学阶段对于大学生而言是一个进入社会的预备期，面临从单纯的接受知识向掌握社会生存技能的转变，在这个过程中，大学生将完成从学校管理的“他律”向以自主管理为核心的“自律”的过渡，最终形成良好的自主管理能力，以适应大学生活及社会生活的变幻莫测。正确理解学生的主体发展，规避高校学生管理的弊端与不足，探索实用性、操作性强的学生自主管理模式，是当务之急。

1. 学生主体发展在高校学生管理中的重要意义

（1）学生主体发展是大学生全面发展的基本前提。无论是从国家、高校还是从学生自身来看，促进大学生全面发展均是根本诉求。一方面，大学生是国家的宝贵人才资源，是祖国的希望和未来，其发展状况直接影响着社会主义现代化建设的进程，关乎“中国梦”的实现，具有重要的社会意义。另一方面，大学生的主体发展关系大学生的个人成长、职业发展、自身价值的实现等诸多方面，具有重要的个体意义。

大学生获得全面发展的首要任务是通过自主管理获得主体性，主体性是大学生主动学习、求知，主动适应社会的强大动力，也只有具备了这个动力，学生才能把学习和求知看成是自己的事情，其全面发展才能顺利进行。另外，学生的主体发展让大学生以“主人翁”的姿态不断审视自己的行为，不断检测自己的进步，不断自主调整与完善，最终达到理想状态。

（2）学生主体发展是大学生社会化的必由之路。社会化是指个体通过学习，掌握社会技能，不断增强对社会的认同感和责任感，能顺利融入社会，并通过个人努力改变社会的行为过程。对大学生而言，社会化是一个全新的任务，这是因为，大学前的任何一个阶段都是在被动接受学校教育，不太关注与社会的接触，但大学毕业后就是进入社会，社会化对在校大学生而言很陌生，也很重要。

学生主体发展和自主管理是社会化的重要体现。大学生个体的社会化是从不知到知、从知之不多到知之甚多、从不成熟到成熟的社会生长过程。这是一个具有长期性的毕生课题，该课题的完成不仅仅要依靠主体发展与自主管理来完成，更要通过主体发展和自主管理体现社会化的成果。主体发展良好、自主管理能力强的学生，其社会化的进程顺利，反之亦然。

2. 建立学生自我管理教育的新视角

（1）从管理者角度，更新观念，为学生自主管理提供空间。高校及高校学生管理工作者要充分理解“以人为本”的内涵，突出学生在高校学生管理工作中的主体性，以促进学生的主体发展为根本任务，在这个基本前提下，管理者要变“管理”为“服务”，变“控”为“引”，建立学生自主管理运行机制，培养学生的自主管理能力。

首先，为了学生，突出学生的主体发展。在高校学生管理中，学生占有主体地位，学生管理的内容和方式要以促进大学生健康成长和综合能力的提升为根本出发点和落脚点，这就要求，高校学生管理模式要充分考量是否有利于学生的发展，能否更有利于学生的发展。

其次，相信学生，放手于学生，构建学生自主管理的宽松环境。大学新生入学后，学生管理工作者要将学生自我管理的理念传递给学生，突出强调自主管理的主导性，为学生提供自主管理的良好空间。管理者则扮演“服务员”的角色，当学生自主管理的方向出现偏差、遇到难以解决的问题时，管理者要为学生提供帮助，可以是政策引导、方向指引、直接帮助等。

最后，依靠学生，鼓励有志向、有能力的大学生参与自主管理机制的制定与执行。一方面，丰富、完善并验证管理机制，促进高校学生自主管理理论与实践的发展；另一方面，学生的自主管理能力、综合素质得到锻炼和提升，学生的主体发展得以体现。管理者要扮演“推动者”的角色，鼓励学生依靠自己，积极探索自主管理的道路。

（2）从大学生角度，提高自主管理意识和能力。

首先，肯定自己，把自己看成是学生管理中的主体，把学生管理看成是自己的事情，突出自己在管理中的主体价值。要增强自主管理的主动性，主动参与班级管理、系部管理及社团管理；要建立学生自主管理的学生队伍，通过组织分工、组织内部制度的约束等方式，提升学生的责任心和积极性。

有的高校为了调动更多大学生参与自主管理，设置了“轮流班委”，让班级中的每一个人都有担任班级管理者的经历，深刻体验自主管理与配合自主管理的意义。

其次，相信自己，有能力、有办法管理好自己的事务。大学生要不断学习和锻炼，提升自主管理的能力，既为更好地推行自主管理模式，也为了自我能力的提升。

最后，依靠自己，有自主管理的责任感，不要事事、时时依靠老师或依靠学校，要有探索精神和创造精神，积极参与学生管理的各项事务，自觉维护正当权益。

（3）学生管理者和学生要共同开拓自主管理的“多方阵地”。

首先，构建校内阵地，以宿舍、班级、学生会、学生社团等为阵地，开展丰富多彩的群众性文体活动，活动组织与安排的每一个环节都依靠学生，参与者也是学生，构建一种自主管理的运行模式。比如，有的高校开展学生宿舍文化评比活动，活动组织者在策划、制订方案、聘请评委、考核奖励等每一个环节中都要发挥主动性与创造性；而参与比赛的学生宿舍也要经历策划、制订方案、实施方案等，同学之间相互合作与配合，各种潜能得到激发。因此，无论是组织者还是参与者，都提升了自主管理能力。

其次，构建校外实践阵地，以学生社会实践活动为载体，让学生进入社会，锻炼能力、提高认识。当前，大学生社会实践活动已经成为我国各高校的常规项目，很多大学在社会上的相关企业或部门建立社会实践基地，让学生进入企业感受企业管理制度与企业文化，深刻体会个体社会化的过程。这其实是为学生的自主管理搭建了平台，学生在社会实践活动中，脱离学校管理，自主安排学习与生活的方方面面，为提高自主管理能力提供了好的机会。

（4）构建大学生自主管理的法治环境。大学生自主管理不仅仅是自己管理自己学习生活中的小事情，更要体现在学校建设与发展、教学改革、人才培养等大事上。而且，学生参与学校自治不仅仅是听草案、举手表决等表面现象，要体现在实在的参与上。

从国际经验看，赋予大学生正当、合理的政治权、参与权、知情权是大学生主体性发展和自主管理的需要。高校及学生管理者要畅通政治民主化的渠道，在关系学生切身利益的问题上，给予学生知情权，并在重点问题的决策中，允许学生参与。

借助高校学生会、学生社团等学生组织，扶持学生实行自治。在学生组织干部的选举、监督和罢免及组织管理等方面更多地放权。赋予学生会、学教会、学生自律委员会、学生社区管委会等更多的与学校领导、各职能部门对话的权利，让学生自治组织在学校各项管理工作中有更大的参与权、发言权和决策权。

（5）建立学生自主管理运行的长效机制。高校学生自主管理能力的提升不是一蹴而就的短期行为，而是一个长期坚持的任务。原因在于，能力的培养是"慢功夫"，大学一年级新生入学后，不能很快适应自主管理模式，学生管理要采取"扶"的措施，慢慢引导、指导；当学生具备一定的能力后，学生管理可以采取"放"的策略，在很多领域放手于学生，最后完全放手于学生。因此，建立学生自主管理的长效机制，长期坚持，是必要的。另外，从长远运行看，要建立完善的学生自主管理制度，确保自主管理能运行畅通，并长期坚持下去；要将学生的自主管理形成一种管理文化，处在该文化背景下的学生，很容易被自主管理的氛围感染，能够自觉加入到自主管理的行动中来。

二、教学设计体系创新

思想政治理论课是高校宣传马克思主义理论、加强大学生思想政治教育的主阵地、主渠道，其作为我国高校大学生的必修课，具有与其他专业课程不同的教学特点和教学目的，因此更要注重实效性。然而，当前思政课教学还存在着一定问题，只有采用新手段、新方法，注重研究新情况、新问题，注重理论联系实际，才能实现教育理论由知识向能力的转化。

"互联网+"时代，微博、微信、论坛等新媒体已成了大学生获取知识、联系外界的主要平台。网络的信息包含量大，良莠不齐，对大学生原有价值理念构成了严重威胁和挑战。网络具有虚拟性的特点，各种网络主体之间可以不受时空限制地开展各种交流和互动，对高校思政课传统教育教学模式提出挑战：首先，网络知识的更新可以不受时空限制，可以不受学时的制约，信息量大，冲击了教师的学术权威地位；其次，传统教学模式中，思想政治课教学以教师单向讲授为主，缺乏有效的交流和互动，忽略了学生的主体地位，没有充分发挥学生在课堂中的作用，而在一些新媒体教育形式中，学生可以随时交流互动、言论自由、机会均等，契合青年学生寻求独立、渴望发声、渴求平等的心理需求；最后，在丰富多彩的网络世界里，视频、音频、图片等各种手段的综合运用，能不断激发学生的兴趣和积极性。教师如何在课堂上跟手机和移动互联网抢学生，成为一个具有挑战性的课题。

因此，“互联网+”高校思想政治课创新就更加重要。首先，有助于改善课堂形式单一的教育模式。在教学中，要求高校思想政治课的课堂能够满足学习者的个性化需求，为学生提供多种学习方案。还可以让高校教师有条件充分利用网络教学资源，使其课堂教学能够从“死板”走向“生动”，从“灌输”走向“互动”。其次，有助于改变课堂知识的单向传递灌输。在互联网时代，思想政治课教师将成为学生发展的促进者和引导者，让学生的主体性得以突显。最后，有助于延伸课堂教学的教室空间。在互联网时代，教师可以将理解教学内容的案例、实践活动发布在网站上，做到课上课下学习的有机结合，让学生通过互联网与社会沟通、与世界沟通，扩大学生的接触面，积极探索将课堂设在互联网上的新途径。

互联网凭借其方便、快捷、新颖、多变的特点受到大学生的广泛青睐，随着高等教育信息化的迅速发展，探索网络教学试点，开发思政课在线课程，坚持课堂讲授与网络教学相结合、在线教学与课堂教学优势互补的教学模式已经成为思政课教学改革的发展趋势。

“互联网+”高校思想政治课教学创新的主要理念和思路：

首先，设计好、讲授好每一堂思政课。打造一堂有魅力的课，教师必须兼具人格魅力和学识魅力，努力把思想政治课建设成为学生真心喜爱的课，实现育人课堂、魅力课堂、精彩课堂和高效课堂的高度统一。

教学内容设计要以学生为出发点，把握学生特点和需求，既注重基础层次的需求，又要着眼于学生的深层次的成长需求。因此，要用心解读学生成长的网络记录，运用数据分析和预测技术全面把握学生的心理需求、情操需求、知识需求、能力需求、素质需求以及发展需求，具体内容如图 7-1 所示。

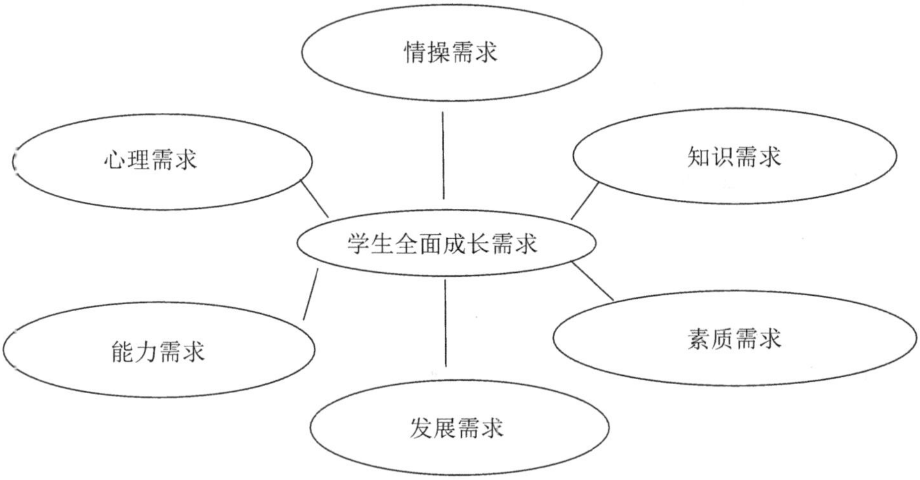

图 7-1 学生全面成长需求图

其次，深度挖掘学生关注点，打造学生真心喜爱的魅力课堂。魅力课堂的关键在于魅力教师，因此教师要具备以下几个方面的内容：一是备师德。教师要用自身良好的道德形象影响学生，用优良的思想作风带动学生，为学生提供更多的正能量。二是备学生。分析学生的学习现状和学习需求，深度挖掘学生关注的热点、疑点。三是备学识。教师是一堂好课的关键，只有有思想的教师，才会使学生成长为有思想的学生。四是备教材。备教材的关键是实现教材体系向教学体系的转化，要深入地钻研教材，准确把握教材内容，依据教学大纲、学生认知、当前时政热点、所授内容学术研究现状以及方向来确定教学目的和重点难点，在此基础上探索更为适宜的教学方法。五是备教案。这一环节是实现更高的转化，是教学体系向育人体系的转化。也就是将教案转化成学案，把教师的教学目标转化成学生的学习目标，通过设计课堂导入、师生互动、课堂活动，激励学生树立科学的理想信念，坚定崇高信仰，将理论学习与社会生活实践结合到一起。六是备课件。多媒体的层次设计、文本选择、图片制作、视频开发、色彩搭配、动画效果也要服务于教学大纲、教学内容、学生需求。

最后，创新教学设计，形成终身受益的高效课堂。课堂要有吸引力，才能留住学生的身，更要入学生的眼、耳、脑以及心，引导学生在人生的漫长实践中自觉地去实践课堂讲授的基本原理。还能够针对大学生成长过程中面临的各种问题，帮助他们树立科学的世界观、人生观、价值观，引导大学生在实践中自觉养成、培育社会主义核心价值观，成为对社会有用的“四有”人才。

三、教学评价体系创新

高校思想政治教学评价是思想政治教育教学中重要的一个环节，它可以帮助评价对象明确自己在教学中的表现，而随着互联网技术的发展，思政课教学评价体系为了保证其时效性也应该做出改变，改革才能使教学评价体系发挥其真正的作用。

（一）思政课教学质量保障

随着社会进步和社会主义建设事业的高速发展，社会各行各业对人才的个人素质要求也越来越高，学校应该加强对学生思想政治教育的强度与质量，帮助学生更好地适应社会。为了保证思政课的教学质量，应该建立科学合理的思政课教学质量评价体系。教学质量是教育的关键，是教育发展的核心，对于不同的学科和受众，应该采取不同的教学质量标准，以便更科学合理地制定教学目标，达到良好的教学效果。

1. 思政课教学质量评价体系

新时代的教学质量是指教育满足社会和个人需要的程度，也就是说新时代的教学质量包括教育对社会、经济、国家和个人等方面的满足程度。

教育是一个动态的过程，根据时代背景和相应的社会要求的不同，教学质量的要求及衡量标准也不同，要想与时俱进地发展教育，就应该按照符合时代要求的标准对教育质量进行衡量和提高。高校教育的首要任务是人才培养，高校应该注重学生的全面发展，培养出知识丰富、专业技能优秀、思想道德良好、具有创新精神的人才。同时要注重对学生的实践能力的培养，为学生创造良好的实习、实践条件和平台，使学生可以自觉主动地投入学习、投入实践，形成良性循环，教学促学、实践辅学，帮助学生实现全面发展。

深化教学改革，要进一步完善学分制度，推行个性化的弹性教学机制，加强学科全面学习。全力支持学生参与科学研究、学科竞赛等实践活动，提高学生的知识运用和问题处理能力，加强对学生的就业、创业指导，实现个性化的专业辅导，加强学生在社会中的竞争力，为他们将来的发展提供更好的服务。因此，要建立健全教学质量保障体系，提高对教学质量水平的评价管理，深化教育改革。

在当今这个时代，不论任何领域的教育，教学评估都是十分重要的部分。教学评估可以有效地对教育教学的实际情况进行反映，其中包括对教学的状态、质量、水平的评价，对相关政策方针的履行程度的评价，对学生学习水平的评价，对教师进行教育的有效性的评价。

2. 构建思政课教育教学质量评价体系的研究依据

随着社会的发展和时代的进步，思想政治教育教学必须跟上时代的脚步，从教学的内容体系、方式方法、价值取向等方面进行改革创新，要拓展教学理论的领域，研究新的教学模式。为了提高教育教学质量，必须与时俱进地制定和完善思想政治课教学质量评价和管理体系。对思想政治课的教学质量评价与管理体系进行研究，可以帮助教育工作者更好地了解思想政治教育，可以更好地满足社会对学生的思想政治水平的要求，进而促进学生的全面发展。

对学生的思想政治教育不仅发生在课堂上，在学生的日常学习生活中也应该注意相关教育，应该关心学生的思想动态，在他们学习和生活的各个环节中进行思想政治教育。思想政治教育工作由多个环节组合而成，每个环节之间都有所联系，相互影响。所以只重视课堂教学过程的监控和课堂教学效果的评价，忽略对整体思想政治教育的监控和评价，会导致教学评价结果缺乏全面性和科学性，得出的结果并不是准确的评价。

影响思想政治教学质量的因素有很多，因此在对思想政治教学质量进行评价时，必须将各种影响因素考虑在内，避免片面、不科学的评价结果。只有对全部思想政治教学过程进行评估，才能得到较为准确、客观的评价结果，才能保证思想政治教学的进步。

（1）理论依据。教育教学质量的评价标准随着时代的不同而变化，这是因为不同时代对教育的认识以及对教育的要求有所不同，而这种变化是根据认识论形成的。认识论是一门研究人的认识的本质及其产生发展规律的哲学理论，不同的时代具有不同的认识论思维范式，人们对教学的认识与要求也会受到思维范式的影响。随着时代的发展，认知发生了变化，引起了教学质量评价标准的改变，现在的教学质量评价开始注重教学的公共实践和社会价值的体现。

我国当前的教学质量观是以马克思主义认识论和价值观为哲学依据的，提出认知通过实践与社会发展产生联系，实践使人们参与到认识的产生与验证的过程中的观点。马克思主义认识论和价值观是我国教育发展和人的发展的重要科学依据。

明确教学目标是提高学生的思想政治理论水平、思想道德素养以及实践创新能力，应该将思想政治课的课堂教学与课外实践有机结合，要充分调动各方资源进行科学合理的资源配置，为开展思想政治教育创造良好的环境，通过各方共同努力提高思想政治教育教学质量的整体水平。

（2）政策依据。近年来，我国不断开展教育体制的改革，并且办学条件也在不断改善和提高。党和国家也颁布了一系列关于高校教育的文件，其中很大一部分是关于思想政治教育方面的，这些文件中提到了对教学质量的重视，这些文件是新时期加强大学生思想政治理论教学质量的科学依据。《教育部2009年普通高等学校本科教学工作合格评估调研方案指标》提出，教学评估指标体系的根本可以总结为三点，即办学目标与人才培养目标的符合度；教学工作状态与培养目标的符合度；人才培养质量与人才培养目标的符合度。这三个符合度是教学质量评价体系建设的根本原则，通过这三点可以对教学质量进行科学合理的评价。

（3）课程依据。自20世纪50年代，我国便开设了思想政治理论课程。2005年，根据相关政策，思想政治理论课分为四门课程，这种全新的思想政治理论课课程设置，对学生的思想政治教育工作提出了全新的目标和要求，同时也促进了思想政治课教学质量的提高。

从思想政治课课程的发展和改革可以看出，思想政治教育想要实现可持续性的发展，就要根据时代的进步不停地进行调整，要使自身符合时代要求，反映马克思主义理论和实践发展的最新成果；要坚持理论与实践相结合，在进行思想政治理论教学的同时要结合实践活动进行理论运用的教学。

（4）现实依据。目前，在新形势下，我国思想政治教育面临全新的挑战，这就要求对这方面的课题进行进一步研究。一方面，互联网信息技术迅猛发展，信息全球化已经成为现在的发展趋势，通过互联网可以获取大量信息，为人们的生活带来了方便，也造成一系列不利的影响。另一方面，随着改革开放以来社会和人们生活的变化，人们的社会地位、生存方式、利益关系等愈加多样化，生活方式与理念的多样性和差异性也在不断变大。如何在这种背景下，帮助大学生树立正确的世界观、人生观和价值观，成了高校开展思想政治教育的关键性问题，提高思想政治教育的实效性是十分重要的环节。

我国一直很重视对学生的思想政治理论教育，并一直在这个方面有很大投入，不论是在队伍建设还是在资金投入上都有很大的投资。但是，在实际操作的环节，思想政治教育还存在一些问题，表现在课堂教学和教学实效性方面。造成这些问题的原因之一就是没有科学的教学质量评价标准和评估体系。为了更科学有效地开展思想政治教育，就应该建立科学合理的思想政治课教学质量评价体系，通过这个方法提高教师的工作热情，提高学生的学习积极性和主动性。

3. 思政课教育教学质量评价体系的现况

教学评价是对教学成果的一个衡量，对教学达到的教学目标程度进行一定的判断，这是进行教学的一个基本环节。教学质量评价是指通过科学合理的标准，利用各种原理和方法，对教师的教学工作进行全面的考核和评价，并根据评价结果进行调整和改进，以此进一步提高教学质量。

教学质量评价是对整个教学过程及结果的评价，其中包括教与学，要对教学活动过程及所产生的各方面的结果进行整体评价。对教师进行教学评价，一方面是为了加强对教师及教学的监督、控制和管理，加强教学的实效性；另一方面是为了激励教师更好地开展教育，通过教学评价了解自身的优势与不足，不断地改进，以此提升教学水平，实现教学目标。

目前，我国思想政治课实施新的课程方案，为了科学有效地对思政课进行管理，教学质量评价的重要作用就此体现。重点关注课堂教学质量的评价，却忽视了其他教育环节的评价；注重对学生考试成绩的评价，却忽视了对学生综合素质能力提高的评价。除此之外，还有一些问题值得注意，下面就几个具体的方面进行分析。

（1）重视程度不够。一般情况下，学校对思想政治课教学质量的评价采用总结性评价方法，并且将注意力放在评价结果上，这无法全面地体现思想政治课教师的价值，从而会对他们的教学质量进行不科学、不全面的判断，进而会影响教师工作的积极性。同时，进行判断的方法和指标存在一定的问题，并不是标准化的，这就影响了教学评价的科学性。这样的评价方式很难起到激励教师工作的作用。

一些教师与学生对教学质量评价不够重视，没有了解到评价工作的重要意义，在进行教学质量评价时，态度不够认真端正，并不能积极客观地对教师的教学工作进行评价，这就导致教师实际教学水平与评价不符，很多学校的教学质量评价仅仅是形式上的评价活动，有效度不高。

此外，教师间的评价也存在不客观的情况，本着"互利互惠"进行评价，却忽视了教学评价的真正意义。专家评价相对客观，但通过一两堂课就对教师的教学质量进行判断，使得专家的评价更多地本着谨慎的原则，评估往往出现严重的趋同性结果。

（2）反馈与沟通渠道不畅。比如学生评价，教师得到的反馈往往只是得到一个评价分数，却无法得到学生对自己教学的具体评价，而这种反馈对教师提高自己的教学水平并没有什么作用。目前的评价反馈与沟通存在不顺畅的问题，使评价工作流于形式。

提高教学评价反馈和沟通的畅通性是提高教师教学水平的关键因素，教学评价不仅是为了对教师进行奖惩，这会大大降低教学评估本身的价值，使其重要作用无法体现。教师得到的评价反馈往往只是一个分数或等级，却没有更为详细具体的评价信息，这导致他们无法正确把握自己在课堂中的教学表现，违背了教学质量评价的根本目的。教学评价后的反馈和沟通是个双向的过程，通过双向沟通和反馈可以使教师对自己的教学效果进行深入研究，将多种评价进行比对，从而提高自身教学水平和教学质量。

（3）科学性和可操作性有待提升。思想政治教育的目标比较抽象，根据这个目标制定的思想政治教育实践和教学评价目标想要做到科学、具体、可操作性强具有一定的难度。统一的评价指标在进行统计时比较易于操作，易于量化，但这种固定的评价指标不能准确反映不同教师的教学优势和特色，往往会导致教师在教学中只注重以教学质量评价的设计指标去规范教学程序而限制了自身教学自主性和探索的积极性，这不利于教师建立个人教学风格和青年教师的成长和发展。

此外，评价指标的标准过于笼统。教学质量评价体系及其目标要求必须清晰、明确，具备较强的可操作性，只有这样才能保证教学质量评价的科学性，才能通过教学质量评价准确地反映教师的教学水平和教学成效。

（4）缺乏连贯性，评价方法相对单一。一般情况下，一学期进行一次教学评价，并且仅将评价分数或等级结果告知教师，缺乏连贯性分析，这种评价并不能客观、真实地反映教师的教学水平，并且评价的反馈并不及时，这种教学评价对教师的教学水平提高并没有太大作用。

4. 影响思政课教学质量及其评价的主要因素

（1）社会主义市场经济的挑战。改革开放和社会主义市场经济体制的建立为我国开展思想政治教育教学带来了严峻的挑战。

改革开放使人们更多地接触到了西方社会思潮和价值观念，这对人们的生活方式、思维方式、价值观念等方面都造成了影响，人们的生活方式、思维方式和价值观念都呈现出多元化的趋势。同时，随着社会转型，一些社会问题也相继出现，严重影响了学校对学生开展思想政治教育，因为现实社会现象与教材中提出的理论与思想有很大差别，学生无法在这种巨大落差中去真正理解教学内容，这种冲击使学生对教学内容以及马克思主义理想信念产生了质疑。

社会主义市场经济的发展要求高校要培养高素质人才，其中就包括学生的专业能力。因此存在重视专业教学，轻视基础教学；重视实践、科研等实用性教学，轻视基础理论课教学的问题。目前高校这种重视专业性的教育方式虽然对学生的发展有好处，但是应该在注重务实教育的同时注重理论教育。因为高校教育对学生英语能力与计算机能力的专业要求，导致学生的学习重点放在这些学科上，而不重视基础理论课的学习，对思想政治理论课态度不认真，总是应付了事。

（2）教学实践中难以应用。思想政治教育可以保持生命力的关键就在于其内容的实践性、科学性和发展性。但目前高校教育出现了新形势，扩招与产业化对高校的思想政治教育产生了一定影响，导致教学实践出现缺乏生命力的现象。

产生这一现象的原因就是思想政治教育教学没有注重教学的时效性，在教学上没有做到与时俱进。我国高校思想政治理论课的教材还沿用很多年前的内容，这些教学内容并不具有时代性，课本内容严重滞后于社会发展现状。思想政治理论课教学内容和目标要求决定了其自成系统，要求一定的稳定性和连贯性，再加上我国过去的政治形势要求也难以及时更新，这就导致我国思想政治理论课教材的内容很难进行创新。虽然教学内容可以联系实际材料，但在这方面也较为慎重，对于一些社会主义建设中的重大思想理论问题教材无法及时给出答案，对于学生提出的关于当前社会中的一些问题也无法做到及时的引导和教育。

（3）自身建设困难。开放性的网络环境，使学生获取的信息很难经过过滤，这就要求学生自己对信息进行整理和分析，但学生在这方面的能力并不成熟，这就导致一些学生的思想越来越复杂，而目前思想政治理论教育教学评价的要求和手段却没有进行很大调整，对学生的这种思想变化不能及时地做出响应。

有些思想政治理论课教师在教学时只对教材内容进行讲解，教学目标与计划仅仅局限于完成教学任务，不能结合学生的实际情况进行教学。只注重理论教学，不结合实际案例，不联系学生的实际情况，这种教学方式不能建立教师与学生之间的良性关系，导致学生对课堂没有兴趣，从而对思想政治理论的课堂学习态度不认真。基于此，很多学生开始通过其他途径对思想政治进行了解，而且主要是通过互联网，但互联网上的信息很复杂，有一些负面思想和所谓"现实主义"论调也会出现在互联网上，这些观念观点会影响学生的判断，导致思想政治理论课进一步被忽视甚至无视。

（二）高校思想政治教学评价变革

1. 高校思想政治教育有效性评价变革的前提

（1）强化评价手段科学性与可操作性相结合的原则。进行思想政治教学评价时，应该结合现代化的互联网信息技术，在传统教学考评的基础上，建立信息化教学评价平台，将定性事实评价与定量评价相结合，更为全面地进行数据统计与整理，加强教学评价手段的科学性与可操作性的结合。

（2）坚持评价指标体系定性与定量相结合的原则。为了更为简单直接地进行教学评价考核统计，应该尽量量化评价指标，对于那些不可以量化的评价指标应该通过评估专家提供的相关材料进行评定。对思想政治教育教学进行评价的内容包括思想政治教育教学过程、思想政治教学客体的反映、思想政治教育教学的社会效果等，通过定性与定量对这些内容进行处理，从而对思想政治教学进行科学合理、公平公正的评价。

（3）坚持评价过程与评价导向相结合的原则。基于有效性提升为目标导向的高校思想政治教学评价改革，应该从思想政治教育教学的核心与关键进行教学评价，为了提高评价的针对性设置相应的评价指标，同时应该加强评价结果的调节性与导向性，这样可以使教学评价对象对自身教学工作进行更为明确的了解，帮助他们明确接下来的教学目标和方向，方便他们对当前的教学内容和方式等方面进行改进，建立评价和诊断相结合、评估和导向相结合的评价体系。

2. 高校思想政治教育有效性评价变革的重点

思想政治教学的主体可以根据思想政治教育形成性评价对教学计划进行制订和修改。思想政治教育教学形成性评价更注重评价的过程，强调教学的过程、动机、方法和效果的统一；思想政治教育教学结果性评价更注重对评价的整体总结，关注的是教育教学目标的实现情况。从思想政治教育教学的总过程来看，思想政治教育教学总结性评价对思想政治教育教学形成性评价具有重要的借鉴价值和指导意义。形成性评价为思想政治教学开展过程提供了调整与改进的依据，形成性评价可以及时地对教学过程中遇到的问题进行反馈，从而解决问题；总结性评价可以对通过教学达到的效果进行反馈，将教学成果显性化，只有通过总结性评价的这一特征才能使社会看到思想政治教育教学的作用与意义，从而得到社会的理解与支持。

传统的思想政治教学评价不能客观有效地反映真实的教学效果，缺乏切实、明确的评价方法。传统的教学评价存在很多问题，例如，目的不明确、主体过于单一、内容不具体、手段落后、功能狭窄等。在"互联网+"视域下，应该建立以有效性提升为目标导向的思想政治教学评价体系，全新的教学评价体系应该是符合当前时代要求并遵循教育内在规律的。同时还要符合国家的教育质量工程要求，关注教学评价的科学性和易操作性。

首先，对高校思想政治教育边界的突破。长期以来，人们一般会认为高校思想政治教育工作仅仅是属于高校的教育教学职责，但随着时代的不断进步，除了高校以外还有其他的教学主体存在，这种思维方式会导致思想政治教学评价有局限性，使人们对教学评价的视线仅仅放在高校身上，而忽略了其他教学主体。随着互联网信息技术的不断发展，互联网与教育的结合产生了许多新兴教育产物，如虚拟大学。虚拟大学是建立在互联网信息技术上的全新教育机构，打破了传统高校在物理、地理以及心理上的诸多边界，具有了与传统高校完全不同的特征。因为这种全新的教育形式的出现，传统的教育边界发生了变化，教育边界已经不能用简单的高校界定了，与此相对应，思想政治教育边界的概念也发生了变化。为了更科学合理地进行思想政治教学评价，就应该用全新的视角去界定教育边界，用更加开放和开阔的视野去看待和处理在思想政治教育教学中出现的种种问题，并在此基础上再进行教学评价。

其次，对评价主体单向方式的突破。构建以有效性提升为目标导向的高校思想政治教育评价方式，这就要求与思想政治教育教学相关的各个主体充分发挥其各自的功能定位，这其中不仅包括相关党委、政府、高校，还包括家长、学生及其他社会群体，在进行思想政治教学形成性评价时，要尽可能发挥开放与交互式评价主体的能动作用，应该保证思想政治教学总结性评价是各个教学评价主体评价结果的有效统一整合。

最后，对评价方式过多依靠文字材料方式的突破。在传统的思想政治教学评价中，一般都采用文字材料的方式作为评价依据。一些教学评价对象可能会为了获得较好的评价结果而在评价材料上作假，这就会导致评价结果无法保证公平公正，评价对象的真实工作水平、能力以及效果不能得到正确反映，也就会使教学评价变为无效的评价，大大降低了教学评价的可信度。互联网信息技术的发展，为高校思想政治教育评价进行方式与方法的改革创新提供了有力的支持。现代化的互联网信息技术具有互动性和实时性的特征，通过这种技术可以帮助教学评价主体实时掌握评价对象的教学情况，这种考查方式可以改变传统意义上仅靠各类文字材料进行的评价方式，使评价更具有效性。

3. 高校思想政治教育有效性评价变革的路径

（1）推进准确把握评价对象和适用范围。相较于一些西方发达国家，我国的互联网信息技术起步时间较晚，但我国的互联网信息技术发展速度迅猛，目前我国的信息化程度相较以前已经有了飞跃式的提高。为了推进教育发展，并保证教育的与时俱进，符合当今时代特点的教育就应该实现教育信息化。经过了一定时期的高等院校信息化基础设施建设，我国高等教育信息化已经初现端倪，目前相关部门面临的最大问题就是如何科学合理地使用这些信息系统。高校教育信息化十分重视思想政治教育教学方面，对于其有效性评价必须符合当前高校信息化建设水平与阶段，要保证评价与现实的匹配，并根据区域的不同，进行有差别的信息化建设，准确把握评价对象和适用范围，这样才能保证对思想政治教学工作起到正确有效的引导作用，保证获得科学合理的教学评价。

（2）推进科学设置指标选项和评判标准。科学有效的教学评价具有导向性功能，可以引导评价对象的行为方向，这样的教学评价帮助教师对自己的教学工作进行反思与改进，可以提高他们的教学水平和教学效果，可以激发他们的积极性与主动性。现代社会对高校教育的要求与以往不同，高校教育旨在培养高素质并富有创造力的专业人才，应该促进大学生的自由全面发展，高校应该在此基础上进行思想政治教育，应该在此基础上选定评价指标选项和评判标准。同时，在设置评价的指标选项和评价标准时，应该依据信息化条件下高校内外生态环境的变迁，以及高校自身的功能定位。结合各个方面制定评价指标选项与评价标准，以此确保其全面性、系统性和科学性。除此以外，还应该考虑指标选项和评价标准的可操作性，因为在推进和落实教学评价体系的过程中，可操作性是十分关键的环节，这关系到高校教育信息化的实际应用情况，高校思想政治教学评价框架会在此基础上进行搭建。

（3）推进有效遴选评价实施路径。进行问卷调查，通过定期或不定期的抽样调查了解和把握高校思想政治教育工作的过程以及效果，了解评价对象教学工作的情况以及效果；可以组织相关专家组建专家组，定期或不定期地对评价对象进行实地查访，对思想政治教学实践工作中遇到的问题进行诊断并提出相关完善改进的措施方法，落实专家提出的整改措施后，专家组进行回访，了解教学工作的推进与落实情况。

第二节 “互联网+”时代高校学生日常思想政治教育研究

互联网时代，高校思想政治教育需要不断创新，要将互联网平台打造成受大学生喜欢的思想政治教育载体，通过互联网促进师生沟通与交流，同时运用技术、行政和法律手段，加强校园网的管理，严防有害信息在网上传播。

一、新生入学教育

（一）新生入学后思想政治教育的重要性

大学新生入学教育这个过程应该与人才培养、教学设计等多种教育内容融为一体，形成系统模式。新生进入大学后，会有一个新的学习和生活适应过程，面对新校园、新环境、新人际，新生要及时更新自己的空间支配。进入互联网时代，通过互联网平台的及时交流，可以让新生直接感受老师的关注、同学的关心，尽快转换新生的角色，建立新的人际关系，为今后的专业学习和技能培训奠定良好的基础。

由于大学新生地域不同、成长教育环境不同，因此个体也就存在差异，在专业知识、专业技能和适应心理等方面也呈现多样化。因此，要把握好新生入学教育中社会主义核心价值观的教育。大学新生进行社会主义核心价值观教育，要以教育规律为前提、以学生需求为出发点、以学生的接受能力为基础，将社会主义核心价值观的教育内容渗透到新生教育和管理的各个环节。

（二）"互联网 +"新生入学思想政治教育的环节

一是引导教育环节。引导教育包含引导新生了解大学、了解大学精神，培养新生独立的学习习惯，最终通过引导满足新生教育中的内心需求，使得新生顺利开展、完成过渡期的学习和生活。引导教育包含共性引导和分类引导，新生教育中要将共性引导和分类引导相结合，特点互补。

二是专题教育环节。专题教育包括安全教育、学生手册教育、专业教育、大学文化教育等专题，时间集中在新生入学后的一个月左右开展。一般由学工部、宣传部、教务处等多个部门面向全体新生开展，主要是给新生讲解生动的案例，考虑的是学生的需求、特点及喜欢的沟通方式，通过专题教育切实达到教育的有效性，并注重说教和实践的有效结合，利用开放式的交流方式，注重被动受教与主动求知相结合。

三是励学教育环节。在入学教育过程中，发挥学科带头人对新生专业的引导作用；根据高校自身的专业特色，开展不同层次、不同类型的科技竞赛活动，为新生开展学术研究活动提供良好的平台，大力培养新生的创新和实践能力；加强励学教育的专题培训讲座，从培养新生的研究精神出发，为新生提供科研基础和科研能力方面的指导和帮助。

四是养成教育环节。在新生中进行养成教育，要充分利用"互联网 +"，建立数字化校园，将微信、微博等新媒体与思想政治教育联系起来，吸引新生关注、交流，成为学生受教育、长知识、增才干的德育新阵地；依托辅导员日常教育工作，为学生提供专业化、个性化的发展辅导内容，帮助新生合理规划专业学习、提升综合素质和个人能力。

（三）新生入学教育的工程

一是思想引领工程。通过对新生进行思想政治教育，帮助他们树立正确的人生观、价值观和世界观，这一过程要发挥思想政治教育工作者的引领作用。其中辅导员作为思想政治教育工作者中最重要的力量，要积极开设针对性强的辅导课，大力开展人生观、价值观、世界观、社会主义核心价值体系、道德品质、人格等的教育活动。

二是专业介绍工程。发挥知名教授的光环效应，通过“开展学科带头人第一堂课”，使新生可直观地了解本专业学习方法、就业方向、成功就业应具有的素质和能力等，使新生初步建立专业兴趣，为今后的专业学习打下良好的基础。发挥任课教师的引导作用，优秀的教师通过授课内容精彩、形式新颖、人格魅力等因素吸引着新生对知识的渴望。因此，加强任课教师的师德教育、提升其业务能力对高校新生的入学适应教育有着重要意义。

三是朋辈教育工程。在新生教育模式中，重视发挥学长作用的学长制。新生与高年级学长开展对接，实现引导、帮助和交流沟通，这样可以使新生与学长之间进行无障碍沟通，不仅使新生能够及时掌握专业学习的基本规律，又可以在最短的时间内熟悉大学生活和人际交往环境，能迅速开始新的生活，全身心地投入新的大学环境。

四是关怀服务工程。在新生适应大学生活过程中，家庭成员起着重要的作用。一方面，高校教师要及时与家长进行沟通，汇报新生在学校的基本情况，与家长在学生适应教育和专业发展的问题上取得一致意见；另一方面，高校教师要及时与家长进行新生心理适应程度的沟通，及时交换信息，借助互联网形成家校联动合力，如果新生出现问题将及时得到家庭的关注和鼓励，获得家庭情感上的巨大支持。

五是领航工程。“互联网+”给人类社会的资源重组提供了非常大的便利，使各高校可以依据各自的实际情况和特色进行管理。

二、师生“移动互联”

互联网拥有自由开放性以及可选择性，反映出当今以学生为主体的高校管理模式，突出以学生为主体的师生“移动互联”模式（见图 7-2），有助于充分地调动学生的主观能动性，通过师生“移动互联”，充分体现大学生在学生管理工作中自我教育、自我管理的本质特征。

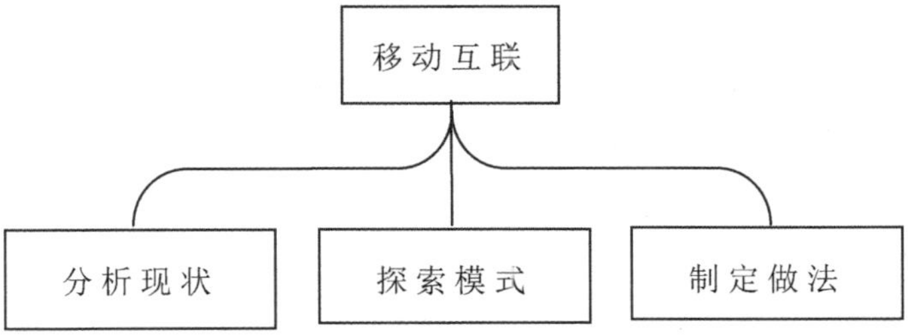

图 7-2“移动互联”模式

（一）师生互联

一是充分使用“多人即时”通信方式。教育工作者利用互联网等新兴媒体，运用师生移动互联的方式开展高校学生日常思想教育，例如，开设辅导员信箱，开设专业公共邮箱，设立班级 QQ 群、微信群，设立微信公众账号等，能够保证及时、有效、广泛地为学生解决日常思想问题。同时，辅导员、班主任不仅可以有效利用各类 QQ 群多人在线聊天即时通信的方法，在 QQ 群上征求一些学生意见、组织学生进行学习讨论，让会议的每个参与者都能够畅所欲言，发表自己的看法，还可以充分利用聊天工具所开发的聊天记录、图文资料的保存和漫游功能。

二是充分利用互联网平台。通过互联网平台和新媒体，学生可以及时收到学校所发的相关信息，有效地提高了高校学生管理的工作效率。互联网的信息发布利用欢快易懂的内容和形式宣传校园文化，让不同校区、不同专业班级的学生能及时了解学校的最新活动内容及活动成果，营造融洽的校园氛围，也使更多的学生可以直接参与其中。

（二）学生日常思想政治教育工作模式探索

一是思想互通，增强日常思想政治教育工作的深入性，做好学生日常思想政治工作，有助于形成良好的班风、校风、考风、学风，有利于学生全面素质的发展，有利于大学生实现成才的目标。在新形势下，关心学生关注的热点问题，感受学生思想上的闪光点，学生管理工作要在渗透性、针对性、灵活性方面不断完善和加强。

二是工作互通，增强日常思想政治教育工作的辐射和影响。互联网的广泛性和跨越时空性的特点，延伸了高校学生管理工作的空间，增强了学生管理工作的辐射力和影响力。由于互联网覆盖面广，可以利用此优势，为学生管理工作提供丰富的资源，扩大学生管理工作领域，为高校学生工作提供新的开放性环境和广阔的空间。

三是师生互联，增强日常思想政治教育工作的时效性。互联网信息具有快捷性和即时性的特点，这提高了学生管理工作的效率，增强了学生管理工作的时效性，从而大大提高了高校学生管理工作中信息资源的利用率和工作效率。

四是拓展高校日常思想政治教育工作的新渠道和新手段。互联网信息形式具有灵活性和互动性，拓展了高校学生管理工作的新渠道、新方式、新手段，加强了高等学校学生管理工作的实效性和针对性。这种多媒体技术不仅给学生管理工作带来全新的变化和拓展，也改变了高校学生管理工作传统方式和手段，达到了最佳的思想政治教育工作效果。

（三）教育工作中师生“移动互联”的特色做法

一是“私人定制”，有针对性地进行思想政治教育的引导与诉求。一方面，引导大学生走出自己的理想世界、走出高校的圈子，到社会上获取更多的知识体验、情感体验、生活体验、工作体验；另一方面，引导学生进行自我反思、自我觉醒，形成比较接地气的世界观和人生观。

“私人定制”交流体验的深入，使思想政治教育工作因人而异、因事而异、因时而异、顺势利导，使学生与教育者双方都从传统的工作方式方法中走出来，真正像客户与服务商一样，调动两个方面的积极性，发挥双方优势，注重启发和培养学生自我管理的意识与能力。

二是媒体方式的互动，线上线下的体验与连接。当下各大高校的官网基本是公告性质的信息，一方面，公告的信息不能满足学生的需求；另一方面，无法实现线上和线下的媒体互动交流。建立系统有效的高校互联网管理体系，实现师生互动的新方式。

三是移动互联，微信连接师生。将"互联网+"与学生工作相结合，可以运用当前最为流行的微信作为工具和媒介。微信分为私人微信账号和公众账号两种。微信的公众账号可以直接推送重要的通知消息到用户的手机，上传下达重要指示，提高工作效率。

四是改革创新，开展论坛教育。由于这种传递方式是由上而下的，而且不考虑倾听者是否能够有效接受，所以教育效果不理想。如果用引导、迎导式方法，通过某种论坛或者座谈去迎合学生的兴趣爱好，能让学生充分表达自己的想法，使学生与教育者有平等的地位，心贴心地交流。

总之，要将"互联网+"与传统思想政治教育方式相结合，新媒体与传统媒体相结合，打造互动、立体式思想政治教育新模式。另外，传统媒体与新媒体的互动，让信息置于互联网的讨论中，有利于形成双赢的局面。

（四）师生沟通的常见问题

在实际的教学过程中，师生之间的沟通仍然存在很多问题。这些问题导致了师生沟通的不顺畅，进而影响了教学的效果。

1. 师生沟通肤浅

从师生沟通交流的深度来看，在当前的师生沟通中，教师并没有真正认识到沟通对教学的作用。在教学过程中，教师只重视对学生知识的传递，而忽视了师生间的沟通交流。有时候，教师会在课堂教学的过程中设计一些问答环节，但是，教师所提的问题其实是假问题，学生不需要动脑筋，完全可以在思维游离于课堂之外的状态中轻松应对。师生之间仅仅是在进行很肤浅的问答，更谈不上在沟通过程中思想的碰撞。

2. 教师喋喋不休的"沟通"

由于教师的职业特点以及教师对自身职业角色的定位，很多教师在与学生进行交流和沟通时，不经意地带有命令的、警告的和训斥的口气，而且往往是一种"婆婆妈妈"的沟通，如"学生的任务就是学习""老师说你，是为你好"等。这样做不但不能使学生真正理解教师的苦心，反而会让其对教师产生反感，导致学生对教师的教育教学产生一种逆反心理和抵触情绪。这时，学生只能处在一种被动的位置，我们所听到的只是教师的想法、观念，而没有听到学生自己的真实想法。

3.“区别对待”的沟通

在应试教育占主导的状况下，教师会更多地关注学习成绩较好的学生，会对学生进行分门别类，有“区别地对待”不同的学生，主要表现在：教师与不同学生沟通的频率上不同，更愿意与一些学习成绩较好的学生或者班干部有较多的信息沟通和分享；教师在与不同的学生进行沟通时，所采用的语言方式存在很大差异，对学业较好的学生，更倾向于采取民主的、肯定的和充分考虑学生个性的言语表达自己的观点，也表现出更多的耐心。

实际上，教师的这种“区别对待”做法，并不是因材施教，而是教师内心对某些学生的偏见所引起的，不能公平、公正地对待学生的一种表现。

4. 师生沟通程式化

在传统的教学观点中，一直以教师为教学的中心，教师是课堂的主宰者，掌控着整个课堂教学的发展和进程。课堂上，师生之间的沟通是教师预先设计好的程序，学生必须按程序沟通，教师不能容忍学生对沟通程序的扰乱。在这种程式化的沟通中，学生成了教师教学的道具，其任务是跟随着教师的思维，配合教师的教学工作，学生在这样的教学沟通中失去了自己思考的空间。实际上，在教育教学中，教师是主导地位，但是这并不意味着一切以教师为中心。

5. 师生沟通矫揉造作

在师生教学沟通中，教师总是按照自己设计的程式化的方式与学生进行沟通，以自己的思维、自己的语言、自己的价值观念等来取代学生的，忽视了学生自己真实的感受和体验。在以教师为中心的教学过程中，学生只能去迎合教师的想法和说法，“配合”教师的教学工作，而失去了自己的需要和最真实的想法与感受，给人的印象就是矫揉造作的、程序化的，没有任何真实情感的对话与交流。

6. 师生沟通中存在误解与歪曲

师生沟通中经常存在误解与歪曲，原因是：学生不愿与教师沟通或故意与教师作对，教师不了解学生已掌握的知识，仅仅按照自己的设想进行沟通；师生之间存在知识背景的差异、文化的差异等。

如果出现误解和歪曲的情况，教师与学生之间的沟通与交流就会无效，从而使教学目的无法完成。因此，教师在与学生沟通时，一定要考虑学生的知识储备、文化差异和学生的情绪状态等方面的因素。

三、学生日常教育

大数据时代促使信息传播主体理念发生了深刻的变化，开始以更加全面的角度来观察事物、理解事物和记忆事物，使传播更加符合受众选择性注意、选择性理解、选择性记忆的信息接收规律，从而达到信息传播精确、有效的目的。

互联网环境的变化对大学生日常思想政治教育产生了重大影响。首先，互联网为大学生日常教育带来了机遇。互联网海量的信息为一线工作人员提供了巨大的资源信息，拓展了大学生日常教育工作的信息。网络让高校教育更加有活力和趣味，打破了空间限制，改善了高校师生的交流模式，更好地落实了思想教育工作。互联网使大学生提高了社会化程度，为学生提供优质的社会实践环境，从而让他们了解和认识自我，从实践中找到自己发展的方向。其次，互联网使大学生日常教育面临挑战，对抗不断加深。互联网使大学生在复杂的信息环境下成长。网络使大学生个体行为有所改变，网络行为问题严重，沉迷在网络尤其是网络游戏中对大学生的心理健康造成巨大的伤害，使大学生"三观"扭曲，道德底线下降。

在学生日常教育中应该发挥隐性教育潜移默化的育人功能和熏陶作用。首先，加强党团组织建设，发挥组织引导作用。坚持社会主义核心价值观，贯彻执行"早发现、早培育、早培优"的原则，努力提高在校大学生党员的质量，发挥其在推进社会主义核心价值体系建设进程中的重要作用。坚持理论育人、实践育人、典型育人，对社会主义核心价值观进行深入宣传，引导学生党员和积极分子学习社会主义核心价值观精神实质，做到知行合一。其次，开展社团实践活动，发挥自我教育作用。这既满足了大学生自我认识、自我教育、自我完善的内在需要，又使思想政治教育更具有吸引力，更好地实现思想政治教育的目的。第三，加强班级文化建设，营造良好环境氛围。以社会主义核心观教育为主题，通过班会结合宣讲、辩论赛、时事政治探讨等形成社会主义核心价值观教育的积极氛围。第四，加强实践锻炼，增强积极践行社会主义核心价值体系的自觉性。最后，开展中华优秀传统文化教育活动。

第三节 "互联网+"时代高校人才培养创新体系研究

随着"互联网+"时代的飞速发展，互联网正源源不断地为社会创造出更多的机会，成为社会的重要推动力量，将教师与互联网进行有机结合，对高校学生就业和我国互联网经济的发展有着重要的意义。

一、"互联网+"时代加强思想政治课教师队伍素质培养意识的确立

素质教育意识的确立，是现代教育理论中的一个重要命题，也是新时期思想政治教育理论研究的创造发明。人才综合素质不仅决定了社会的发展动力，也决定了社会的文明程度。

（一）树立现代意识

以前，思想政治教育工作过分强调了政治性，给人们的印象就是关注时事政治或者熟练背诵马列主义等经典著作，并强调社会性在思想政治教育工作中的主导地位，而忽略了人们的主体发展需要。长此以往，思想政治教育被束之高阁，严重脱离实践，给学生的感觉是"高不可攀"。事实上，思想政治教育要注重培养学生的主体性，鼓励个人素质的发展，让学生树立以社会主义思想为核心的现代意识。

1. 主动意识

现阶段思想政治教育的发展应把握发展趋势，突出战略层面的主动性特

征。以往思想政治教育的效果并不理想，从根本上说，是因为工作不积极，问题难以解决。要改变这种不利局面，就必须增强思想政治教育工作者的主动意识。一是，了解个体需要，满足个体需要。要将思想政治教育的理论与实践结合起来，根据学生思想的变化及时调整和优化工作。二是，积极顺应形势，根据时代发展的要求，不断调整工作方式和内容，以适应国内外形势变化。三是，因材施教。要对学生的身心发展水平和思想道德素养有一个基本的了解，根据不同对象的不同特点，有针对性地采取一系列措施，以满足不同对象的需要。

2. 全民意识

思想政治教育不仅面向大学生，更是面向全体人民，是全体人民的共同事业。中华民族伟大复兴的事业要靠人才去实现，我们需要认识到加强思想政治教育的紧迫性和必要性，让全社会的成员积极参与进来并融为一体，在全社会形成有效的管理和运行机制，实现思想政治教育与社会实践的有机共生。

3. 预测意识

思想政治教育要具备预测意识，不仅要关注当下的理论和实践，也要能够预测未来的发展趋势。一是要超前研究人民群众关注点的发展趋势，努力把思想政治教育与人民群众的需要和愿望结合起来；二是要客观准确地预测自然科学和社会科学的发展给人们思想道德建设带来的影响；三是要预测社会改革给人们带来的思想变化。只有做出科学、准确的预测，思想政治教育才能适应形势的变化，而不被时代摒弃。

4. 价值意识

在中国特色社会主义制度下，个人价值和社会价值是高度辩证统一的。社会价值是个人价值的基础，个人价值又促进社会价值的发展。

虽然当前大学生的整体素质在不断提高和完善，但仍然存在着诸多问题，甚至背离了社会现代化的发展进程，诚信缺失、不守规则、行事浮躁等问题屡见不鲜。因此强化大学生思想政治价值意识就显得格外重要，要让学生把个人价值与社会价值结合起来，真正从服务社会的角度去实现个人价值。高校可开展相关活动，组织、引导学生进行有意识、有目标的素质训练。

5. 时代意识

时代意识是指大学生思想政治教育要始终把握时代的脉搏，从时代的角度全局性地掌握学生的培养目标。

（1）要树立创新意识。现代社会高强度的竞争，提供了创新意识的现实土壤。思想政治教育要在马克思主义的指导下，把课堂教育与社会实践结合在一起，创造性地开展实践活动，而不应该仅仅专注于开办讲座、做研究、做解释。

（2）要树立发展意识。世界上所有事物都处于不断发展变化之中，在经济全球化的大背景下，各国政治、经济和文化都处于不断的竞争和融合之中。因此，思想政治教育要顺应时代发展的潮流，努力培养适合社会发展需要的现代化人才。

（3）要树立开放意识。随着自然科学和社会科学的发展，各个学科的边界越来越模糊。思想政治教育不是闭门造车，应以开放的态度，借鉴其他学科研究成果，创建新的教育体系和教育观念。

（4）要树立多样化意识。在当前社会条件下，思想政治教育的教育者和受教育者还存在着对立和矛盾，灌输式的教育模式依然存在。只有增强受教育者的自主性、独立性和可选择性才能提高受教育者的积极性，要运用多样化的方式方法，提高教学手段的艺术性和趣味性。

（二）前瞻心态的形成

前瞻心态就是思想政治工作要“面向未来”，要激起学生对未来的美好向往，激发大学生的积极性、主动性，让学生脚踏实地学习科学文化知识，提高思想道德修养，不断向新时期社会对人才素质的要求和标准靠拢。

前瞻意识是当前思想政治教育的一个重要方面。学生生长在不同的家庭环境和社会环境中，在身心发展水平、思维方式、思想素质和道德修养方面存在着巨大的差异，这决定了他们在对待问题的态度和处理问题的方式方法上的不同。即便处在同一个校园环境中的学生，也可能具有不同的思想状态，所以就出现了多元化的发展方向。有些学生遇到问题倾向于寻求朋友的帮助，有些倾向于寻求家长帮助，而有些倾向于在互联网上咨询。

思想政治教育工作者要正确、有效地分析和解决问题，就要考虑这种情况。如果对一些情况有具体的了解，就能够超前地预测可能出现的各种状况，预先想到学生能想到的或可能会想到的各种问题并进行分析，从而及时有效地进行解决，甚至可以在问题的萌芽期就能积极遏止。

（三）开放视野的扩大

在互联网时代，信息爆炸、科学技术迅猛发展，国际交流频繁，国与国竞争日益激烈，如果没有国际视野，就很难跟上时代发展的潮流。思想政治工作也必须引领学生面向国际、面向世界，用国际视角看待问题。在这样一个开放的时代，西方国家的文化和价值观不断入侵，如果我们不树立本国文化的主导地位，就难以树立民族自尊心。思想政治教育工作者肩负着培养社会主义接班人的重要责任，必须将思想政治教育深深扎根于优秀传统文化之中，才能以从容不迫的姿态走向世界。

为了迎接时代的挑战，我们要加强对新技术、新知识、新事物的敏感度，提高创新能力，提高综合国力。还要学习西方国家的先进文化，吸收科技文化知识的精华来进行人才的培养。学习外语，提高与世界沟通的能力，在国际上展现中华民族的风采。

（四）现代观念的强化

强化现代观念是指思想政治教育要运用现代化的科学理念和技术手段，包括教学设备、教学理念、师资队伍建设水平、教育方法和教学管理制度等的现代化。

强化现代观念首先要树立开放意识，无论理论上还是实践上，封闭都不能成为高校思想政治工作的一种方法，要在党的路线、方针和政策的指导下，逐步打开各种学科的大门，广泛借鉴各个学科的知识，提高高校思想政治理论的多样性和深度。其次，要加大教育费用的投入，加强师资力量和教学设备建设，提高教学效率和质量。再次，推进建设现代化的教学管理制度。最后，要转变思想政治工作的思维方式，实现工作技能的现代化。

当然，思维方式的现代化也是开展思想政治工作所必不可少的条件。人们主要以科学的思维方式理解客观世界，只有具备完备的理论思维体系，才能在思想政治工作中摸索出新的方法和途径，才能让中华民族屹立于世界民族之林。

二、“互联网 +”时代高校思想政治教育师生关系的变化

思想政治教育所面对的是活生生的人，而教育的目的就是要引导人们追求更加美好的生活和更加精彩美丽的人生。因此，思想政治教育是最具有魅力和生命力的教育活动。

（一）思想政治教育者与教育对象的基本认识

1. 思想政治教育者

思想政治教育者是思想政治教育活动的组织者，根据一定阶级、政党意识形态的要求与教育对象的思想行为状况确定一定时期、一定阶段思想政治教育目标的任务，选择相应的教育内容，并根据教育目标、内容和环境条件，建立健全有效的思想政治教育机制。

思想政治教育者的主体地位决定了其在思想政治教育中的属性。一是主导性，思想政治教育是一项意识形态性很强的工作。面对越来越严峻的意识形态领域的斗争，思想政治教育者要勇担重任，深刻理解和积极宣传党的方针政策，永远跟党走，传播正能量，保证思想政治教育各个环节、各个方面都沿着正确的方向发展。二是示范性，思想政治教育者在教育教学环节内外，都要以身作则，率先垂范。思想政治教育者面对新时期快速变化而又错综复杂的社会现实，必须从自身做起，自觉树立牢固的政治意识、底线意识、阵地意识、育人意识，用自身健全的世界观、人生观和价值观以及教育者自身高尚的品行，积极对待生活的态度等，潜移默化地影响每一个受教育者。三是创造性，思想政治教育者承担着传道授业解惑的角色，在教育活动中，必须不断探索，将阶级、政党意识形态要求的思想观念、政治观点和道德规范与教育对象的具体实际相结合，制定切实可行的教育方案，并付诸实施。

总之，思想政治教育者需要面向未来，跟上时代发展步伐，站在社会发展规律和发展趋势的高度富有开创性地将理论与实际结合起来，引导、提升

教育对象的思想政治素质。

2. 思想政治教育对象

思想政治教育对象是指在思想政治教育活动中作为教育者活动对象的人。思想政治教育对象的群体指具有某一共同点的个人组成的整体，如青少年这一群体作为国家的未来和民族的希望，是党和人民事业发展的推动力量，具有较强的可塑性，是思想政治教育的重点对象。

思想政治教育对象在教育活动中居于接受教育者的教育引导的地位，在教育过程中起着自主参与、主动内化外化的作用。在教育过程中，思想政治教育必然是教育者主体作用于教育对象的活动，也就是教育者实施教育、教育对象接受教育的活动。与此同时，教育者为保证教育活动的有效性，必须从教育对象思想品德的现实状况出发，根据教育对象的思想政治状况与社会主流意识形态要求的差距，确定教育目标、内容、方法，以及实施教育。

在思想政治教育过程中，教育对象具有受控性、能动性、可塑性等特点。思想政治教育对象是有思想和情感的人，且具有主观能动性。因此，教育对象在参与和接受思想政治教育活动时，是有目的、有主见、有选择、有创造地接受教育，要努力将教育内容内化为自己的思想观念，外化为行为习惯。此外，思想政治教育对象的思想政治品德通过思想政治教育是可以发生变化得到提升的，从而实现个人发展，促进社会进步。

总的来说，思想政治教育者与教育对象是思想政治教育的两个基本要素。教育者与教育对象之间良好的关系能让教育对象产生自我开放的心态，更好地接受教育者的教育和引导，使两者沟通更加顺畅。同时，也更能激发教育者与教育对象参与思想政治教育活动的积极性，实现在教育过程中两者之间优势互补、相互促进的良性发展。

（二）互联网环境下高校思想政治教育师生关系的转变

"互联网 +"时代，思想政治教育者与教育对象依旧是思想政治教育的两个基本要素，在高校思想政治教育工作中，思想政治教育者与教育对象主要就是指高校教师与大学生。高校教师在开展思想政治教育、实现教育目的的过程中，需要通过互联网这个中介和载体，运用互联网思维，有意识、有计划、有步骤地影响和改变大学生的思想和行为。

1. 师生互动时空的改变

互联网技术的发展，创新了在互联网环境下思想政治教育师生之间相互交流、沟通和作用的方式。随着“互联网 +”行动的深入开展，思想政治教育的时空限制被完全打破，教与学可以不受任何地理条件的限制，知识传播和知识获得渠道变得灵活多样。同时，借助互联网平台，思想政治教育使得师生之间经常处于一种时间和空间上分离的状态。只要借助互联网这个纽带和中介，就可以将网络两端的师生连接起来，并通过互联网来交流、互动。

思想政治教育师生互动时空界限的打破，让互联网成为思想政治教育和师生互动的重要场域和特殊环境，促使大学生对信息自由交流和自主选择的权利与能力不断提升，信息流动更加迅速，大大提高了师生之间交流、互动的频率。因此，师生互动变得无时不在，无处不在。

2. 师生互动形态的改变

互联网世界的符号化、数字化传播构建了一个区别于真实生活的虚拟世界，让身处在互联网这个思想政治教育特殊场域的师生具象隐藏了起来，改变了思想政治教育师生在教育过程中真实在场互动的方式，使人们的互动方式变成了信息化在场。

在互联网教育中，师生难以通过互联网所架构的虚拟世界来全面、真实地探寻各种信息背后所隐藏的真实个体的表情、动作、暗示、情感等复杂内涵，致使思想政治教育在思想、情感上的沟通和共识、共鸣难以达成，思想政治教育者的示范作用的发挥也受到限制。

3. 师生互动关系的改变

互联网平台的信息呈现开放、交互、平等的特征，网络各个节点之间的联系是随时随地、自愿、平等的互联。互联网催生了一种崭新的人际交往方式和社会现象，互联网的虚拟环境和大众平等参与消除了人际交往中地位、行业等的差别和界限。因此，互联网与思想政治教育的融合，使得思想政治教育的师生双方角色虚拟化，双方关系摆脱了以往教育者居高临下，单方面作用和控制教育对象的单向教育模式。

在互联网世界里，思想政治教育者与教育对象之间、教育对象与教育对象之间以及教育者与教育者之间均可以通过互联网进行多向的交往、沟通与互动，在相互碰撞和比较中加深对事物和现象的认知与理解。

（三）互联网环境下思想政治教育师生关系的处理

1. 发挥好教师在思想政治教育中的主导作用

要做好高校思想政治工作，在高校思想政治教育领域落实"互联网+"战略，需要因事而化、因时而进、因势而新，培养一支专业化和职业化齐备、研究水平和实践能力同高、理论素养和工作本领俱佳的思想政治教育的教师队伍。高校思想政治教育工作者需要积极应对"互联网+"思想政治教育的挑战，提高思想认识，转变教育理念，提升育人技能。

（1）高校思想政治教育工作者要加强自身建设。高校思想政治教育工作者首先要当好学习者，主动学习，做到教育者要先受教育。高校思想政治教育工作者要坚定共产主义远大理想和中国特色社会主义共同理想，坚持中国特色社会主义道路自信、理论自信、制度自信、文化自信，努力做好先进思想文化的传播者、党执政的坚定支持者；要注重自身的师德师风建设，坚持教书和育人相统一，坚持言传和身教相统一，坚持潜心问道和关注社会相统一，坚持学术自由和学术规范相统一，要做到自己明道、信道，做好大学生人生道路的引路人、学习的指南者和生活的护航者；面对"互联网+"的挑战，高校思想政治教育工作者要运用新媒体技术进行思想政治教育工作。

（2）高校思想政治教育工作者要主动了解大学生的实际需要。思想政治教育工作者要主动运用互联网，以平等网民的身份接近、接触大学生，缩小与大学生之间的地位势差，培养与大学生之间的亲近感。利用大数据分析不同大学生思想情感表达的差异以及形成这些差异的原因，从而更有针对性地做好大学生个性化的思想政治教育工作。

（3）高校思想政治教育工作者要按照社会发展需要，教育、引导、塑造当代大学生。高校思想政治教育工作者要抓好马克思主义理论教育，充分展现中国特色社会主义大学的鲜亮底色。要向大学生讲述、传播、阐释中央大政方针、四个全面战略布局和五大发展理念，引导大学生正确认识时代责任和历史使命，激励大学生自觉把个人理想追求融入国家、民族的事业发展中，勇做走在时代前列的奋进者和开拓者，为实现两个一百年奋斗目标，为实现中华民族伟大复兴的中国梦而努力学习，贡献力量。

2. 充分调动大学生在接受思想政治教育中的能动性

大学生是能够独立思考、做出判断的自然人，他们被数字、手机、电脑、无线等包围，利用互联网聊天交友、获取新闻、消费购物已经成为当代大学生的生活常态。面对"互联网 +"行动的挑战，要增强"互联网 +"时代思想政治教育的有效性，需要充分调动大学生接受思想政治教育的能动性、积极性，促进学生变被动接受教育为主动学习。

（1）高校思想政治教育工作者要注重在思想政治教育过程中的教学相长，对大学生提出的思想观点要进行大胆回应、讨论和交流，丰富大学生的思想，推动其进行深度思考。高校思想政治教育工作者要对大学生充分信任，重视大学生中一些在"过来人"看来可能幼稚、粗浅的问题，鼓励他们敢于积极主动找寻问题、发现问题、提出问题，并积极寻求解答问题的途径，增强大学生在思想政治教育过程中的自我意识和主动参与意识。

（2）高校思想政治教育工作者要注重鼓励大学生敢于将其在思想政治教育中获得的思想启迪与其他人进行交流、沟通和互动，促使其自觉成为主动的思想导向者、舆论引导者和价值引领者。让大学生之间能相互影响、相互帮助，汇聚大学生群体内部强大的正能量。

（3）要注重大学生的自我教育。在"互联网 +"时代，高校思想政治教育要充分尊重学生的自主性和能动性，相信学生有能力自己管好自己。高校思想政治教育工作者不仅仅是教育过程的设计者和主导者，更是大学生自我成长和自我教育的推动者。"互联网 +"思想政治教育要求广大教育工作者要注重引导大学生自觉、主动、经常地对自己进行思想政治教育，推动大学生能从互联网世界中获取更加有用的信息、知识和思想营养，不断提升自身的思想政治素质，成为名副其实的思想政治自我教育者。

3. 在实践中促进教师与学生之间的平等交流

"互联网 +"时代尊重人性、开放平等的特质，要求思想政治教育工作要适应时代发展趋势，打破自上而下的单一教育模式，建立师生平等交流的新型模式，以提高"互联网 +"思想政治教育的实效性。

一方面，思想政治教育者与教育对象具有对等的社会地位，享有相同的公民基本权利。在高校思想政治教育活动中，师生之间要相互尊重。另一方面，思想政治教育者与教育对象还享有在思想政治教育活动中自由发表意见的权利。在高校思想政治教育活动中，教育工作者和大学生都要能充分表达自己的意愿，要善于理解对方、相互包容，主动献策、密切配合，克服大学生片面强调权利和自我意识，而不主动配合教育者工作的思想与行为。

此外，教与学是教育者与教育对象的职责，职责的不同决定了教育者的主导作用和教育对象的主动作用。面对网络空间中多样化的价值取向，教育者既要能对引导受教育者做出价值选择的科学性进行合理化解释，促使受教育者充分认识到价值选择的重要性、方向性，感受到思想政治教育者促进人自由全面发展的诚意。同时，教育者也要鼓励受教育者从自身生活视野出发，敢于提出自己的主张，采取健康的方式进行积极的价值选择，并能对价值选择的理由做出陈述论证，双方进行沟通、讨论，由此确立科学的政治思想观念。因此，“互联网 +”时代，高校思想政治教育要善于利用互联网构建师生之间主导主动作用的良性互动，克服师生之间相互掣肘的现象，辅助大学生自主学习，帮助大学生构建良好的自主学习和自我教育环境，提高思想政治教育的实效性。

三、“互联网 +”时代高校人才创新能力的培养

思想政治教育要注重创新能力的培养。事实上，创新是人的本性，是人的第一需要，也是最高层次的需要。只有在创造活动中，一个人才能获得真正的自由，才能成为一个真正的人。

我国传统教育过分强调集体教育，缺乏对学生自主性的培养，更谈不上培养创新能力和创业意识，这正是我国科技水平落后的主要原因。创新一方面能推动人创造能力的发展，另一方面也会对社会的进步和发展产生重大影响。

国家的创造力决定着一个国家的命运和地位。培养学生的创新能力是全球共识，它也是提高我国综合国力的关键。我国将培养创新意识作为提高全民素质的历史任务。因此，思想政治教育工作应该着重培养大学生的创新意识、创新精神和创业意识，鼓励学生开展发明创造和自主创业等实践活动，让学生在实践活动中自觉提高自己的创新能力。还要培养学生的主体性，激发学生自主学习的能力，鼓励学生提出自己的想法和意见，并敢于坚持真理。

当前我们开展思想政治教育工作的目的是培养大学生的道德修养和思想品质，并付诸实践。因此，思想政治教育开展时，一方面，要向大学生系统讲解道德真理，另一方面，要在积极正当的引导下，鼓励其深入思考，得出正确的道德判断。

四、“互联网＋”时代高校大学生社会适应能力的培养

被称为“天之骄子”的大学生，接受了几年的高等教育，理应在知识和能力方面有了足够的储备，但他们中的很多人，在毕业之际，仍然对社会感到陌生，对如何进入社会和如何适应社会感到茫然不知所措，甚至恐慌。一篇来自网络的报道讲述了一个毕业于某名牌大学的高材生黄某，在出门找工作时忘记了带手机，又错买了去南昌的车票，在意外陷入生存困境之时，竟然没有最基本的求助能力，而是在困境中消极避世甚至自生自灭，这不仅是其个人的悲哀，也折射出当前高校对大学生社会适应能力教育方面的严重不足，值得我国的高等教育工作者好好反思，也对高校课程设置和教育理念提出了新的时代要求。

目前，我国教育改革得到了各方的关注，并做了很多努力，但应试教育仍然影响了教育和教学的推进。在各大院校中仍然将理论课程作为教学的主要任务，忽视实践课程和学生实践能力的培养，对于大学生接触社会、了解社会、融入社会的能力教育不够；学生依然是两耳不闻窗外事、一心只读圣贤书，情商和智商不匹配，进入社会后往往对社会的世态炎凉、人情冷暖不堪忍受，选择消极避世的人生态度。因此，在互联网时代，高校大学生社会适应能力的培养必须得到高校的重视，加强大学生社会适应能力的培养。

（一）大学生社会适应能力的内涵

大学生社会适应能力顾名思义是大学生顺利进入社会、正确认识社会、尽快适应社会，并在社会中得到发展，实现自我价值和社会价值的能力，从这个角度讲，它是一种综合能力。那么，社会适应能力具体包含哪些内容呢？看问题的角度和方法不同，产生了不同的结论，有的学者认为：大学生

社会适应能力具体包括大学生的自主学习能力、独立生活能力、社会交往能力、社会融入能力、抗挫折能力以及社会实践能力等。而有的学者则有不同的观点。结合大学生自身能力的培养，从基础到精深的循序排列如下：

一是自主学习的能力。这是大学生具有牢固的基础知识和合理的知识结构的前提，只有具备了一定的自主学习的能力，才能储备将来进入社会的各种知识。具体来说，自主学习能力是指大学生有自主学习的积极性和主动性，能自主制订学习目标和学习计划，并能合理分配自己的学习时间，完成学习计划。

二是动手操作的能力。当今社会能力比知识重要，如果只有知识，没有技能或者动手操作能力差，就如缺乏建设高楼的设计方法的一堆瓦砾一样，是无意义的堆积，无法实现价值转化。从用人单位的角度，他们都希望新人不需要太多的教育和培训就能尽快进入职业角色，产生效益。具体来说，动手操作能力就是将理论知识转化为实践活动的能力。

三是融入社会的能力。这是大学生社会适应能力中的重要内容。大学和社会是有很多不同的，习惯了大学生活的大学生如果对社会了解太少，当他进入社会后对社会的很多现象无法接受。比如，为人处世方式、老板对员工的管理制度、不文明现象等，当这些现象让一个新入社会的大学生感到非常不舒服的时候，就表现为这个人的社会融入能力差。人际交往能力和应对挫折能力是其主要内容。

四是贡献社会的能力。从价值的角度是指大学生对这个社会的贡献。只有一个对社会、对事业、对家庭、对自身都有贡献的人，才是一个具有良好社会适应能力的人。进入社会后，碌碌无为、没有目标、没有进步，甚至出现“价值真空”状态，这样的人贡献社会的能力是很差的。

（二）大学生社会适应能力的现状及原因

据一项调查显示，知识基础不够、操作能力不足、人际关系不和谐，是当前大学生毕业后的社会适应现状，大约有 61.6% 的毕业生感到适应困难或者不适应，这个数据说明了大学生社会适应能力的不足，也意味着高等教育有责任做好这方面的教育工作。

1. 学习能力不足

面对科学技术日新月异的当前社会，大学生的自我学习能力已经成为大学生适应社会的主要能力，不能敏锐地发现学习目标并进行有效的学习，就难以成为一个具有良好社会适应能力的人。但现实是很糟糕的，很多的大学生，尤其是在一些非名牌大学中，学生们普遍反映不知道如何学习，很难掌握有效的学习方法；也有的学生反映对于学习很茫然，一本书有的学生读得津津有味，而有的学生却无论如何读不懂什么意思；还有部分学生整天把自己搞得很忙，参加学生会活动、社团活动等，就是没有时间学习，时间久了就把自己学习的事情忽略掉了，只有在考试前夕才会突击复习。某理工科高校一项调查表明，在大一至大四各个年级随机抽取的大学生中，有 39.7% 的学生常感到学习困难，有大约 58% 的学生被各种学习的问题困扰着。

2. 人际关系不和谐

人际关系对于大学生进入社会并在社会中取得成功是非常重要的。美国某大学对 1 万名高校毕业生跟踪调查，最终将一个人成功的因素中 85% 归结于良好的人际关系、交往能力。当前来自独生子女家庭、贫困家庭等复杂家庭和社会背景下的大学生人际关系的处理，成为困扰在校大学生的一个难题，据调查，大约 52% 的大学生受到人际关系的困扰，其中严重者占 15.06%。在人际关系不和谐的情况下，很多大学生不相信友谊，无法和同学们诚信交往，甚至有的同学认为，大学里最好能与其他同学保持较远的距离。大学生人际交往中的这些问题，如果不及时解决，很容易让同学们产生不安全感，出现人际交往困难。毕业进入社会后，人际关系比大学校园中更复杂，不安全感将严重影响大学生的社会适应过程，使其出现不适。

3. 应对挫折的能力不够

应对挫折的能力是指一个人在面对挫折情境时，具有的对困难的判断能力，并形成克服困难的积极心态和自我控制情绪，尽可能改造困难情境的能力，也称为耐挫能力。具有良好应对挫折能力的人在挫折面前能冷静地分析自身遭受挫折的原因，及时消除挫折带来的负面情绪，变消极情绪为奋发向上、改善境遇的主动性和积极性。不具有应对挫折能力的人则害怕挫折，畏首畏尾、自暴自弃。在大学毕业生中，应对挫折的能力主要表现为“接受批评”“心理承受”等方面的能力。

据调查，大学生进入职场后，大多对于领导和同事的批评不能很好地接受，或者因为受到评判，而使自己承受巨大的心理压力，不能自我缓解。这说明，大学生在应付挫折能力上还有待进一步提高。

4. 实践能力不高

2012年，教育部原部长周济在第二次全国普通高等学校本科教学工作会议上指出，"我国本科教学质量在世界上是先进的，但是也有严重的不足，最为突出的就是实践能力较差"。另有一项调查显示，约17.4%的大学毕业生进入工作单位后感到实践能力不高。这些都表明大学生在校期间需要加强实践能力的培养。

（三）如何培养大学生社会适应能力

大学生社会适应能力的培养需要高校、社会等多方努力，为了提高高等教育的针对性，为高等院校更加有效地开展大学生社会适应教育提供对策，本节只从高等教育的角度研究如何培养大学生社会适应能力。

1. 调整课程设置

（1）重视思想政治和心理课程教育，增强责任意识，保持健康心态。责任意识和健康心态是大学生适应社会的基本能力，也是其他能力的基础。没有责任意识，工作没有积极性，何谈适应社会；没有健康的心理，影响人际交往等能力的培养，也会和社会格格不入。

思想政治教育应加强大学生理想信念教育和价值观教育，提高大学生心理应对挫折能力。各高校要重视这些课程的重要作用，开足学时，并通过课程改革和教学改革，让学生尽快树立科学的理想信念和正确的价值观，养成爱学习的好习惯，并不断提高自主学习能力，在不断变化的知识中找到自己需要的知识，并进行有效学习，提高贡献社会的能力，并最终实现自己的远大理想。

心理课程是培养大学生心理调试能力的重要课程，各高校要将心理健康课程纳入高等教育的课程体系，普及心理健康知识，提高大学生心理调试能力和心理问题自愈能力，保持健康心理和积极向上的精神状态。

（2）强化专业课程教育，提高学习能力与专业实践能力。专业课程是从专业领域角度来说大学生必须具备的知识，在其所属学科中具有科学性和先进性的特点，这个特点对大学生进入职场的适应性有重要影响，二者呈正相关关系。而且，社会适应性较强的复合型的大学生也是以精深的专业知识为基础的。一方面学习能力要在专业课程的学习中得到锻炼和提高，另一方面专业课程的学习效果也是检验一个大学生学习能力的重要标准。

专业实践能力首先应是能胜任专业领域的实践，将自己所学的专业理论知识在实践中应用，具备分析问题和解决问题的能力。专业领域的实践能力是大学生进入职场并适应职业岗位需求的最基本的能力，这种能力有利于帮助大学生了解自己的社会位置和将要担负的社会责任。

2. 加强校园文化建设

大学校园文化是环绕在大学生周围的“场”环境，通过暗示、渗透、潜移默化等方式规范学生的思想和行为，起到润物无声的教育作用。大学生适应社会能力中的人际交往能力可以通过建设优秀的校园文化进行教育和培养。

（1）校园文化是提高人际交往能力的平台。校园文化是以各种文体类的课外活动为载体。文体活动的组织过程和参与过程，为大学生提供了人际交往的平台，锻炼了人际交往的能力。比如在篮球比赛中，组织者要协调各参赛队和参赛队员之间的关系，每一个参赛队员要正确处理团队配合与协作、互帮互助等关系，诸如人际交往能力、吃苦耐劳精神、团队合作精神、组织管理能力等在课堂上学不到的知识和技能，均可以在课外活动中获得。

（2）校园文化是修复人际交往中错误观念的窗口。市场经济中的各种利益分配关系影响了大学生健康的人际交往观念，使得相当一部分学生注重金钱利益，追求物质享受，并用金钱和利益作为衡量人际交往的标准，这些在大学校园里潜滋暗长的腐败现象，通过校园文化活动，暴露在更多的大学生群体中，让更多的人认识到这是一种错误的作风，要修正它。

3. 鼓励学生参加社会实践

社会实践是长期生活在校园中的大学生了解社会、认识社会的重要途径，也是增强大学生社会适应性的重要环节。其优越性在于，一是社会实践有利于培养适应能力的针对性。通过社会实践让大学生了解社会人才需求状况，并结合自己所学专业，对未来的职业生涯进行预先性规划，更加理性地选择在校期间的学习内容和能力培养，这有利于大学生清晰地认识自身在适应社会方面的能力状况，取长补短，有针对性地增强适应社会的各方面能力。二是社会实践有利于大学生合理调节自我期望。据调查，很多大学生进入社会的不适应表现为对职业的期望与现实之间的巨大差距，让自己不甘于做当前的工作，表现为各种抱怨、无奈、焦虑等不适应情绪。社会实践让大学生自己走进社会，更加理性地认识社会，走出自己设定的不切实际的自我期望，修正职业理想，科学规划自己的职业蓝图。

高校教学及学生管理相关部门，要重视大学生的社会实践工作，多开展优秀的实践活动，增加大学生参与社会实践的机会，并给予科学的指导，以增强大学生参与社会实践的现实意义。

五、“互联网 +”时代高校思想政治教育为大学生就业创业的服务

随着我国经济社会发展的加速，高校教育为大学生就业创业服务，大力推进了应用型人才的培养。高校思想政治改革建设过程中必须认真思考人才培养，突出实践应用能力、创新创业能力的培养，更有利于大学生就业创业。

（一）高校思想政治教育为大学生就业竞争力的提升服务

高校思想政治教育与大学生就业竞争力有着密切关系，如何通过加强思想政治教育来提升应用型人才的就业竞争力，是高校思想政治教育工作需要积极探索解决的重要问题。

1. 高校思想政治教育与大学生就业竞争力的关联性

在充满竞争的就业职场上，脱颖而出获得认可、找到发挥自己才能的工作岗位、在实际工作中也能够胜任这份工作等都是大学生就业竞争力的表现。所以，就业竞争力是强调大学生在群体间相互竞争中体现出的自己的能力，也只有竞争才能表现出这种基于就业能力的能力。

思想政治教育对培养大学生就业竞争力具有不可替代性，它决定着大学生科学文化素质、专业素质、身心素质等的发展。思想政治教育培养了大学生良好的思想道德素质，在提升大学生就业竞争力中具有不可替代性。

思想政治教育致力于提升大学生就业竞争力，高校依社会需求培养人才，

使大学生有能力到各行各业实现就业。这就必须发挥思想政治教育的作用，为大学毕业生就业竞争力的提升提供有效服务。

2. 思想政治教育提升大学生就业竞争力的途径

（1）拓宽思想政治教育。高校要加强大学生就业竞争力意义认识的思想政治教育，立足于大学生的实际需求，调整思想政治教育教学理念，渗透和拓展就业竞争力的内容，引导大学生深化对就业竞争力的认知，从而增强就业竞争力提升的自觉性。对大学生就业竞争力的培养，作为思想政治教育工作者必须要有相应的专门知识和技能。

（2）增强思想政治教育的针对性。从就业竞争力培养着手，开展个性化的思想政治教育。思想政治教育面向全体大学生的共性教育，不能满足一些大学生的个性化需求。高校对人才的培养应强调实践动手能力的培养，增加课程、教学以及实习单位中相关的实习，提高大学生就业竞争力。通过思想政治教育在实践教学环节的有效融入，极大地提升了实践教学的效果，也促进了就业竞争力的培养。

3. 思想政治教育提升大学生就业竞争力的着力点

在进行思想政治教育提升大学生就业竞争力时，应了解大学生择业观中存在的问题，引导大学生转变就业观念，拓展素质，提高就业能力。

（1）大学生择业观存在问题。多数大学生在择业时，"贪大、攀高、求好"，一心向往大城市、大单位，追求高薪福利待遇与生活环境，期望值过高，从而造成了择业困难；过分看重经济效益，对收入、福利待遇的考虑往往会成为主要因素，会造成择业的盲目性；过分追求职业安全感和稳定性的心理，显然影响了大学生对职业的选择。

（2）思想政治教育要引导大学生转变就业观念。首先，引导大学生合理确定择业期望值，对自己有一个客观的评价，让他们择业时扬长避短、趋利避害，选择与自己相匹配的职业岗位和工作单位，抛弃过高期望，为自己争取到就业机会；其次，大学生找准就业的目标，要认清社会的需求，根据社会需要找准就业目标，就业目标与社会要求相符，才能顺利实现就业；再次，大学生树立先就业、再择业的观念，要通过教育引导使大学生认识到，顺应市场经济规律，树立先就业后择业的理念，在就业中锻炼自己、寻找新的择业机会；最后，一些大学生竞争意识不强，不愿或不敢积极参与择业竞争，对此思想政治教育应加强引导，使学生认清职场，勇于竞争、敢于竞争，充分显示自己的才智。

（3）思想政治教育要着力引导大学生努力拓展素质、提升能力。大学生内在的素质与能力决定着就业竞争力的提高。针对一些大学生不注重思想道德修养、不重视提升自己的综合能力等现象，思想政治教育要引导大学生认识到，只有增强学业实力，在择业时才有竞争力，让大学生从入校开始就重视能力与素质的提升。

思想政治教育部门要与就业指导部门相配合，展开深入调研，为学校教育部门和各院（系）改革人才培养模式提供依据，借此对大学生进行教育引导，促使他们及早规划自己的学习和素质能力发展方向与目标。

（二）高校思想政治教育为大学生创业意识和能力的提升服务

高校人才培养的重要目标和内在要求，是大学生创业意识和创业能力的培养，这期间思想政治教育发挥着重要作用。

1. 创业意识是大学生创业成功的前提

创业意识指在创业实践活动中对创业者起推动作用的思想意识倾向，如创业动机、兴趣、理想、信念等要素，是创业活动的动力之源。

首先，创业意识不强。多数大学生缺乏创业意向，据调查发现，半数大学生毕业后不会考虑创业，只有十分之一的大学生对自主创业有信心。大学生创业心态消极。

其次，创业意识的品质不优，没有坚强的意志、远大的理想、坚定的信念、强烈的责任等良好的创业意识品质。据有关调查显示，半数以上的大学生认为自己的创造性、开拓性不足，独立性、精密性、预见性不够，只有少数大学生认为自己的变通性较好。

最后，创业意识不成熟。创业意识是否成熟决定了大学生对待创业活动的态度和行为，也制约着大学生创业行为的方向和力度。

2. 大学生创业意识形成原因分析

大学生创业意识不强、不优、不成熟等现象的原因是多方面的，归纳起来主要有以下几点：

（1）全面系统创业教育的缺乏。从高校调查来看，只有少数学校开设了专门的创业教育课程，多数学校只是粗略地涉及创业教育内容，而且缺乏规范的创业教材，很难对大学生进行全面系统的创业教育。高校创业教育缺乏高水平的创业教育师资，多数高校的创业教师多是辅导员或专业教师兼任，缺乏创业教育的深入研究，从而影响了大学生创业意识的形成与优化。创业实践锻炼缺乏，创业实践锻炼可以使大学生体验到课堂教育无法体验的困难和问题，而对这些困难和问题的解决过程，就是创业意识和创业能力增强的过程。

（2）创业教育实效性差。首先，创业教育目标功利化，导致教育推进缺乏整体性。创业教育目标设定功利化与创业教育要求相悖，这是问题的根源所在。其次，创业教育行为活动化，导致教育缺乏连续性。再次，创业教育精英化，导致教育参与者缺乏广泛性。高校在开展创业教育时会受到各方面条件的限制，导致只有少数学生能够得到受教育机会，出现了创业教育精英化现象，大部分学生无法受益。最后，创业教育考核粗放化，导致教育组织缺乏规范性。创业教育目标功利化、行为活动化，导致考核的粗放化，忽略了对创业教育过程的考核。

3. 大学生创业意识培养应有的内容

就实际来看，大学生创业教育应重点培养和强化、优化创业意识，使大学生创业意识的培养成为高校思想政治教育创新的着力点。

思想政治理论课实践教学环节中安排与创业教育有关的社团、社会实践活动，激发大学生的创业精神和创业意识。结合心理健康教育，加强大学生创业情商培育，优化创业心态，帮助大学生疏导创业过程中的心理压力，使其塑造良好的创业意识品质。

培养在校大学生的创业意识，编写突出创业意识培养的创业教育教材，加强教材建设。强化、实化创业意识培养，科学设置创业教育模块。如安徽科技学院实行全新的应用型人才培养方案，构建了“平台+模块”的课程体系。

4. 大学生创新能力的培养

大学生创新能力的培养是一个复杂的系统工程，其中提高良好思想道德素质是灵魂工程，决定了思想政治教育在大学生创新能力培养过程中必须充分发挥作用。

（1）高校思想政治教育在大学生创新能力培养中的地位和作用。

一是思想道德素质在大学生创新素质结构中的地位。创新创业人才素质结构由基础素质和特殊素质两部分构成。基础素质包括思想道德素质、科学文化素质、专业素质和身心素质；特殊素质包括创新素质、创业素质、实践智能素质。

二是思想政治教育在人才创新能力培养中的作用。思想政治教育为大学生创新活动提供了有效的思想保障，确保人才的创新活动保持正确的价值取向。科学的思维方法是良好的思想道德素质应有的重要内涵，也是创新型人才必备的思想道德素质内容。高校思想政治教育要对大学生树立远大而坚定的理想信念教育、引导大学生把个人创新和国家发展结合起来，让大学生以创新为己任，敢于开拓创新，为建设创新型国家而贡献自己的聪明才智。

（2）思想政治教育拓展大学生创新能力培养的途径。加强思想政治教育培养大学生创新创造精神，为创新活动提供精神动力、思想保证和科学的思维方法；加强创新创造知识教育，培养大学生必需的创新意识、思维以及方法，从而推动大学生创新实践；推动大学生创新能力培养要重视营造创新文化氛围。举办创新创业学术报告会和创新创业设计大赛等活动，熏陶大学生创新创业意识，增加学校创新创业文化的氛围。

（三）高校思想政治教育与心理健康教育相结合培养大学生健康人格

高校人才的培养要更注重学生人格的塑造，只有健康向上的人格，才能使大学生毕业后迅速适应社会环境和工作环境。思想政治教育应与心理健康教育相结合，培育具有坚强意志力和良好适应能力的人才。

1. 提高大学生思想道德素质

随着社会的发展和改革，社会为大学生的成长、成才、成功提供了舞台，但是不同程度地引起大学生的心理负荷，影响他们的成长、成才、成功。因此，解决大学生精神、心理方面的问题成为高校思想政治教育的前提。

（1）心理健康教育与思想道德教育结合的必要性。心理健康教育有助于提高大学生的思想道德素质，良好的心理素质是形成优秀品德的基本条件和形成思想道德品质的基础。对大学生的心理特点进行了解，切实解决大学生的心理疾病，提高大学生自我教育、自我调适的能力，提高大学生适应社会生活的能力，对促进心理素质与思想政治素质、道德素质、文化素质和身体素质的协调发展具有重要意义。因此，大学生的思想政治教育与心理健康教育应同时进行。

思想道德教育有助于提升大学生心理素质，大学生正处于世界观、人生观、价值观形成的特定年龄阶段，而大学生又是心理疾病和障碍的高发人群，要预防、减少和解决大学生心理健康问题，提高他们的心理素质，就要进行心理健康教育。

心理健康教育与思想政治教育有机结合，思想道德教育过程本身就是一个心理培养过程，培养人的知、情、意、行；思想品德的形成有其固有的心理机制，要遵循这些心理规律；思想道德教育具有心理调节功能。思想道德教育与心理健康教育的众多关联性是二者有机结合的科学基础。

（2）心理健康教育与思想道德教育相结合的有效途径。队伍建设，思想政治教育队伍和心理咨询队伍能够更好地为大学生服务；课程改革，高校通过对课程内容的建设与改革，在思想政治理论课中渗透心理健康教育内容，在大学生心理健康教育课中渗透思想政治教育的内容；校园文化活动，利用学术讲座、专题报告、精神文明创建、社团活动、文艺演出、辩论赛等活动逐渐渗透思想道德和心理健康教育的内容。

2. 大学生心理危机的预防与干预

大学生正处于心理发展变化时期，心理承受能力、应对能力和平衡能力还有待加强，因此，要对大学生开展生命教育，深入研究大学生心理危机的干预、自我调适与预防，就显得十分有必要。

（1）大学生心理危机的判断标准。要对大学生心理危机进行预防与干预，前提条件是对心理危机进行准确判断。只有心理处于严重失衡的应激状态才属于心理危机，心理危机的特征：身体不适，如一系列的病态反应，睡眠紊乱、头晕头痛、肌酸无力、食欲减退、胃肠不适等亚健康状态明显；情绪反应不良，如情绪紧张、低落，情感淡漠、麻木，内心恐惧、愤怒、罪恶、烦恼、羞愧感等；认知力下降，如记忆力、知觉力下降，反应迟钝等问题；日常行为改变，如出现一定程度的反常，原来感兴趣，现在明显丧失兴趣，打破原有的作息规律等异常行为。

（2）大学生心理危机的预防。高级预防，提高全体学生的心理健康和危机预防意识，培养学生健康人格，提升广大学生心理健康水平和应对危机的能力；中级预防，在学生面临困难情境或出现心理问题时，避免引发严重精神卫生问题，避免严重不良后果；初级预防，及时发现有严重心理问题的学生，将学生心理危机消除在萌芽状态。

（3）大学生心理危机的干预。因为危机呈现着一些特征，比如危机既危险又蕴藏着机会、危机通常反复出现一系列的转危机点、危机常常是复杂的且难以解决等，因而会采取不同模式来予以应对。

心理危机干预模式。危机干预策略和方法是建立在危机干预的模式上的，策略和方法因模式的不同而有所区别：平衡模式也称为平衡 / 失衡模式，通常应用于危机的起始期，是一种最纯粹的危机干预模式；认知模式适合于危机的中期阶段，是通过改变当事人思维方式，尤其是认知中的非理性和自我否定部分，实现对理性的获得并强化理性和自强的部分，从而对危机中的生活有所控制；心理社会转变模式，危机不仅仅是个体自身的，它的出现本身可能就与社会的或环境的困难有关，危机的恢复和消除也需要个体与环境共同作用。这种干预模式比较适合于危机干预的中后期，即稳定下来的求助者。

危机干预的基本程序。耐心倾听是进行有效干预的前提。确定存在问题，倾听结束后，认真分析当事人的情况，判定和理解当事人遇到的实质性问题，才能有的放矢地采取干预措施。进行危机评估，评估贯穿于危机干预的全过程。同时给予当事人适当的激励，使其有足够的信心，相信自己有能力应付危机。提出行动建议，根据危机当事人实际情况，提出摆脱危机的行动建议。干预人员在行动计划的制订和实施过程中，要重视调动当事人的自控和自主性，使其知晓行动计划的实施，从而有助于恢复到正常情感状态。

3. 心理健康发展性素质教育促进和谐健康人格的形成

构建大学生心理健康发展性素质教育模式，对于形成思想道德、科学文化、专业和身体等素质，都有极其重要的理论意义与实践意义。

（1）大学生心理素质教育的特殊性。

一是认知心理的特殊性。大学生思想活跃，抽象逻辑思维能力和思维独立性大大提高，敢于质疑，敢于挑战权威，敢于表达自我见解。但是由于个体的社会阅历尚浅，社会经验不足，对待问题容易受到片面信息的影响，易以己推人，以偏概全，对复杂的事物难以辨别真伪。容易出现有时注意了表面而忽视了本质，有时注意了局部而忘掉了整体的现象。

二是大学生情绪情感发展的特殊性。大学生进入高校的第一种释放感就来自于情绪情感的体验。他们积极向上，勇于表白，敢于追求美好的爱情和友谊。大学生的情感与他们的需要、愿望和动机密切相关，一旦需要得到满足，动机得以实现，常引起高兴的情绪和表现愉悦的表情；反之，则明显地暴露出悲伤和受挫的表情，而且其消极心境也会持续很长一段时间。

三是大学生自我意识的特殊性。大学生充满了开创未来的热情和理想，并希望借此来体现自我的力量从而达到自我实现的目的。但是由于社会意识的负面影响，大学生又会停留于生活理想和职业理想的满足之上，这就导致大学生产生为生存而学习、为就业而学习的非发展性理念。因为缺乏人生的目标及自我实现的动力，部分学生在学习过程中开始动摇、迷茫，甚至丧失信心，失去自己的兴趣和目标，荒废自己的大学学业。

四是大学生性意识的特殊性。大学生的性意识从高中时期的朦胧状态发展到了明朗化状态。在这个时期，其生理发育已经基本成熟，性接触与性需求也逐渐显现出来。但是由于大学生还不善于处理与异性之间的关系，或者他们的经济地位及心理成熟程度还不足以合理引导和驾驭这种精神向往，从而感到烦恼和不安。

五是大学生智力水平的特殊性。如前所述，大学生正处于个体发展的第二个飞跃期——青年中期，所以大学生的智力水平在这一时期得到突飞猛进的发展。主要特点如下：逻辑思维能力迅速发展；具有思维的独立性和批判性；思维灵活性和敏锐性迅速发展；创造性思维得到发展。由于大学生的思维对社会现象处于一种开放式的接受和评价状态，所以他们较少保守思想而富于想象，常能提出一些新的见解，思维中出现更多的创造性成分。

六是大学生人生观的特殊性。人生观是对人生的基本看法和态度，是一种高级的心理现象。大学时代是人生观形成并开始稳定的时期，大学生人生观形成有两个突出的特点：自觉探讨人生问题；对人生问题的探讨具有哲理性。

（2）大学生健康人格的意义。一个人的人格会影响其自身的行为和认知，当人格不健全时，他的行为和认知就会出现偏差。当这种情况严重时，就会导致错误的行为，从而影响自身和他人的生活。大学生健全人格的意义主要表现在以下方面：

一是人格与身心健康的关系，性格和疾病之间存在某种特定关系。性格既是很多疾病的发病基础，又可以改变许多疾病的发病过程。所以每个人都有必要了解自己的性格特征，扬长避短，把性格中的消极因素变为积极因素。

二是人格与大学生人际交往的关系，良好的性格是个体人缘好坏的决定因素。因为勇敢坚强的人常给人以信心和力量，热情善良的人容易使人感到亲切，机智沉着的人给人以踏实之感，谦虚和蔼的人易于亲近，乐观豁达的人犹如春风拂面，开朗豪爽的人能为你驱走忧愁，乐于助人的人能为你慷慨解囊。

三是人格与大学生职业发展的关系，一个人的性格与事业成败有着息息相关的联系，是事业成败的核心因素。

（四）基于可持续发展的大学生职业生涯规划

随着现代社会飞速的发展，职业分工越来越精细，结构性就业的矛盾越来越突出，使得大学生职业生涯规划的作用越来越重要，无论是对个体大学生的职业成长，还是对社会与个体的可持续发展来说，大学生职业生涯规划都成为必备的常识。

一些西方国家在大学生职业生涯规划方面取得了许多成功的经验，其高校职业生涯规划教育也相当成熟。许多国家和地区职业生涯规划教育贯彻了大学生在校的整个过程，并在教育理念、内容和方式等方面取得了重要成就。但我国高校职业规划教育起步较晚，也没有得到足够的重视，甚至有的高校将大学生职业规划类的课程作为选修课，学生可选可不选，对这类课程的实践指导更是缺乏。截至目前，很多大学生在校期间没有做过系统的针对自身的职业生涯规划，其就业的盲目性显而易见，职业稳定性差，职业生涯多有波折，适合自己的可持续发展的方向要经过多次摸爬滚打之后才能找到，给大学生就业和未来的职业发展带来很多问题。因此，基于学生可持续发展的大学生职业规划势在必行，要在概念上、教育内涵和方式上有大的进步，为学生的全面自由发展奠定基础。

1. 大学生职业生涯规划的内涵及特点

（1）职业生涯规划的内涵。美国人萨纳指出，生涯为人们所从事的全部职业和扮演的所有角色的总和，是一个人生活的指南针。"职业生涯规划"20世纪下半叶首先在美国出现，是指在综合测定和分析一个人的兴趣与爱好、能力与特点、时代需求与岗位需求等多种因素的基础上，设定一个人职业生涯发展的轨迹和计划，并通过实际行动执行该计划的过程。具体来说，职业生涯规划包括自我分析、目标设定、实施过程、反馈与修正四个阶段。

大学生职业生涯规划是综合分析大学生的成长经历、教育背景、兴趣爱好和个性特点等主客观因素，确定职业目标，设置相关职业技能，并通过制定出相应的教育、培训、自我发展计划等方式，逐步实施的过程。

（2）可持续发展是大学生职业生涯规划的根本目的。从含义可以看出，大学生职业生涯规划具有方向性、指导性、长期性等特点，这些特点都服务于大学生的可持续发展。

一方面，大学生职业生涯规划关注大学生的主体意识，符合大学生自身发展需要。受传统就业观念的影响，加之近几年大学生就业压力较大，很多大学生无暇顾及自己的主体意识，过多从自身之外考虑工作的去向，就业后发现，自己的工作岗位不符合自己的兴趣爱好，违背了主观愿望，造成工作积极性不高，成就感不强，或者得过且过，或者跳槽，影响了职业稳定性和可持续发展。大学生职业生涯规划重视学生的主体意识，满足学生的职业愿望，有利于职业稳定性和可持续发展。

另一方面，大学生职业生涯规划关注大学生基础学习、职业定位、择业、就业等多个阶段，为个人可持续发展指明了方向，设定了大学生可持续发展的可行性路径，避免了职业选择与职业发展中的盲目性，促进了学生的可持续发展。

因此，大学生职业生涯规划以学生的可持续发展为目的，立足学生的现实状况，着眼学生的未来发展。

2. 建立全面的大学生职业规划教育体系

（1）理清概念，明确职业生涯规划的过程性。职业生涯规划受到大学生就业观念和经济社会发展变化的影响，其职业目标是不断完善的，职业路径也是不断变化的，其职业适应也是一个渐进的过程。因此，要从概念上充分认识职业生涯规划的过程性，反对将职业生涯规划作为一个事先设定好的固定模式或者路径，并且认为，大学生活就是严格按照这个固定模式或者路径走，不偏不倚。

科学划分职业生涯规划的内容，体现阶段性。大学毕业生职业生涯规划包含了职业准备、职业选择与职业适应三个重点阶段，三个阶段次序分明，逐一进行。职业准备阶段是广泛涉猎、划定范围的阶段。在这个阶段，大学生充分认识大学阶段的重要任务是培养职业能力，做好心理准备，并且通过调查分析，确定较为明确的职业意向，为自己的未来职业划定范围。职业选择阶段是在一个范围内研判适合自己的最佳答案的过程。这个研判是双向的，一是大学生综合自身的因素，选择职业或者岗位；二是社会结合自己的需要，选择劳动者。当这两个方向找到最佳的交合点时，职业选择的最佳答案就产生了。职业适应阶段是从大学生到从业者的适应过程，角色的转换、生活内容的不同等都会让这些职场新人有很多不适应，这个过程是进入职场的人必将经历的。

贯彻职业生涯规划的路径，实现终身性。大学生未来的职业生涯，关系一个人的终身发展。基于此，大学生职业生涯规划的主要任务是培养大学生职业生涯规划意识，以不断适应变化莫测的职业环境，这也是大学生可持续发展能力的重要体现。大学生职业生涯规划教育，要充分体现以生为本、全面发展的思想，充分认识职业生涯规划的重要意义，树立职业生涯规划意识，明确职业目标与定位，为职业准备找准方向。大学生职业生涯规划要善于引导学生挖掘自身潜能，着眼未来，从基础做起，培养可持续发展能力，使处于转型期的大学生能够灵活地应对剧烈变化的职业环境，保持高度的社会适应性。

突破专业限制，实现自由发展。不可否认，大学生职业生涯规划从自己本专业出发具有一定的知识与技能优势，但如果自己现在所学的专业不符合自己的兴趣爱好或未来的心理预期，大学生职业生涯规划应在保障学生可持续发展的前提下，允许大学生做出专业以外的职业规划。

（2）重视教育，实现教育过程的可持续性。在有些国家，针对一个人的职业生涯规划从基础教育阶段就开始了，而我国大部分人的职业生涯规划从大学阶段才开始，将大学生职业生涯规划贯彻在大学生在校期间的整个过程，持续教育，无疑是弥补我国教育体系中职业规划教育不足的最好办法。

教育时间的全程化。有的高校在新生入学后的第一个教育活动——新生入学教育中就开设了职业规划的内容，比如，安排系主任、专业教师给学生开设专业发展与前景的讲座，让学生对自己所学的专业有清醒的认知，明白与专业对应的未来职业是什么、岗位有哪些等，这些问题不仅要求学生充分认识，还要求将这些问题与学生自己的未来职业预期相比较，能不能找到自己的兴趣点，明确自己的职业规划在专业内还是专业外，以便制订自己的学习规划。在大学一年级阶段主要是通过职业规划教育找到自己的未来职业目标，大学二年级和三年级是打基础、拓展综合素质的阶段，大学四年级要通过社会实践活动真切体验职业状况，为职业适应做足准备。

教育体系的系统化。大学生职业规划教育是一个持久而漫长的过程，为保证规划的科学性和可行性，应该制定系统化的教育体系。一是教育体系要突出目的性，指向大学生的可持续发展，培养不断适应职业环境的能力，推进职业生涯的健康发展。二是教育体系要突出连续性，贯彻在大学生在校期间的每一个阶段。三是教育体系的内容要突出全面性，从概念的明确到思想理念的转变，再到职业准备与职业发展等，全面丰富。四是教育方式的多样化，既要有理论灌输，又要有实践指导，最终目标是能力的提升。

（3）强化实施，实现规划管理的专门性。

首先，构建专门的课程体系。大学生职业生涯规划教育以课程作为重要的载体，科学性和针对性强的课程体系保障了大学生职业生涯规划的教育目的实效性，促进了规划过程的动态性和全程性。大学生职业生涯规划的课程体系不同于一般通识教育的课程体系，更不能用通识教育的课程体系代替职业规划的课程体系，要建立专门化的课程体系。大学生职业生涯规划课程体系要充分考虑不同年级学生的接受能力，分层设计，重视不同发展阶段学生的特点，紧跟学生实际需求，循序渐进。课程体系的内容要具有开放性，不断吸收社会发展不同状况和行业潮流，将多样性的职业环境融入到课程中，增强学生的适应能力。课程体系的教学方式要具有灵活性，善于从学生喜闻乐见的接受方式中受到启发，应用到教育教学中，增强教育教学的效果。

其次，培养专门的教学和指导队伍。要建立一支专业化、职业化的大学生职业生涯规划的教学和指导队伍。在我国，“职业生涯规划教育”既是新事物又是舶来品，教学队伍缺乏相关专业背景是现实问题，有的高校由从事学生管理的教师或者从事就业指导教学的教师担任，大多是半路出家。当前，“职业指导师”被纳入到我国职业认证资格中，受到职业指导师教育和培训的教师具有相关的职业指导理论和职业生涯发展理论，熟悉常用的职业指导政策法规，具备为大学生进行素质和特点的测试，并对其进行职业规划的能力。高校采取措施鼓励职业指导教师参与“职业指导师”培养，并考取相关证书，这是提高大学生职业生涯规划教学和指导队伍专门化的重要途径。

最后，建立配套的实践活动机制。大学生职业生涯规划是一种实践性极强的活动，将教育和指导与学生的实践锻炼有机结合起来，具有重要现实意义。要结合职业生涯规划的课程体系，建立与之配套的实践活动机制，让理论教学和现实实践有机结合，有效避免抽象化、理想化的教育，用理论指导实践，在实践中丰富理论，实现大学生职业生涯规划的可持续良性循环发展。

第八章

“互联网 +”时代高校思想政治教育工作模式研究

“互联网 +”时代高校思想政治教育工作模式研究，本章主要从基于大数据高校思想政治教育与服务研究、“互联网 +”时代高校思想政治教育工作模式现状以及“互联网 +”时代高校思想政治教育工作模式创新三方面进行研究分析。

第一节　基于大数据高校思想政治教育与服务研究

随着大数据技术的不断应用，我们走进了数据化时代。作为为大数据提供收集、存储分析支撑的云计算更是从技术层面保障了大数据的运用。一方面，在互联网的不断发展下，我们的生活内容变得越来越广泛，另一方面，我们的生活条件也越来越便捷。高校通过对大数据的收集、分析以及运用，能够准确地为教育工作提供有用且准确的数据和信息，从而优化教育改革和教学方法创新，实现与大学生零距离接触，开展个性化教育，为国家培养各领域的专门化人才。鉴于此，基于大数据的视角探索高校思想政治教育与服务的方式方法，具有重要的理论价值和实践意义。

一、什么是大数据

对于大数据的定义，目前理论界有多种版本，尚未统一。本章选取其中具有代表性的定义，如权威学者维克托•迈尔和肯尼思•库克耶所著《大数据时代——生活、工作与思维的大变革》中的定义：“一种前所未有的方式，通过对海量数据进行分析，获得有巨大价值的产品和服务，或深刻的洞见。”“大数据不仅仅是一种技术，而且是一种价值观和方法论。”再如涂子沛在《大数据》一书中指出：“大数据是指那些大小已经超出了传统意义上的尺度，一般的软件工具难以捕捉、管理和分析的大容量数据，一般以‘太字节（TB）’为单位。大数据之大，并不仅仅在于容量之大，更大的意义在于通过对海量数据的交换、整合和分析，发现新的知识，创造新的价值，带来‘大知识’‘大科技’‘大利润’和‘大发展’。”

从定义中不难发现大数据简而言之就是对海量且全部的数据进行分析，从中获得巨大价值，并用于指导实践、服务实践。大数据的价值利用在高校中得到了更为充分的体现，故高校思想政治教育工作已经具备了大数据的特征。

（一）大数据的特点

根据大数据的内涵我们可以将其概括为一种数据的集合体，这种集合体蕴含着巨大且可被利用的信息资源，呈现出了多样化的特点。其特点如下：

第一，信息量大，对信息筛选难度高。互联网技术的发展，使信息的传播渠道打破了时间与空间的界限，为社会各领域提供了必要且及时的信息资源，但其中参差不齐的信息，也给人们的正常生活带来了些许困扰，甚至正在侵蚀着人们的思想。因此，如何对信息进行有效的筛选，就成为摆在我们面前的一大难题。

第二，信息传播速度快，更新渠道多。借助计算机网络技术的信息传播，使信息的数量呈现出了爆炸化的增长，同时，智能手机、计算机、平板电脑等媒介，使信息获取渠道多样化，打破了传统媒介的束缚。因此，究竟如何开展信息的运用成为高校思政教育工作的突出难题。

第三，信息量大、渠道广泛考验着人们的思想。当代大学生作为网络应用的主体，其思想观点与价值理念的形成，经常会受到网络多种思想的影响，这些思想会对大学生的思想产生冲击，从而影响价值观的形成与完善。

（二）大数据高校思想政治教育的特点

一是高校思想政治教育的主体与客体更加全面。在这里，思想政治教育的主体指的是全体大学生，客体则指的是全体大学生产生的全部数据信息。在依托大数据对高校思想政治教育进行分析时，我们要穷尽可以利用的所有数据，扩大数据涵盖的范围。在对大数据进行分析时，我们采用的是在学生完全不知情、最自然、最真实的状态下开展调查与分析的方法，以确保相对准确地了解学生的全部思想动态和行为走向。

二是高校思想政治教育的内容丰富且复杂。高校利用大数据可以获取大学生在网上所有的数据，然而这些数据随时都会发生变化，这样导致的结果便是越来越多的数据信息进入数据库，其中夹杂一些不准确的甚至是错误的、无用的信息。鉴于这样的情况，不能过于依赖高校思想政治教育大数据的精确性，需要从纷繁的数据中获得大规模数据带来的思想政治教育的优势，并对混乱的数据信息进行分析与利用，全面充分了解大学生的各种思想动态，针对性地开展大学生思想政治教育。

三是高校思想政治教育的内容具有相关关系。在大数据时代，只需了解数据间的相关关系，便可以推进思想政治教育的展开。相关关系的核心是量化两个数据之间的关联关系：一是相关关系强，在一个数据增强时，另外一个数据也会随之增强；二是相关关系弱。

四是高校思想政治教育内容"数据化"。大数据背景下的思想政治教育，以内容为重，将不同的地方提取出来的内容进行"数据化"，制表进行量化分析。高校思想政治教育内容数据化主要表现：文字的数据化，即思想政治教育工作者可以通过阅读文字、运用大数据分析软件进行分析；方位的数据化，即对学生的行为走向进行分析，包括学生去了哪里、见了谁，从而预测出他将来的行为；沟通信息的数据化，即了解学生的人际关系、经历和情感；所有信息的数据化，为阅读与分析提供有力保证。

二、基于大数据高校思想教育工作迎来的机遇

互联网时代是一个"个性张扬化""信息均衡化""去中心化""去权威化"的时代，而以微博、微信、易班等为代表的信息网络新媒体的迅猛发展，为高等院校的思想政治教育工作带来了全新的挑战，但挑战和机遇是并存的。

2013 年 8 月 19 日，习近平总书记在全国宣传思想工作会议上发表重要讲话指出："宣传思想工作是做人的工作的，人在哪儿重点就应该在哪儿。我国网民有近六亿人，手机网民有四亿六千多万人，其中微博用户达到三亿多人。很多人特别是年轻人基本不看主流媒体，大部分信息都从网上获取。必须正视这个事实，加大力量投入，尽快掌握这个舆论战场上的主动权，不能被边缘化了。"而对于高校思想政治教育工作者来说，学生在哪里，思想政治教育工作的重点自然就应该放在哪里。

首先，2017 年 1 月 22 日发布的《中国互联网络发展状况统计报告》显示，我国使用 QQ、微信等即时通信工具的网民数量达 6.66 亿人，其中手机用户 6.38 亿人；使用微博的网民达 2.47 亿人，其中手机微博用户为 2.19 亿人。而在这些使用微博、微信的网民当中，学生群体又占据了相当份额。《2015 上半年中国校园微博发展报告》显示，仅新浪微博中可辨明身份的在校学生用户就达 52065550 人，其中大学生用户为 37760362 人，占学生用户总数的 72.52%。

其次，2015 年年中 Curiosity China 发布的《2016 微信用户数据报告》显示，微信的日活跃用户数量已达 7.68 亿人，其中学生占比为 19.7%。从这些数据可见，大学生已经成为新媒体的主要受众群体之一，"左手微博，右手微信"也已经成为大学生课余生活的真实写照。因此，当前高校思想政治教育的重点有必要逐步转向微博、微信、易班等新媒体。

笔者认为，这种"机遇"就表现在促进高校思想政治教育主导思路及工作方法的转变方面。众所周知，此前在我国高等院校的思想政治教育工作中，往往存在着"说教"式的倾向，教育者会自觉或不自觉地采取一种"居高临下"的俯视姿态来面对接受教育的学生。而且，这种"说教"式的教学，还不免存在着内容单调、形式单一、方法简单等一系列的不尽如人意之处。学生也只好被动地接受思想政治教育，往往出于应付期末考试的需要而死记硬背一些概念、政策。其结果常常是教师讲得辛苦，学生学得枯燥；考试分数不低，过后多半忘掉。这样的思想政治教育，不仅效率低下，而且难以从根本上达到"立德树人"之目的，可以说已不适应新形势下的大学生思想政治工作形势。若究其原因，恐怕还在于信息社会中教育者与受教育者之间的"信息均势"问题。

然而，自改革开放以来，广播、电视等大众传媒兴起之后，一般的学生和民众拥有了更多的信息来源渠道，其所掌握的社会信息种类、总量也变得越来越接近于甚至超过思想政治教育工作者所掌握的社会信息量水平。这样一来，思想政治教育工作者的信息优势地位便被逐渐打破了，教育者与受教育者之间的信息占有量向着一种均衡化的态势发展。

在这种形势下，若还按照以往的俯视姿态来开展思想政治教育工作，往往就容易激发受教育者的不同观点，引起对方的逆反情绪，无形中降低了思想政治教育的工作效率。进入新世纪以来，互联网在我国获得了迅速的发展。

依靠网络传媒，学生及普通民众获取国内外各种信息的渠道又一次得到了飞跃式的拓展。尤其是近年来微博、微信等新媒体、“自媒体”的兴起，将学生及普通民众所掌握的信息量水平推升到了有史以来最高的位置。如果思想政治教育工作者不能紧跟信息化局面迎头赶上，那么相对于受教育者反而有可能处于信息劣势的地位。在这种形势下，又怎能指望依靠“俯视”姿态的思想政治教育“说教”来开拓高校思想政治教育工作的新局面呢？因此，它敦促我们的思想政治教育工作者改变以往“居高临下”的俯视“说教”型工作模式，转而采取适应教学双方“信息均势”局面的“平等对话”型工作模式来拓展思想政治教育工作的新思路、新方法、新局面。

另外，在大数据技术应用的背景下，高校在教学管理与服务工作上也迎来了新的发展机遇。具体而言，主要表现在：

一是，完善了信息管理系统。随着智慧校园的普及与应用，依托网络实现对学生信息的搜集与整理，进而构建清晰、精确的学生成长、发展实际情况网，为思政教育工作的开展奠定了信息基础。

二是，完善了教育网络平台。高校思想政治教育工作伴随着大数据技术的不断发展，也带来了新的挑战。在高校思想政治教育工作的实际践行过程中，要创新工作方式与载体，借助网络信息化平台，搭建新的工作平台，发布与更新思政教育的信息内容，为高校思政教育工作的开展寻求新的途径。

三、大数据对高校思想政治教育的挑战和对策

（一）高校思想政治教育的挑战

一是学生的隐私存在被侵犯的可能性。数据分析使得思想政治教育工作者看到了学生的方方面面。在信息收集与分析的过程中，虽然很多数据在收集的时候并无意作其他用途，也产生了很多创新性应用，但在这个过程中存在着学生的隐私权受到侵犯的可能性。

二是思想政治教育导向存在不确定性。大数据的时代背景下，数据的质量与结果存在关联性。即数据的质量差，导致数据分析的结果客观性也存在误差。

（二）高校思想政治教育的对策

一是对大学生的隐私权进行保护。思想政治教育工作者要厘清如何正确引导和使用正规的测评大学生的大数据，这就要求思想政治教育工作者要秉持认真负责的态度。如若抱有敷衍了事的态度，就会导致测评和不达标准的保护措施产生不良结果，相应的思想政治教育工作者要对这种行为承担责任，这样才能够督促思想政治教育工作者保护学生隐私。

二是对思想政治教育运用的大数据进行筛选与甄别，提高大数据背景下思想政治教育的时效性与科学性。将数据的来源、途径、筛选的方式进行有针对性的甄别，具体考量大数据的实际指向性，从而使得大学生思想政治教育更加有针对性与科学性。

第二节 “互联网 +”时代高校思想政治教育工作模式现状

“互联网 +”时代高校思想政治教育是“互联网 +”教育中的一个重要领域，弥补了传统思想政治教育的不足，能够更好地适应时代的发展需要。在“互联网 +”时代背景下，高校的思想政治教育更贴近生活、更具有实用性，在潜移默化之中，加强了高校学生的思想政治教育。

一、国内对“互联网 +”时代高校思想政治教育工作研究现状的分析

虽然“互联网 +”是近期提出的新概念，但是早在 20 世纪 90 年代末起，高校就在互联网形势下对思想政治教育工作进行了探索与尝试，并取得了一些相应的研究成果，具体有以下几个部分：

一是互联网时代高校思想政治教育发展面临的机遇、挑战以及策略的研究。主要有对校园信息安全管理体系应对策略的构建、网络舆情管理对策研究、高校思想政治教育危机管理体制的建设以及互联网为高校思想政治教育带来的机遇和挑战研究。

二是互联网时代高校思想政治教育价值取向的研究。早在 2002 年我国对高校网络思想政治教育价值取向的研究就有了专著，即由曾令辉等人合著的《网络思想政治教育概论》一书，是国内第一部在理论上比较系统地研究网络思想政治教育的专著。

三是互联网时代高校思想政治教育方法的研究。主要针对高校德育教育的主体性、实践性、疏导性、前瞻性、渗透性五大原则进行研究。同时，高校的

互联网思想政治教育应遵循育人为本、共建共享、功能优化的方法原则。

四是互联网时代高校思想政治教育阵地建设研究。主要包括"互联网 +"公开课的研究；"互联网 +"慕课的探索；"互联网 +"易班应用建设；互联网 APP 客户终端的应用研究等。

二、国外对"互联网 +"时代高校思想政治教育工作研究现状的分析

国外对"互联网 +"高校思想政治教育的研究要早于我国。早在 20 世纪 70 年代计算机技术的发展革新就已涉及高校教育层面。20 世纪 80 年代经济全球化的不断推进，更是引发了大量伦理冲突与道德困惑。西方国家开始意识到依托网络平台对学生进行道德教育的重要性，网络思想政治教育的理念开始萌芽。鉴于中外发展差异，虽然在国外没有与我国"思想政治教育"相对应的学科，亦未出现完全实名的网络思想政治教育专门研究，但是从实质上对高校网络思想政治教育的研究却从未间断过，是"无名有实"的。

国外的学者对网络时代下思想政治教育的研究，主要是从教育学、心理学、伦理学、社会学、经济学或技术层面等角度来进行研究与探索，将研究的重心集中在高校意识形态的形成及教育上。例如美国杜克大学开设了"伦理学与国际互联网络"的课程。如今，国外将计算机实际应用广泛贯穿于思想政治教育当中。例如，英国就以"互联网 +"为契机，将互联网与各种现有技术相结合，贴近人们现实生活，从而更准确地监控、引导用户的意识形态动向。

一直以来，高校思想政治教育工作都是高校教育环节的重要组成部分。而作为从事思想政治教育的工作人员，应结合公开课研究、慕课应用、易班应用建设、互联网 APP 客户终端等内容，在高校思想政治教育中展开对其应用的研究。

在实践中，网络环境对高校思想政治教育的影响越来越大，这就要求及时对高校思想政治教育的应用手段进行细化，为高校思想政治教育在互联网时代的发展指明方向，同时使高校思想政治教育与网络环境的结合更加紧密，更加具体、明确，更加具有可操作性。

第三节　“互联网 +”时代高校思想政治教育工作模式创新研究

21 世纪，互联网以惊人的速度发展，使中国网民规模跃居世界第一位。互联网的普及与应用是一把双刃剑，体现在：一方面，大学生的学习、生活等诸多方面均受到网络的潜移默化的影响，网络文化对大学生的思想素质、道德品质、生活方式产生了不可估量的作用；另一方面，网络的发展拓展了高校思想政治工作的空间，并提出了严峻的挑战。因此，高校思想政治教育工作要善于运用网络发展所带来的正面影响，努力发挥网络的积极作用，探索高校思想政治教育工作的创新模式。

一、“互联网 +”时代高校思想政治教育改革思路

“互联网 +”时代，高校思想政治教育工作模式需要不断随之转变，与时俱进，不断探索新的改革思路，思想政治教育工作者的互联网相关理论知识、能力、思维方式也要寻求新的突破，为搭建高校思想政治教育工作的新平台做好充分准备。

（一）思想政治教育工作者思维方式的新突破

为适应互联网时代的需要，高校思想政治教育工作者在面对海量多维的信息时，要高度重视信息的收集、存储与处理工作，转变思维方式，从多角度、多视野的立体角度看待问题、提出解决方案。跨界思维就这样应运而生，即大世界大眼光，通过跨界思维整合思想政治教育载体，从而合理使用互联

网资源，实现最佳的思想政治教育效果。

当代大学生的主体意识极强，为激发大学生的主动参与意识，只有寻求各部门的跨界合作，充分利用互联网信息资源进行资源整合，最终实现各部门的跨界合作，才能有效提高思想政治教育的实效性。通过跨界思维环境的营造，达到双赢的效果。跨界思维的营造，既可以提升大学生的责任感，又能够降低和规避互联网时代的负面影响。通过这样的方式，师生间跨界辐射，利用互联网和新媒体等手段实现与学生的零距离接触，打破彼此之间的联系壁垒，逐步培养学生归属感。

（二）高校思想政治教育工作者要提高网络信息素养

在教育信息化的环境下，必须切实地提高思想政治教育工作队伍的网络信息素养。这就要求思想政治教育工作者不能通过简单方式了解网络，需要主动学习互联网的优势，运用创新意识和开放意识，将思想教育与网络技术相结合，通过不断学习网络知识、了解网络特点、熟练应用互联网技术，从而在教育过程中继续保持教育者的威信，正确运用网络中的信息资源，开阔大学生的视野和思维，让思想政治教育与时俱进。

在"互联网 +"时代，高校要创建大学生网络思想政治教育平台，利用网络技术统一整合思想政治互动论坛、社交型宣传网站、微博、微信公众账号等平台，为大学生提供一个集思想理论性、启发性、教育性、参与性为一体的网络思想政治教育学习平台。通过这样的方式，一方面大大提高了大学生的学习效率，将思想政治教育的知识和资源呈现给大学生，增强教学环节的吸引力与感染力；另一方面利用平台可以有针对性地开展思想政治教育工作。

"互联网 +"是社会发展的必然趋势，高校思想政治教育必须与互联网技术相结合，创建教育工作新平台，利用互联网科技手段和传播媒介来创新高校的思想政治教育，使高校思想政治教育更具时代性和实效性。

二、"互联网 +"时代高校思想政治教育工作的创新模式

为应对"互联网 +"时代背景下高校思想政治教育工作所面临的挑战与

机遇，我们需要创新思想政治教育工作模式。

"互联网+"思想政治教育模式创新的内容。伴随"互联网+"概念与互联网思维相结合的不断深入，两者形成了"互联网+"思想政治教育新模式，该模式集合体现了"互联网+"与思想政治教育的深度融合，即在认识思想政治教育本质的基础上，强调互联网的思维融合、教育模式、内容、方法甚至是整个教育体系。而这一创新模式的建立，包含以下几个层次的内容：

一是创新教育理念。"互联网+"思想政治教育模式与"应试"教育模式有着本质上的区别，不同于应试教育，是一种终身教育模式。在应试模式下，大学生的价值导向主要围绕外在的目标展开，自身价值的满足往往无法得到实现，因此学生较容易会在这种功利主义的导向下，偏重于以就业为导向的知识性课程学习，忽视思想政治教育等课程的学习。不同于应试教育，"互联网+"思想政治教育的开展能够改变这种状况，它突破了时间和空间的限制，配合教育工作者积极转变教育理念，适时地营造对大学生进行思想政治教育的氛围。

二是创新课堂教学模式。首先，探寻融合学生、教师、教学内容、互联网媒体于一体的课堂教学机制，形成围绕特定教学内容的有机和谐的课堂教学情景。其次，厘清互联网的利弊得失，使学生形成正确的网络观。最后，重视实践教学，创造机遇引导、帮助学生在社会中接受科学的价值观和人生观教育。

三是创新教育评价机制。"互联网+"思想政治教育模式实效性的提高，需要贯彻和落实发展性原则。一般而言，只有将形成性评价、诊断性评价、终结性评价三者有机结合，才能更好地评价学生的成长和发展。同时，学校还可以采用描述、观察等多种多样的质性评价方式。

"互联网+"时代高校思想政治教育工作的创新模式，主要有以下几种：

一是趋利、避害相结合模式。任何事物都有两面性，互联网也不例外。为此，对于网络我们应当取其精华，去其糟粕，为我所用，把"利"发挥到极致，把"害"降低到最小限度。在网络思想政治教育中，高校可根据自身的特点建立"红色网站"，高唱主旋律，并打造网络思想政治工作的品牌化栏目，如北京大学的"红旗在线"、西安交通大学的"思源驿站"、南京大学的"启明网"等。

二是监督、引导相结合模式。思想政治教育者要对大学生进行网络道德规范和法律规范的教育，帮助他们树立正确的网络道德法治观。此外，高校应建立完善的网络监督体系，制定《校园网络管理条例》《学生使用网络管理规定》等规章制度，使网络管理统一规范、有章可循、责任明确。

三是教育、服务相结合模式。思想政治教育进网络工作，必须将教育与服务相结合，寓教育于服务之中。高校思想政治教育工作的定位："以学生为中心"的服务，树立以人为本的网络服务意识，强化网络的实体作用。网络思想政治教育工作是针对学生在思想、学习、工作、生活中遇到的实际困难，通过网络媒体解决困惑，帮助学生树立正确的人生观、世界观和价值观。

四是网上、网下相结合模式。高校思想政治教育工作者利用网络及时了解和掌握学生的真实思想动态，并有针对性地开展管理与服务工作。在重视网上思想政治教育工作的同时，还必须营造一个良好的学习、生活氛围，通过网上与网下教育相结合的形式构建一个网上网下结合、互动的高校思想政治教育工作的模式。学校要加强红色网站的建设，采用网络的形式向学生传播马克思主义先进思想。

五是学校、家庭、社会相结合模式。构建家校共建、共商、共育的教育模式，一方面，家长应加强与子女的沟通和交流，让子女在遇到困惑时主动向家长寻求帮助，同时家长也要主动了解子女使用网络的情况，积极配合学校，形成合力解决问题。另一方面，学校应为大学生上网提供一个健康的网络环境，这也是社会公共责任的一种体现。

参 考 文 献

[1] 中共中央马克思恩格斯列宁斯大林著作编译局. 马克思恩格斯选集（第 1 卷）[M]. 北京：人民出版社，1995.

[2] 中共中央马克思恩格斯列宁斯大林著作编译局. 马克思恩格斯选集（第 3 卷）[M]. 北京：人民出版社，2012.

[3] 中共中央马克思恩格斯列宁斯大林著作编译局. 马克思恩格斯选集（第 4 卷）[M]. 北京：人民出版社，1995.

[4] 中共中央马克思恩格斯列宁斯大林著作编译局马列部，教育部社会科学研究与思想政治工作司. 马克思主义经典著作选读 [M]. 北京：人民出版社，1999.

[5] 中共中央马克思恩格斯列宁斯大林著作编译局. 列宁选集（第 1 卷）[M]. 北京：人民出版社，2012.

[6]《思想政治教育学原理》编写组. 思想政治教育学原理 [M]. 北京：高等教育出版社，2016.

[7] 陈万柏，张耀灿. 思想政治教育学原理 [M]. 3 版. 北京：高等教育出版社，2015.

[8] 陈万柏. 思想政治教育学原理 [M]. 北京：中国人民大学出版社，2012.

[9] 陈秉公. 思想政治教育学原理 [M]. 沈阳：辽宁人民出版社，2001.

[10] 张耀灿. 思想政治教育学前沿 [M]. 北京：人民出版社，2006.

[11] 张耀灿，郑永廷，吴潜涛，等. 现代思想政治教育学 [M]. 北京：人民出版社，2006.

[12] 王学俭. 新媒体与高校思想政治教育 [M]. 北京：人民出版社，2012.

[13] 宋元林. 网络思想政治教育 [M]. 北京：人民出版社，2012.

[14] 张再兴. 网络思想政治教育研究 [M]. 北京：经济科学出版社，2009.

[15] 徐建军. 大学生网络思想政治教育理论与方法 [M]. 北京：人民出版社，2010.

[16] 夏晓红. 高校网络思想政治教育 [M]. 济南：泰山出版社，2008.

[17] 王爽. 新媒体时代大学生思想政治教育的挑战与创新 [M]. 北京：中国

言实出版社，2014.
[18] 徐吴，马斌．时代的变换：互联网构建新世界 [M]．北京：机械工业出版社，2014.
[19] 王晨，刘男．互联网 + 教育：移动互联网时代的教育大变革 [M]．北京：中国经济出版社，2015.
[20] 李亚青，张国磊，夏鑫．"互联网 +"大学生社会主义核心价值观实践教育研究 [M]．北京：知识产权出版社，2016.
[21] 邵云飞，刘文彬，等．互联网 + 教育：大学生研究性学习能力的理论与实践探索 [M]．北京：清华大学出版社，2016.
[22] 梁剑宏．大数据时代：思想政治教育环境新论 [M]．北京：光明日报出版社，2015.
[23] 王婧．大数据时代大学生道德教育研究 [M]．北京：现代教育出版社，2016.
[24] 宋振超．信息化视阈下高校思想政治教育有效性研究 [M]．北京：中国书籍出版社，2015.
[25] 徐原，冯丹红．西柏坡时期的基层政权建设——以政党政治为视角 [J]．人民论坛，2014（7）：52.
[26] 方玲玲，韦文杰．新媒体与社会变迁 [M]．上海：复旦大学出版社，2014.
[27] 王金磊．借力新媒体加强大学生社会主义核心价值观培育的几点思考 [J]．思想理论教育导刊，2014（11）：109-113.
[28] 徐原．论新媒体背景下高校大学生思政工作创新的机遇与挑战 [J]．文存阅刊，2018（5）：47-48.
[29] 徐原．论新媒体视域中大学生思想政治教育工作模式的转变 [J]．青春岁月，2018（9）：70-71.
[30] 李莹，徐原．高校学生自主管理中的主体发展 [J]．中国成人教育，2016（12）：50-52.
[31] 徐原．基于可持续发展的大学生职业生涯规划 [J]．中国成人教育，2017（5）：80-82.
[32] 张玥．基于学生社区场域的学生主体性培养研究 [D]．北京：北京工业大学，2013.
[33] 张丹．大学生职业指导中创业教育与职业生涯规划教育关系初探 [J]．攀

枝花学院学报，2013（6）：81-84.
[34] 谢丹，李春雨．浅谈高校大学生职业生涯规划体系建设 [J]．中国地质大学学报（社会科学版），2014（S1）：59-62.
[35] 朱辉荣．职业生涯规划相关概念比较研究 [J]．知识经济，2011（14）：5-6.
[36] 杨雪梅．职业生涯规划教育实践教学体系的构建 [J]．中国成人教育，2013（18）：147-148.
[37] 陈绍斌．高校职业生涯规划教育有效性的思考 [J]．科教文汇（上旬刊），2015（1）：92-93.
[38] 徐原．浅议当代大学生社会适应能力的培养 [J]．中国成人教育，2014(8)：55-57.
[39] 陆颖．网络环境下大学生心理健康教育工作探析 [J]．高考，2015（8）：109.
[40] 张耀庭．试论大学生社会适应能力的培养策略 [J]．职业时空．2012（3）：128-129.
[41] 唐平秋，卢尚月．新媒体环境下大学生社会主义核心价值观培育的思考 [J]．思想理论教育导刊，2015（4）：73-76.
[42] 颜小燕，康树元．新媒体环境下大学生社会主义核心价值观教育研究 [J]．教育与职业，2014（2）：61-63.
[43] 叶燊．新媒体时代大学生思想政治教育价值理念创新研究 [J]．伦理学研究，2014（1）：131-134.
[44] 张宏伟．网络环境下加强大学生心理健康教育的研究 [J]．赤峰学院学报（自然科学版），2012（12）：223-224.
[45] 沈晓梅．构建网络环境下大学生心理健康教育新模式 [J]．中国青年研究，2012（1）：113-116.
[46] 陆颖．论团体心理辅导在思政教育中的应用 [J]. 现代商贸工业，2015(10)：161-162.
[47] 韩晓欧．探析高校辅导员畅通信息渠道的方式方法 [J]．现代职业教育，2016（11）：145.
[48] 韩晓欧．浅谈综合性大学中艺术专业学生的特点及加强思想政治教育和管理的应对方法 [J]．时代教育，2017（4）：84.

后　记

"互联网+"时代融合了社交开放化、信息流多向化、"去中心化"、"去权威化"等诸多信息传播特点，在此背景下的大学生思想政治教育一方面拥有得天独厚的运行空间，与信息化、数据化深度融合；一方面也对大学生思想政治教育的管理与服务方式带来了前所未有的挑战，与信息化、数据化互相交锋。为了将"互联网+"时代所释放的有利于大学生思想政治教育工作改进与创新的因子聚合起来，扩充大学生思想政治教育工作的理论储备，搭建大学生思想政治教育工作的创新机制，我们组织力量编写《"互联网+"时代高校思想政治教育创新研究》，涵盖了"互联网+"下高校思想政治教育观念、体系、制度、教学、改革、创新等诸多方面的研究，以供参考借鉴。

本书为作者2016年承担的河北省社会科学基金项目，项目编号：HB16MK036。此外，本书还参考引用了部分参考文献，在此一并表示感谢。

大学生思想政治教育要因事而化、因时而进、因势而新，加强和改进高校思想政治教育工作永远在路上，加上时间和水平有限，难免有不当之处，敬请广大读者批评指正。

作者

2018年12月